职业院校公共课教材

大学生安全教育

王　晔　翁琛闵　张婷婷　主　编
安晓婷　陈承欢　副主编

電子工業出版社
Publishing House of Electronics Industry
北京 • BEIJING

内 容 简 介

大学生安全教育是高校思想政治教育的一个重要组成部分，抓好大学生安全教育是高校构建平安校园、和谐校园、法治校园的重要举措。

全书围绕“大学生安全教育”这一中心任务，全面调研大学生安全教育的多样性需求，明确大学生安全教育的方法与途径，合理选择了10个教育主题，构建了10个教学模块。每个教学模块都设置了5个教学环节。即课前实施【自我测试】，课堂实施【案例探析】【学习领会】，课后实施【模拟演练】【自主练习】，形成颇具特色、能力递进的教学过程，让每位大学生都能通过自我测试、分析思考、知识学习、专项训练、考核强化等多样化的教学活动与实践活动，逐步掌握安全知识、强化安全意识、形成安全习惯。

本书可以作为普通高等院校和职业院校各专业的“安全教学”课程教材，也可以作为培训教材及大学生自主学习教材。

图书在版编目（CIP）数据

大学生安全教育 / 王晔，翁琛闵，张婷婷主编. —北京：电子工业出版社，2023.8
ISBN 978-7-121-45939-9

Ⅰ. ①大… Ⅱ. ①王… ②翁… ③张… Ⅲ. ①大学生－安全教育－高等职业教育－教材 Ⅳ. ①G641

中国国家版本馆 CIP 数据核字（2023）第 125808 号

责任编辑：程超群
印　　刷：北京七彩京通数码快印有限公司
装　　订：北京七彩京通数码快印有限公司
出版发行：电子工业出版社
　　　　　北京市海淀区万寿路 173 信箱　邮编 100036
开　　本：787×1 092　1/16　印张：10.5　字数：296 千字
版　　次：2023 年 8 月第 1 版
印　　次：2023 年 8 月第 1 次印刷
定　　价：35.00 元

凡所购买电子工业出版社图书有缺损问题，请向购买书店调换。若书店售缺，请与本社发行部联系，联系及邮购电话：（010）88254888，88258888。

质量投诉请发邮件至 zlts@phei.com.cn，盗版侵权举报请发邮件至 dbqq@phei.com.cn。

本书咨询联系方式：（010）88254577，ccq@phei.com.cn。

前　言

安全就是爱护和保护人的生命不受损害，安全是一种尊严，它既是对他人的尊重，也是对自己的尊重；安全是一种礼貌，是时代的进步、社会的发展和人的整体素质的提高。有了安全，才有欢乐和温暖；有了安全，才会拥有美丽的人生。

安全，这个普普通通、简简单单的词语，却包含了多少丰富的内涵，承载了亲人多少深厚的情感。“高高兴兴来校，平平安安回家”是每位师生员工最基本的要求。安全是企业的生命，是家庭幸福和谐的根本。一起安全事故的发生，对企业来讲可能是损失惨重的，对于家庭来讲可能是一场无法弥补的灾难，不是用损失所能衡量的。

通过分析大量案例可知，人们的安全隐患源自安全意识不高、安全习惯不佳和安全知识不足。对任何存在安全隐患的行为我们要及时予以发现并纠正，不可存在侥幸心理。要做到“安全教育天天讲，事故隐患日日防”。要防止重大事故的发生，就要重视事故的苗头和未遂事故，否则终会酿成大祸。

“隐患险于明火，防范胜于救灾”。安全事故的发生往往只是一瞬间，却可能摧毁我们最宝贵的生命，要知道人体是没有备品备件的，无法像置换机器耗损零件那么便当，那么轻而易举。与其亡羊补牢，不如防微杜渐。生命之歌，因安全而激越！生命之树，因安全而常青！生命之光，因安全而璀璨！

高校开展大学生安全教育是一项系统工程，需要社会、学校、家庭的通力合作，共同配合，才能达到对大学生进行安全教育的目的。大学生安全教育是构建和谐校园、平安校园的基础工程，它与大学生的生活息息相关，直接影响着大学生在校的生活质量及健康成长。大学生安全教育问题是完善高等教育、培养合格人才应有的内容之一，也是大学生个人亟须正视和重视的问题。如今，有些大学生安全责任意识淡薄，安全知识缺乏。如何通过加强安全教育提高大学生的安全意识、普及安全知识已成为当代大学生急需重视的问题。

本书全面梳理安全知识、剖析安全案例、演习安全方法、演练安全措施，旨在强化大学生的安全意识，帮助大学生养成安全习惯，减少安全事故。本书的特色与创新如下。

（1）教材结构模块化。

本书围绕“大学生安全教育”这一中心任务，全面调研大学生安全教育的多样性需求，明确大学生安全教育的方法与途径，合理选择了10个教育主题，构建了10个教学模块，即维护国家安全、打造安全校园、注重饮食安全、保证人身安全、注意财产安全、保障交通安全、确保消防安全、守护网络安全、强化公共安全、落实社会实践安全。

（2）教学活动多样化。

由于大学生喜欢的教学活动不尽相同，有的喜欢聆听、有的喜欢思考、有的喜欢探讨、有的喜欢动手，本书尽量减少说教式讲授，提供更多分析、理解、思考、探讨、训练的机会，每个教学模块都设置了5个教学环节，即课前实施【自我测试】，课堂实施【案例探析】【学习领会】，课后实施【模拟演练】【自主练习】，形成颇具特色、能力递进的教学过程，让每位大学生都能通过自我测试、分析思考、知识学习、专项训练、考核强化等多样化的教学活动与实践活动，逐步掌握安全知识、强化安全意识、养成安全习惯。各个教学环节根据教学实施的实际需要，可以灵活安排教学组织形式，可以为线上学习或线下教学，也可以为课堂教学或课外学习，任课教师可以视具体情况而定。

（3）安全教育实用化。

本书注重分析大学生中发生的各种安全事故的原因，有针对性地提出消除安全隐患的方法和注意事项，以提醒大学生注意自己的行为，避免因自己的不安全行为而面临险境。每个主题精选的安全案例，大多是真实事件，案例中的场景与大学生的学习和生活密切相关，旨在给大学生敲响警钟，使大学生遵守安全规章制度，时刻保持警惕，切实保障人身财产安全。分主题介绍增强安全意识、消除安全隐患、保障人身安全的方法、途径和措施，有助于大学生掌握安全知识、提高安全认识、学会防范技能，并将其应用到实际的学习和生活中，有效减少或避免安全事故的发生。

在本书的编写过程中，编者参阅了有关著作、论文和多个网站中的公开内容，吸收了多方面的研究成果，并引用了大量文献和案例，谨此向各参考文献、案例设计作者表示衷心的感谢！

本书由云南交通职业技术学院王晔、翁琛闵、张婷婷担任主编，云南交通职业技术学院安晓婷、湖南铁道职业技术学院陈承欢担任副主编，湖南铁道职业技术学院林保康、王姿、张丽芳等老师参与了部分章节和案例的编写工作。

由于编者水平有限，书中疏漏之处在所难免，敬请广大专家与读者批评指正。

编　者

目　录

主题 1 维护国家安全

国家安全，人人有责。学习掌握国家安全相关法律法规，强化国家安全意识，树立总体国家安全观，让国家安全意识深入人心，是一项义不容辞的责任。国家安全与我们的工作和生活息息相关，当代大学生要树立国家利益高于一切的观念，正确认识国家安全与每个人的紧密关系，培养自己的安全防范意识，尽到自己的义务和责任。维护国家安全，我们每个人都应该参与其中，贡献自己的一份力量。

【自我测试】

表 1-1 所示的"国家安全意识测试"用于测试同学们的国家安全意识，共 15 道测试题，请同学们仔细阅读表中各项测试内容，然后实事求是地作答。若你的回答为"是"，则在表中的"测试结果"列填入数字"1"；若你的回答为"否"，则在表中的"测试结果"列填入数字"0"。

表 1-1 国家安全意识测试

测 试 内 容	测 试 结 果
（1）你认为国家利益高于一切	
（2）你坚决反对一切敌对势力	
（3）你认为维护国家安全是每个公民的义务和责任	
（4）你认为国家安全与人们的日常生活密切相关	
（5）你愿意配合国家安全机关收集情报信息的工作	
（6）反间谍工作的主管机关是国家安全机关	
（7）国家安全机关统一举报受理电话是 12339	
（8）你在学习中努力丰富自己的国家安全知识	
（9）你积极参与国家安全活动，接受国家安全教育	
（10）总体国家安全观，是以人民安全为宗旨	
（11）你不会受到民族分裂势力的蛊惑	
（12）你谨言慎行，从不在互联网上发布、传播不当言论	
（13）你会克制自己的好奇心和虚荣心，不在涉密单位周围拍摄照片	
（14）你在对外交往活动中时刻保持警惕，谨防泄密	
（15）即使你有亲人或朋友在涉密单位工作，你也不会向其询问涉密信息	
小计	

在表 1-1 中的"小计"行汇总"测试结果"得分，得分越高说明你的国家安全意识越强，并用自己的行动切实维护国家安全。如果测试结果中有一些为"否"，就需要引起重视了。

【案例探析】

【案例 1-1】涉密会议与活动谨防被安装窃听、窃照器材

【案例描述】

某年 3 月，某央企派出团组赴某国参与大型开发项目招投标。在当地一中餐厅用餐期间，一名男子将一盒餐巾纸送入包间，随后，团组人员在餐巾纸盒内发现一形似 U 盘的物品，随即向我

国驻当地使馆报告。经我国国家安全机关检测和鉴定，认定该装置为加密存储式专用窃听器材，具有数字加密录音功能。有关部门调查发现，该中餐厅老板王某有重大间谍嫌疑。经查，王某经该国间谍情报机构授意，向该间谍情报机构提供就餐人员信息，并为其监视、窃听提供便利。在法律和政策感召下，王某主动交代问题，国家安全机关依法不予追究刑事责任。

【案例启示】

随着科学技术的发展，针孔摄像头、微型窃听器等窃听、窃照器材朝着微型化、智能化、廉价化发展，容易获取、携带、安装和长期隐藏。特别是近年来在社会上被一些不法之徒安装在酒店客房、用于偷拍入住客人活动的针孔摄像头，是一种拍摄孔径只有针孔大小的微型摄像机，可以通过移动通信网络实时传输拍摄的视频场景，侵犯个人隐私，一旦被窃密者安装或放置在涉密会议、活动场所，或者保密要害部门、部位，将严重威胁国家秘密安全。对于举办涉密会议、活动场所，以及保密要害部门、部位，在条件允许的情况下，应对建筑装修、购置办公设备、用品等进行严格的保密检查。通过技术检测和保密检查，及时发现隐藏、伪装的窃听、窃照装置，消除泄密隐患。

【案例 1-2】买卖、转送或者私自销毁国家秘密载体的行为属于违规行为

【案例描述】

某年 5 月，某事业单位新入职员工贺某被安排在秘书部门工作，由于初入职，对工作情况和相关法律法规不了解，未履行涉密文件销毁管理规定，将 3 本秘密级汇编书籍交给保洁人员处理，保洁人员将书籍当作废品，卖到了流动废品收购站，被保密行政管理部门工作人员及时发现，进行了收缴处理。事后，有关部门给予贺某记大过处分。

【案例启示】

国家秘密载体属于国家所有，应当按照国家有关规定配发或装备，任何组织和个人不得私自买卖、转送。机关、单位应当按照国家有关规定和标准销毁国家秘密载体，任何组织或者个人不得私自销毁。

保守党和国家秘密是每个单位和公民应尽的义务，是维护国家安全和利益的重要根基，涉密人员在工作、学习、生活中都应合法知密、不传密、不泄密。

【案例 1-3】贪图小利，发个邮件出卖国家机密

【案例描述】

某年年初，某大学的在校学生李同学，刚参加完期终考试，还没来得及松口气，竟然直接被某市国家安全局的侦察员带走了。

什么？间谍？！李同学才刚上大一，怎么会跟间谍组织扯上关系？他的所作所为，到底给国家造成了什么样的严重后果？

某年 10 月，某高校，刚进入大学校门的李同学，收到了一个来自陌生人的 QQ 好友邀请。对方称，他叫陈××，浙江宁波人，长期生活在国外。最近在做军民融合项目调研，希望李同学能够提供一些国内的相关信息，事成之后将支付丰厚的报酬。

贪图小利，无知大学生深陷策反阴谋。

李同学对军事方面的相关信息并不了解，但为了挣到这笔丰厚的跑腿费，他趁空余时间专门跑到学校图书室，查阅相关资料。刚开始，陈××想让李同学拍一本名叫《航空及空军装备》的杂志，承诺只要拍下来，就直接给他 200 元，但李同学翻遍校园图书馆也没找到。寒假期间，李同学回到老家，最终在当地图书馆找到了相关的军事书籍。8 本杂志共 1000 元，收到图片后，陈××很快就将报酬支付给了李同学。随后，李同学又按照要求拍了《海军杂志》，对方又给他转了

400元。接下来，陈××又提出了新的要求。

还在为挣了一点小钱窃喜的李同学，竟丝毫没有察觉，自己已经出卖了国家机密。

尝到甜头的李同学，很快又完成了陈××吩咐的几个“任务”，又拿了不少报酬。但接下来陈××的要求，让李同学感到为难。因为对方要的东西越来越倾向军事领域，比如军校淘汰学生的信息，这个领域普通人很少会关注。

接下来的两天，由于李同学要考试，就没再跟对方联系。而他并不知道，自己向境外传送照片的一举一动，早已被锁定。期终考试完的第二天，侦察员就把李同学从学校直接带走了。

拍摄公开发行杂志也需谨慎！

触犯法律的李同学竟然还声称：他拍的这些杂志，全部是公开发行的。只要在国内，随时可以查看，怎么会涉密呢？

真是糊涂！幸亏侦察员及时查获，切断了李同学和对方的联系，不然后果不堪设想。

考虑到李同学这次违法情节较轻，且能如实向国家安全机关说明情况，国家安全机关决定，让李同学暂时回学校继续上课，等待下一步处理。

【案例启示】

一封简单的邮件背后，有可能隐藏了境外间谍组织有预谋的策反。由于李同学没有足够的国家安全意识，一步一步沦为了间谍人员窃取国家机密的工具。实在可悲！年轻人，对来自互联网的不明诱惑，万万警惕！

你以为间谍很遥远？不！如果你的国家安全意识不强，也许你就会成为境外间谍组织策反的对象，他们可能就伪装潜伏在你身边！

本案例的涉事人仅仅发了一封邮件，就已涉嫌出卖国家机密！

【学习领会】

1.1 强化国家安全意识

1. 大学生应怎样树立国家安全意识、维护国家安全

有国家就有国家安全工作，每位大学生都应当成为国家安全和利益的自觉维护者，应视国家利益为最高、最根本的利益，将维护国家安全列为首要任务。

（1）培养和提高国家安全意识、忧患意识和气节意识。维护国家安全是一个社会系统工程，需要全社会的共同努力和协作，而不仅仅是国家安全部门和相关部门的责任。正因为如此，为提升全社会的国家安全意识，也需要大学生树立良好的国家安全意识。

（2）要努力熟悉有关国家安全的活动、法规。面临复杂多变的国际安全形势，作为社会主义现代化建设的主力军的当代大学生，要继续发扬中华民族艰苦朴素的优良传统，坚定不移地在党的领导下走具有中国特色的社会主义道路，充分利用在校学习的宝贵时间，努力学习科学文化知识，提升自身的辨别能力。

（3）要善于识别各种伪装。在对外交往中，既要热情友好，又要内外有别、不卑不亢；既要珍惜个人友谊，又要牢记国家利益；既可争取各种帮助、资助，又不失国格、人格。识别伪装既难又易，关键就在淡泊名利，对发现的别有用心者依法及时举报，进行斗争，决不准其恣意妄行。

（4）树立正确的人生观、世界观。树立正确的人生观和世界观，在实践中增强爱国主义观念，真正意识到自己是国家的主人，国家的稳定与安全关系着整个民族的切身利益，维护国家安全既是公民的一项权利，同时也是每个公民所必须履行的一项义务。

（5）要克服妄自菲薄等不正确的思想。作为中国人，要挺直腰板，决不妄自菲薄、悲观失望。

要看到我们也有许多世界第一和“中国特色”，有一系列国家秘密和单位秘密。对这一切，如果没有正确的认识，就可能在许多问题上产生错误的看法。个别误入歧途的青年学生的教训，已成前车之鉴，千万不要重蹈覆辙。

（6）要积极配合国家安全机关的工作。国家安全机关是国家安全工作的主管机关，分工负责间谍案件的侦查、拘留、预审和执行逮捕。当国家安全机关需要大家配合工作的时候，在工作人员表明身份和来意之后，每个同学都应当按照《中华人民共和国国家安全法》赋予的义务要求，认真履行职责，尽力提供便利条件或其他协助，如实提供情况和证据，做到不推、不拒，更不以暴力、威胁方法阻碍执行公务，还要切实保守好已经知晓的国家安全工作的秘密。

2. 什么是总体国家安全观

2014 年 4 月 15 日，习近平总书记在中央国家安全委员会第一次全体会议上首次提出“总体国家安全观”，即以人民安全为宗旨，以政治安全为根本，以经济安全为基础，以军事、文化、社会安全为保障，以促进国际安全为依托，走出一条中国特色国家安全道路。

3. 什么是国家安全

《中华人民共和国国家安全法》第一章第二条规定：国家安全是指国家政权、主权、统一和领土完整、人民福祉、经济社会可持续发展和国家其他重大利益相对处于没有危险和不受内外威胁的状态，以及保障持续安全状态的能力。

4. 贯彻总体国家安全观的“十个坚持”

中共中央政治局于 2020 年 12 月 11 日下午就切实做好国家安全工作举行第二十六次集体学习。习近平总书记就贯彻总体国家安全观提出“十个坚持”：坚持党对国家安全工作的绝对领导；坚持中国特色国家安全道路；坚持以人民安全为宗旨；坚持统筹发展和安全；坚持把政治安全放在首要位置；坚持统筹推进各领域安全；坚持把防范化解国家安全风险摆在突出位置；坚持推进国际共同安全；坚持推进国家安全体系和能力现代化；坚持加强国家安全干部队伍建设。

5. 危害国家安全的行为有哪些

《中华人民共和国国家安全法》规定：本法所称危害国家安全的行为，是指境外机构、组织、个人实施或者指使、资助他人实施的，或者境内组织、个人与境外机构、组织、个人相勾结实施的危害国家安全的行为。

危害国家安全的具体行为有：

（1）阴谋颠覆政府，分裂国家，推翻社会主义制度的行为。

（2）参加间谍组织或者接受间谍组织及其代理人的任务的行为。

（3）窃取、刺探、收买、非法提供国家秘密的行为。

（4）策动、勾引、收买国家工作人员叛变的或者将防地设施、武器装备交付他国或敌方的行为。

（5）进行危害国家安全的其他破坏活动的。

危害国家安全的其他破坏活动具体包括：

①组织、策划或者实施危害国家安全的恐怖活动的；

②捏造、歪曲事实，发表、散布文字或者言论，或者制作、传播音像制品，危害国家安全的；

③利用设立社会团体或者企业、事业组织，进行危害国家安全活动的；

④利用宗教进行危害国家安全活动的；

⑤制造民族纠纷，煽动民族分裂，危害国家安全的；

⑥境外个人违反有关规定，不听劝阻，擅自会见境内有危害国家安全行为或者有危害国家安

全行为重大嫌疑的人员的。

6. 危害国家安全的法律责任

危害国家安全的，要承担刑事法律责任或者行政法律责任。根据其危害的结果进行处罚，具体处罚有：管制、拘役、判刑（有期、无期、死刑或死缓）、罚金、剥夺政治权利、没收财产、行政处分（警告至开除等）、行政拘留、没收（如非法持有的属于国家秘密的文件等）、限期离境和驱逐出境（对境外人员的行政处罚）。

《中华人民共和国国家安全法》规定：

境外机构、组织、个人实施或者指使、资助他人实施，或者境内组织、个人与境外机构、组织、个人相勾结实施危害中华人民共和国国家安全的行为，构成犯罪的，依法追究刑事责任。

（1）明知他人有间谍犯罪行为，在国家安全机关向其调查有关情况、收集有关证据时，拒绝提供的，由其所在单位或者上级主管部门予以行政处分，或者由国家安全机关处 15 日以下拘留；情节严重的，处 3 年以下有期徒刑、拘役或者管制。

（2）以暴力、威胁方法阻碍国家安全机关依法执行国家安全工作任务的，处 3 年以下有期徒刑、拘役、管制或者罚金。

（3）故意阻碍国家安全机关依法执行国家安全工作任务，未使用暴力、威胁方法，造成严重后果的，处 3 年以下有期徒刑、拘役、管制或者罚金。情节较轻的，由国家安全机关处 15 日以下拘留。

（4）对非法持有属于国家秘密文件、资料和其他物品的，以及非法持有、使用专用间谍器材的，国家安全机关可以依法对其人身、物品、住处和其他有关的地方进行搜查；对非法持有属于国家秘密的文件、资料和其他物品，以及非法持有、使用的专用间谍器材予以没收。

（5）非法持有属于国家秘密的文件、资料和其他物品，构成泄露国家秘密的，依法追究刑事责任。

（6）境外人员违反国家安全法的，可以限期离境或者驱逐出境。

7. 公民在维护国家安全中有哪些义务

《中华人民共和国国家安全法》第七十七条规定，公民和组织应当履行下列维护国家安全的义务：

（1）遵守宪法、法律法规关于国家安全的有关规定；

（2）及时报告危害国家安全活动的线索；

（3）如实提供所知悉的涉及危害国家安全活动的证据；

（4）为国家安全工作提供便利条件或者其他协助；

（5）向国家安全机关、公安机关和有关军事机关提供必要的支持和协助；

（6）保守所知悉的国家秘密；

（7）法律、行政法规规定的其他义务。

任何个人和组织不得有危害国家安全的行为，不得向危害国家安全的个人或者组织提供任何资助或者协助。

8. 公民在维护国家安全中有哪些权利

公民在维护国家安全中有以下权利：

（1）公民和组织支持、协助国家安全工作的行为受法律保护。因支持、协助国家安全工作，本人或者其近亲属的人身安全面临危险的，可以向公安机关、国家安全机关请求予以保护。公安机关、国家安全机关应当会同有关部门依法采取保护措施。

（2）公民和组织因支持、协助国家安全工作导致财产损失的，按照国家有关规定给予补偿；造成人身伤害或者死亡的，按照国家有关规定给予抚恤优待。

（3）公民和组织对国家安全工作有向国家机关提出批评建议的权利，对国家机关及其工作人员在国家安全工作中的违法失职行为有提出申诉、控告和检举的权利。

9. 国家安全包括哪些方面

为了体现总体国家安全观的要求，《中华人民共和国国家安全法》从政治安全、国土安全、军事安全、经济安全、文化安全、社会安全、科技安全、网络安全、生态安全、资源安全、核安全、海外利益安全、生物安全、太空安全、极地安全、深海安全等16个领域对国家安全任务进行了明确。

（1）政治安全。政治安全攸关党和国家安危，其核心是政权安全和制度安全。政治安全是国家安全的根本，经济、社会、网络、军事等领域安全的维系，最终都需要政治安全为前提条件；其他领域的安全问题，也会反作用于政治安全。

（2）国土安全。国土安全涵盖领土、自然资源、基础设施等要素，是指领土完整、国家统一、海洋权益及边疆边境不受侵犯或免受威胁的状态。国土安全是立国之基，是传统安全备受关注的首要方面。

（3）军事安全。军事安全是指国家不受外部军事入侵和战争威胁的状态，以及保障这一持续安全状态的能力。军事安全既是国家安全体系的重要领域，也是国家其他安全的重要保障，新形势下维护我国军事安全，要有效应对国家面临的各类安全威胁，筹划和推进国防和军队建设，平时营造态势、预防危机，战时遏制战争、打赢战争。

（4）经济安全。经济安全是国家安全体系的重要组成部分，是国家安全的基础。维护经济安全，核心是坚持社会主义基本经济制度不动摇，不断完善社会主义市场经济体制，坚持发展是硬道理，不断提高国家的经济整体实力、竞争力和抵御内外各种冲击与威胁的能力，重点防范好各种重大风险挑战，保护国家根本利益不受损害。

（5）文化安全。文化安全是国家安全的重要保障。维护国家文化安全，必须坚持社会主义先进文化前进方向，坚持以人民为中心的工作导向，坚定文化自信，增强文化自觉，加快文化改革发展，加强社会主义精神文明建设，建设社会主义文化强国。

（6）社会安全。社会安全是国家安全的重要内容，包括防范、消除、控制直接威胁社会公共秩序和人民群众生命财产安全的治安、刑事、暴力恐怖事件，以及规模较大的群体性事件等。社会安全工作涉及打击犯罪、维护稳定、社会治理、公共服务等各个方面，与人民群众切身利益息息相关。

（7）科技安全。科技安全是指科技体系完整有效，国家重点领域核心技术安全可控，国家核心利益和安全不受外部科技优势危害，以及保障持续安全状态的能力。科技安全是国家安全体系的重要组成部分，是支撑国家安全的重要力量，维护科技安全既要确保科技自身安全，更要发挥科技支撑引领作用，确保相关领域安全。

（8）网络安全。当今世界，网络空间已成为与陆地、海洋、天空、太空同等重要的人类活动新领域。同时，网络安全也相伴而生，世界范围内网络犯罪时有发生，网络监听、网络攻击、网络恐怖主义等成为全球公害。网络安全与各安全领域相互交融、相互影响，已成为我国面临的最复杂、最现实、最严峻的非传统安全问题之一。没有网络安全就没有国家安全。

（9）生态安全。生态安全是指一个国家具有支撑国家生存发展的较为完整、不受威胁的生态系统，以及应对国内外重大生态问题的能力。我国作为一个领土、人口大国，随着经济社会的快速发展，资源约束趋紧，环境污染严重，生态系统退化，生态问题日益成为经济社会发展中的焦点问题。维护生态安全直接关系人民群众福祉、经济可持续发展和社会长久稳定，生态安全成为国家安全体系的重要组成部分和基石。

（10）资源安全。从国家安全角度看，资源的构成包括水资源、能源资源、土地资源、矿产资源等多方面。资源安全的核心是保证各种重要资源充足、稳定、可持续供应，在此基础上，追求以合理价格获取资源，以集约节约、环境友好的方式利用资源，保证资源供给的协调和可持续。

（11）核安全。核能的开发利用给人类发展带来了新的动力。同时，核能发展也伴生着核安全风险和挑战，核武器扩散、核武器国家的对峙和军备竞赛依然存在。随着国际恐怖主义威胁的上升，潜在的核恐怖主义已成为国际社会的隐忧。遍布世界的核材料、核设施，存在着因核事故、核犯罪而导致核污染、核泄漏乃至核攻击的风险。

（12）海外利益安全。海外利益是国家利益的重要组成部分。海外利益安全主要包括海外能源资源安全、海上战略通道以及海外公民、法人的安全，其维护方式多种多样，如开展海上护航、撤离海外公民、应急救援。随着新一轮对外开放全面推进，特别是“一带一路”建设加快实施，海外利益安全日益关乎我国整体发展利益和国家安全，维护海外利益安全成为一项重要任务。

（13）生物安全。基于生物技术发展有可能带来的不利影响，人们提出了生物安全的概念。生物安全一般是指由现代生物技术开发和应用对生态环境和人体健康造成的潜在威胁，及对其所采取的一系列有效预防和控制措施。生物安全攸关民众健康、社会安定和国家战略安全。国际生物安全形势发展正处于大动荡、大变革的重要转折期。短期内，生物安全风险总体可控，但面临生物袭击威胁、新发突发传染病、两用技术风险等棘手问题；长期看，战略安全风险加大，亟须加强战略引导和技术攻关。

（14）太空安全。太空领域及其相关太空技术已经成为权力政治追逐的对象，各国竞相争夺，于是太空安全问题日趋严重：卫星频轨资源短缺，尤其是地球静止轨道越来越稀缺；太空碎片越来越多，影响航天器进出太空，以及在轨运行；太空军事化、武器化越来越明显，不仅严重影响卫星在轨运行，而且严重影响国际战略的稳定与平衡。

（15）极地安全。极地安全是指维护国家和平探索和利用极地，增强安全进出、科学考察、开发利用的能力，加强国际合作，维护我国在极地的活动、资产和其他利益的安全。

（16）深海安全。深海安全是指和平探索和利用国际海底区域，增强安全进出、科学考察、开发利用的能力，加强国际合作，维护我国在国际海底区域的活动、资产和其他利益的安全。

10. 生活工作中我们应如何维护国家安全

（1）一些可疑人员未经批准到内部开展调查，进行科技、经济、企业等情况搜集。如发现这种情况，不能随意提供任何信息，并向当地公安机关或国家安全机关报告。

（2）警惕境外电台、电视、网络等传媒的煽动、造谣。

（3）一些境外组织和人员经常出现在我军事、保密单位周边，乘机盗取秘密情报和信息。如遇有可疑人员要立即报告。

（4）一些有境外背景的组织和个人，利用一些群众的不满情绪，煽动与政府对抗。如遇到这些情况，应立即报告。

（5）拾获属于国家秘密的文件、资料和其他物品，应当及时送交有关机关、单位或保密工作部门。

（6）发现有人买卖属于国家秘密的文件、资料和其他物品，应当及时报告保密工作部门或者国家安全机关、公安机关处理。

（7）发现有人盗窃、抢夺属于国家秘密的文件、资料和其他物品，有权制止，并应当立即报告保密工作部门或者公安、国家安全机关。

（8）发现泄露或可能泄露国家秘密的线索，应当及时向国家安全机关、单位或保密工作部门举报。

1.2　保守国家秘密

1. 大学生应如何自觉保守国家秘密

保密是公民的义务，也是大学生的社会责任。每个大学生应该自觉执行，严格遵守《中华人民共和国保守国家秘密法》，履行保密义务，坚决同失、泄、窃密行为做斗争。

（1）增强保密观念。保密与窃密是渗透与反渗透、颠覆与反颠覆、和平演变与反和平演变斗争的重要组成部分，我们只有正确认识保密与窃密斗争的复杂形势，克服无密可保的错误观念，才能提高警惕，严格遵守保密制度，充分运用保密法，既坚持对外开放，又保住国家秘密。

（2）在对外交往中坚持内外有别的原则。在对外交往中，凡涉及国家机密的内容，坚持回避原则，遵守外事纪律，不随便涉及内部的人事组织、社会治安状况、科技成果和经济建设中各种未公开的数据资料。

（3）严格遵守保密制度。主要注意以下几点：

①未经有关主管部门批准，禁止将属于国家秘密文件、资料和其他物品携带、传递、寄运至境外。

②在与境外人员接触中，不带秘密文件、资料和记有秘密事项的记录本，如对方直接向我索要科技成果、资料、样品或公开询问我内部秘密，应灵活予以拒绝。

③在对外通信中，个人通信一律用个人名义，通信地址一般采用个人居住地址或可以公开对外的单位地址。邮寄印刷品和包裹，应按有关保密规定办理。

④严格遵守禁区和非对外开放的场所、部位的管理规定，不经主管部门批准，不随便带境外人员参观或进入非开放区。

（4）严格执行保密纪律。在国际学术会议或国外刊物上发表文章，要按保密规定办理；举办有境外人员参加的学术交流活动，应按规定的程序审批；未经审批，不准接受境外人员的各种调查；不得为境外人员提供或代购内部读物和资料。

（5）严格按保密要求办事。自觉遵守保密条例，做到：不该说的机密绝对不说；不该问的机密绝对不问；不该看的机密绝对不看；不该记录的机密绝对不记录；不在私人通信中涉及机密；不在普通电话、明码电报、普通邮局传达机密事项；不携带机密材料游览、参观、探亲、访友和出入公共场所。

2. 泄露国家秘密承担的法律责任

泄露国家秘密是违法犯罪行为，必须承担相应的法律责任。

《中华人民共和国保守国家秘密法》第三十一条规定：故意或者过失泄露国家秘密，情节严重的，依照刑法的规定追究刑事责任。泄露国家秘密，不够刑事处罚的，可以酌情给予行政处分。

《中华人民共和国保守国家秘密法》第三十二条规定："为境外的机构、组织、人员窃取、刺探、收买、非法提供国家秘密的，依法追究刑事责任。"

1.3　反恐防暴反间谍

1. 什么是暴力恐怖犯罪

所谓暴力恐怖犯罪，是指使用暴力手段或以强暴手段相威胁，以特定的或不特定的人或物为侵害对象，蓄意危害他人人身、生命、财产安全和社会安全，造成严重后果的攻击型犯罪行为。

具有以下特征的暴力案件可认定为严重暴力恐怖案件：

（1）危害国家安全或公共安全。危害国家安全是指危害国家主权独立，领土完整和安全，意图改变国家宪法规定的基本社会制度的行为。危害公共安全是指危害不特定的多数人的生命、健康或者重大公私财产安全。

（2）具有鲜明的反社会性。

（3）呈现出高度的组织性。

（4）造成严重的危害结果。国家安全和公共安全是我国法律所保护的最重要的法益，严重暴力恐怖案件正是对这两个重要法益的侵害。

（5）犯罪手段激烈残忍。

2. 什么是恐怖活动

恐怖活动是指具有恐怖主义性质的下列行为：

（1）组织、策划、准备实施、实施造成或者意图造成人员伤亡、重大财产损失、公共设施损坏、社会秩序混乱等严重社会危害活动的。

（2）宣扬恐怖主义，煽动实施恐怖活动，或者非法持有宣扬恐怖主义的物品，强制他人在公共场所穿戴宣扬恐怖主义的服饰、标志的。

（3）组织、领导、参加恐怖活动组织的。

（4）为恐怖活动组织、恐怖活动人员、实施恐怖活动或者恐怖活动培训提供信息、资金、物资、劳务、技术、场所等支持、协助、便利的。

（5）其他恐怖活动。

3. 反恐防暴公民个体的应对原则

（1）遇到恐怖袭击事件不要围观，应立即离开。

（2）如正处在事件现场，应保持镇静，因为盲目慌乱会影响自己正常的判断。

（3）设法判明自己目前是否面临危险，如有危险，要做好个人防护，迅速离开危险区域；如无法逃避时，应利用地形、隐蔽物遮掩、躲藏。

（4）如遇恐怖袭击事件实施者抛洒不明气体或液体，应迅速躲避，且用毛巾、衣物等捂住口鼻。

（5）公民被劫持或在偏僻区域遭遇袭击时，要尽量保持镇静，避免激怒恐怖分子。

（6）观察现场状况，时机成熟时迅速撤走，远离现场。

（7）无论在何种情况下，都要尽量保持情绪稳定，灵活变通。

（8）在确保个人安全情况下，要尽快报警。报警尽量简明，但细节清晰，包括：地点、时间、发生事件、后果等。例如，枪击事件，可以说“在××位置、有个穿××衣服的人，手持武器，打伤人”；例如，纵火事件，可以说在××位置发生火灾，附近有无危险物等，位置信息包括区、路、住宅小区、第几栋楼、第几层楼等。

（9）尽快展开自救互救，并拨打 120 急救电话呼救。呼救电话应简单明了，语言必须精炼、准确，讲清重要的，避免耽误时间。主要内容有以下几点：事件类型、受伤人数、伤情情况、受伤时间、候车地点、呼救人姓名、身份、联系方法等。

4. 大学生如何增强反间谍意识

（1）牢固树立国家安全利益高于一切的观念，克服麻痹思想，提高识别能力，特别是在与境外人员接触时更加需要严守国家秘密。

（2）善于识别各种伪装，发现境外人员从事与其身份不符的行为、有从事间谍活动的嫌疑时，应当及时向国家安全机关、公安机关或高校保卫部门报告。

（3）出国学习、旅游前，应了解、掌握维护国家安全有关知识，提高安全防范意识，自觉维护国家安全，坚决抵制境外间谍组织、敌对势力的策反、拉拢、威胁、利诱等行为。

（4）大学生在求职过程中，不应在网上公布自己参与过的军事与其他涉及国家安全的重要科研项目，相关经历可以在与用人单位直接接触时介绍。如遇网上有人提供明显高于市场平均薪资水平的工作，应提高警惕，认真予以识别，必要时可向学校及有关部门反映。

【模拟演练】

1．发现危害国家安全的可疑行为怎么举报

公民或组织发现危害国家安全可疑行为或其他破坏行动时，可通过以下三种方式进行举报：

（1）电话举报，拨打全国国家安全机关的举报电话 12339。

（2）线上举报，登录国家安全部互联网举报受理平台网站 www.12339.gov.cn。

（3）实地举报，前往当地国家安全机关直接举报。

2．在发生恐怖袭击时，应怎样迅速撤离险境

遭遇恐怖袭击的撤离方法如下：

（1）要保持镇静，判明所处位置，看准疏散路线。

（2）善于选择通道，不要使用电梯，不盲目跟随人流拥挤。

（3）要把随身小包贴于胸前，不要因为财物重返危险境地。

（4）撤离时要视情侧身、贴墙、溜边、匍匐前行，可用物品遮掩身体易受害部分和不靠近窗户玻璃，不要逆人流前进，避免被推倒在地。

（5）要服从相关指挥，不盲目拥挤，以免造成更大伤害。

（6）及时自救互救，最大限度避免伤害。

【自主练习】

1．单选题

（1）《中华人民共和国国家安全法》规定，机关、团体和其他组织应当对本单位的人员进行（　　）。

A．职业道德教育　　B．职业技术教育

C．思想政治教育　　D．维护国家安全教育

（2）每年的（　　）为全民国家安全教育日。

A．4月15日　　B．5月15日　　C．8月1日　　D．10月15日

（3）根据《中华人民共和国国家安全法》的规定，公民和组织支持、协助国家安全工作的行为（　　）。

A．是正当行为　　B．受法律保护

C．应当受到称赞　　D．有关部门应当给予表扬

（4）反对民族分裂，维护国家统一，是我国（　　）所在。

A．核心利益　　B．根本利益　　C．最大利益　　D．最高利益

（5）国家安全机关设立的受理举报电话是（　　）。

A．12338　　B．12339　　C．13339　　D．12368

（6）过失泄露国家秘密，情节严重的应当（　　）。

A．追究刑事责任　　B．进行职业道德教育

C．给予党纪、政纪处分　　D．调出原单位

（7）国家安全是国家（　　）和发展的基本前提。

A．主权　　B．安全　　C．生存　　D．稳定

2．多选题

（1）任何个人和组织有以下（　　）行为的，将被依法追究法律责任。

A．违反国家安全法　　B．不履行维护国家安全义务

C．从事危害国家安全活动　　D．违反其他有关法律

（2）根据《中华人民共和国国家安全法》的规定，（　　）负责搜集涉及国家安全的情报信息。

A．公安机关　　B．检察机关

C．国家安全机关　　D．所有的军事机关

（3）间谍行为包括（　　）。

A．参加间谍组织　　B．接受间谍组织代理人的任务

C．为敌人指示攻击目标　　D．搜集公民个人隐私

（4）从国家安全角度看，资源的构成包括（　　）等多个方面。

A．水资源　　B．土地资源　　C．矿产资源　　D．能源资源

（5）总体国家安全观的五大要素是：国家安全工作应当坚持总体国家安全观，以人民安全为宗旨；（　　），维护各领域国家安全，构建国家安全体系，走中国特色国家安全道路。

A．以政治安全为根本　　B．以经济安全为基础

C．以军事、科技、文化、社会安全为保障　　D．以促进国际安全为依托

3．判断题

（1）国家安全不包括文化安全。（　　）

（2）组织或个人在紧急情况下，可以在互联网及其他公共信息网络传递国家秘密。（　　）

（3）在国家安全机关调查和了解有关间谍行为的情况、收集证据时，有关组织和个人应当如实提供，不得拒绝。（　　）

（4）国土安全关系到国家主权和领土完整，关系到国家的生死存亡和长久治安。（　　）

（5）国家利益是国家制定和实施安全战略的出发点。（　　）

主题2 打造安全校园

学校是学生学习、生活的主要场所，是国家培养各类专业人才的重要基地。因此，党和政府高度重视校园安全问题，始终将加强校园安全、保障广大师生生命与财产安全作为一项基础工作、关键工作。

大学生活丰富多彩，校园环境优美，学习氛围浓厚，治安状况良好，但校园并非世外桃源，也存在各种安全问题。校园安全与教师、学生、家长和社会都有关千丝万缕的关系，它关乎师生的安危、千家万户的幸福和社会的和谐稳定。大学生要牢固树立安全防范意识，做一个守纪律、懂安全的人，既要保护好自己，又要保护好身边的同学，要做到“校园安全，从我做起”“校园安全，从小事做起”，以实际行动推动和谐校园的建设。

【自我测试】

表2-1所示的“校园安全意识测试”用于测试同学们的校园安全意识，共15道测试题，请仔细阅读表中各项测试内容，然后实事求是地作答。若你的回答为“是”，则在表中的“测试结果”列填入数字“1”；若你的回答为“否”，则在表中的“测试结果”列填入数字“0”。

表2-1 校园安全意识测试

测试内容	测试结果
（1）你自觉遵守校纪校规	
（2）你会克制自己的冲动，不做出违法乱纪的举动	
（3）你在身体不适时，不会进行剧烈运动	
（4）你在运动前通常会做5～10分钟的准备活动	
（5）你有良好的个人卫生习惯	
（6）你不会在宿舍内“秉烛夜读”	
（7）你不会在宿舍内使用违反宿舍安全管理规定的大功率电器	
（8）你离开宿舍时，有检查门窗是否关好的习惯	
（9）你拒绝将宿舍作为聚会、聚餐、打牌、会客等交际场所	
（10）实验实习前，你有熟悉消防通道的意识	
（11）实验实习时，你严格遵守实验实习的操作规定	
（12）实验实习时，你不会私自离岗	
（13）实验实习时，你不会与同学嬉戏打闹	
（14）实验实习中发现同学有不当操作时，你会及时提醒与纠正	
（15）运动基础差、准备活动不充分，进食后立即运动等会引起或诱发运动性腹痛	
小计	

在表2-1中的“小计”行汇总“测试结果”得分，得分越高说明你的校园安全意识越强，有良好的行为习惯，注重保护自己和他人的安全，积极维护校园稳定。如果测试结果中有一些为“否”，你就要认真思考，积极地往好的方向改变。

【案例探析】

【案例 2-1】篮球场上显身手，意外踩脚致骨折

【案例描述】

杨同学是一名篮球爱好者，非常热爱篮球运动，每周都会打两到三场球。一个周六的上午，杨同学又一次来到球场上打球，凑到一起打球的人都互相不太熟悉。在激烈的拼抢过程中，杨同学跳起投球，落地时踩到了身后球员脚上，顿时觉得脚踝剧痛，根本无法站立。杨同学马上被抬到场外，后被 120 接走治疗。经过医院诊断，杨同学右脚踝骨折，需要长时间休养。

【案例启示】

案例中，杨同学在运动中拼抢过于激烈，起跳后很难控制自身落地的位置和姿势；同时，在多人聚集的环境中抢球，难免会踩到他人脚上，导致自己受重伤，需要长期恢复，生活受到很大影响，很多课程也无法参加。

【案例 2-2】安全运动，切勿逞能

【案例描述】

某学生严重感冒，但仍然抱病参加学校举办的春季运动会中的 3000 米长跑项目。下场后，该生便昏倒在跑道上，口吐白沫。虽然学校立即把他送往医院进行抢救，但令人遗憾的是，该生最终因抢救无效而死亡。调查和尸检表明，该生因患感冒引发病毒性心肌炎，又因为剧烈运动，所以最终心力衰竭，抢救无效而死亡。

【案例启示】

体育运动讲究适度适量，大学生一定要根据自己的身体情况参与体育运动，身体抱恙时不能进行剧烈、高强度的运动。体育的拼搏精神虽然值得认可，但若参与体育运动损害了自己的身体健康，甚至危及生命，则是不可取的。

【案例 2-3】实验人员在实验时离开实验室而引发事故

【案例描述】

某大学实验室曾发生甲醛泄漏事件，上百名师生紧急疏散。事故中不少学生眼睛、喉咙难受，感觉不适。幸运的是，此次甲醛泄漏时，室内无人，而且甲醛飘散出来后被稀释，甲醛浓度大大降低，所以没有引发严重的伤害性后果。事故发生后，经消防人员与有关专家处理，现场恢复正常。有关方事后调查发现，当时一名老师正在实验室做实验，但中途出去了几分钟，就在这段时间内发生了甲醛泄漏事故。

【案例启示】

在实验过程中，实验存在变数，所以实验人员在做实验时，不得中途离开，这样也是为了应对突发情况。此次事故虽然没有引发严重的伤害性后果，却为我们敲响了警钟，实验人员务必遵守实验规范，不要以为事故没有发生，或自己的违规行为没有带来严重后果，就心存侥幸。应对安全事故的上策是预防，一旦发生意外，后果不堪设想。

【学习领会】

2.1　公共场所安全防范

1. 怎样防止纠纷发生

当你预感到可能会发生纠纷的时候，希望你尽力做到：

（1）冷静克制，切勿莽撞。无论争执由哪一方面引起，都要保持冷静，绝不可冲动，这就要求我们要大度，虚怀若谷。

（2）诚实谦虚。在与同学以及其他人相处中，诚实、谦虚是加强团结、增进友谊的基础，也是消除纠纷的最好方法。

（3）注意语言美。实践证明，同学间的纠纷多数由口角引起，而口角的发生必然会导致恶语伤人。要做到语言美，一是说话要和气，心平气和地与人说话，以理服人，不强词夺理，不恶语伤人；二是说话要文雅，谈吐雅致，不说粗话、脏话；三是说话要谦虚，尊重对方，不说大话，不盛气凌人。

2. 电梯事故应急处置要点有哪些

电梯事故的应急处置要点如下：

（1）电梯运行速度不正常时，应两腿微微弯曲，上身向前倾斜，以应对可能受到的冲击。

（2）电梯突然停运时，不要轻易扒门爬出，以防电梯突然开动。

（3）被困电梯内时，应保持镇静，立即用电梯内警铃、对讲话机或电话与有关人员联系，等待外部救援。如果报警无效，可以大声呼叫或间歇性地拍打电梯门。

（4）如电梯运行途中发生火灾，应使电梯在就近楼层停靠，并迅速从楼梯逃生。

3. 公共场所做到八个“不要”

（1）不要把开水往窗外倒。

（2）不要站在窗台上擦玻璃。

（3）不要在打球时戴眼镜。

（4）不要在吃饭时打冲锋。

（5）不要在下课时追赶推攘。

（6）不要爬围墙进出校园。

（7）不要跑步上下楼梯。

（8）不要聚众打架。

4. 公共场所的安全要点

（1）在操场、食堂、教室、阅览室、实验室、办公室等场所要注意保管好随身携带的物品；短暂离开时，要将贵重物品带走。

（2）请不要把手机、笔记本电脑等贵重物品及大额现金放在书包内，并用书包占位。

（3）发现物品丢失或可疑人员时，要及时与场所管理人员联系，并报告学校保卫部门。

（4）请自觉遵守公共场所有关管理规定，共同维护公共场所正常秩序。

5. 预防中毒事件的发生

（1）搞好个人和宿舍内的卫生。

（2）根据自己的身体状况，适当进行体育活动，增强体质。

（3）不在无证经营、卫生条件差的饮食摊点上吃喝，不购买流动饮食摊点出售的食品。

（4）不购买无品名、无厂家、无生产日期的食品，不吃过期、变质的食品。

（5）妥善使用、保管自己的含有毒物的物品（如温度计、体温表等），防止其损坏，致有毒物外泄。

（6）做实验时，应先了解实验物品的性能，对人体有无危害，并根据其危害程度，加强个人防护。实验完毕后，应清理实验器皿，将未用完的物品装入其容器。出实验室时应清洗双手。

（7）使用燃气热水器洗浴时，不可密闭洗浴间，应适当通风，防止一氧化碳中毒。

2.2 体育运动安全防范

1. 大学生体育运动安全的概念

体育运动是以身体练习为基本手段，以全面发展身体、增强体质、提高运动技术水平、丰富社会文化生活为目的的一种有意识、有组织的社会活动。体育运动安全是指在参加体育运动时不发生或少发生安全事故的主观条件，即指参加体育运动的人遵循体育运动规律，增强安全意识，不因疏忽大意而发生事故。

2. 大学生体育运动安全事故的预防和处理办法

（1）提高预防意识。体育运动本来是锻炼身体、强健体魄、陶冶情操的活动，若由此而给人带来伤害就与体育运动的宗旨背道而驰了。从各种事故所暴露出的问题看，主要原因是学生麻痹大意，缺乏自我保护意识。

（2）遵守安全事项。上体育课时要听从老师的统一指挥，了解运动器械的性能、用途，按规定选择适合自己身体状况的体育项目。观看体育运动，要遵守运动场规定，保持必要的距离，在对抗性比赛中不能有意与对方发生冲撞，要有保护意识。

（3）及时有效处理。发生安全事故后，在场的同学要迅速报告老师或学校有关部门，并尽快送医院治疗。

3. 体育课应注意的安全事项

体育课是锻炼身体、增强体质的重要课程。体育课上的训练内容是多种多样的，因此，要注意的安全事项也因训练的内容、使用的器械不同而有所区别。

（1）体育活动前必须做好充分的准备活动，结束时同样要做好放松整理活动，以防止出现伤害事故。

（2）短跑等项目要按照规定的跑道进行，不能串跑道。这不仅仅是竞赛的要求，也是安全的保障。特别是快到终点冲刺时，更要遵守规则，因为这时人身体的冲力很大，精力又集中在竞技之中，思想上毫无戒备，一旦相互绊倒，就可能受重伤。

（3）跳远时，必须严格按老师的指导助跑、起跳。起跳前前脚要踏中木制的起跳板，起跳后要落入沙坑之中。这不仅是跳远训练的技术要领，也是保护身体安全的必要措施。

（4）在进行投掷训练时，如投手榴弹、铅球、铁饼、标枪等，一定要按老师的口令进行，令行禁止，不能有丝毫马虎。这些体育器材有的坚硬沉重，有的前端装有尖利的金属头，如果擅自行事，就有可能击中他人或者自己被击中，造成受伤，甚至危及生命。

（5）在进行单、双杠和跳高训练时，器械下面必须准备好厚度符合要求的垫子，如果直接跳到坚硬的地面上，会伤及腿部关节或后脑。做单、双杠动作时，要采取各种有效的方法，使双手握杠时不打滑，避免从杠上摔下来，使身体受伤。

（6）在做跳马、跳箱等跨跃训练时，器械前要有跳板，器械后要有保护垫，同时要有老师和同学在器械旁站立保护。

（7）前后滚翻、俯卧撑、仰卧起坐等垫上运动的项目，做动作时要严肃认真，不能打闹，以免发生扭伤。

（8）参加篮球、足球等项目的训练时，要学会保护自己，也不要在争抢中蛮干而伤及他人。在这些争抢激烈的运动中，自觉遵守竞赛规则对于安全是很重要的。

4．运动安全事故现状和基本注意问题

高校校园中的体育运动在历史上发生过各种各样的意外事件，这里对大学生在体育运动中可能遭受的伤害进行了三个方向的归纳。

（1）合理运动中的受伤。按理来说，在科学化的运动中应该是不会受伤的，但是常见的运动受伤在所难免。主要是在对抗性运动中的磕碰，这类受伤一般不严重，比如踢足球时摔伤、打篮球时挫伤手指、跑步扭伤脚、户外自行车摔伤等，发生这类伤害主要是因为对于该运动项目没有掌握技巧并且用力过猛。

（2）运动场的意外受伤。受客观场地条件等因素的影响，普通的动作有可能产生致命的后果。例如，有的同学在不知道自己身体状况不好的情况下进行体育活动，可能会有哮喘、心脏病、气胸、阑尾炎发病的风险。一般而言，有这些情况的学生是自知的，是不会去剧烈运动的，但是有的同学不知道自己的情况或者觉得有这样的情况也似乎影响不大而采取冒险跃进的做法。对于这类学生，不仅要在思想上进行教育，还要在学生中进行地毯式清查，精准掌握学生的实际情况，并进行生命教育谈话。还有的意外情况如在操场跑步被足球踢中、不小心踩到坑然后头部撞地、在校园道路上跑步被车撞等，只能是从细节强化教育，比如跑步尽量不要戴耳塞听音乐，这样会降低危险的发生概率，从羽毛球场路过的时候不要被拍子打中等。

（3）运动中的社交情绪伤害。如果在剧烈的运动中带有情绪，那么很有可能造成伤害加倍。任何运动都不是单纯的运动，运动中的社交情绪伤害，一种是因为情绪造成的身体伤害，另一种是因为运动造成的情绪伤害。情绪是任何时候都会有的，我们因为某件事郁闷了去运动或者心情不好去运动，这是运动所具有的调节情绪的功能，这里所说的运动社交情绪是由于运动过程中的互动所产生的对他人的情绪。例如，在篮球场上，当一方刻意犯规得不到对方的原谅，另一方采取“以牙还牙、以眼还眼”的回击，这样的情况严重的造成殴斗，轻微的造成运动目的变化，在合理冲撞的掩护下从快乐运动变成攻击对方，最终造成两败俱伤。另一种情况是因为运动造成情绪的伤害，在少部分性格过分敏感的学生中会有这样的现象，如产生“技不如人，受尽嘲笑”的想法。

5．如何预防运动损伤

为减少以至避免运动中可能发生的伤害事故，必须坚持预防为主、积极治疗、抓早抓小、练治结合的原则，了解各项运动可能发生损伤的原因，采取积极的预防措施，才有可能把事故危害程度降至最低。

（1）训练方法要合理。要掌握正确的训练方法和运动技术，科学地增加运动量。对于不同性别、年龄、水平及健康状况的人，训练时在运动量的安排上应因人而异、循序渐进。

（2）准备活动要充分。在实际工作中，我们发现不少运动伤是由于准备活动不足造成的。因此，在训练前做好准备活动十分必要。准备活动可以提高中枢神经系统的兴奋性，克服机体机能活动的生理惰性，为正式练习做好准备。准备活动能增加肌肉中毛细血管开放的数量，提高肌肉的力量、弹性和灵活性，同时可以提高关节韧带的机能，增强韧带的弹性，使关节腔内的滑液增

多，防止肌肉和韧带的损伤。在进行准备活动时，既要使躯干、肢体的大肌肉群和关节充分活动开，同时也要注意各个小关节的活动。准备活动还应增加一些专项素质的内容。

（3）注意间隔放松。在训练中，为了更快地消除肌肉疲劳，防止由于局部负担过重而出现的运动伤，组与组之间的间隔放松非常重要。在间隔时间内，一些运动员对这一问题重视不够，往往站在一旁不动或千篇一律地做些放松跑。这样不仅不能加快机体疲劳的消除，再进行下组练习时还易出现损伤。由于各个项目的练习内容不同，间隔放松的形式也应有所区别。例如，着重于上肢练习的项目，在间隔期间可做些放松慢跑；着重于下肢练习的项目结束后，可以在垫子或草地上仰卧，将两腿举起抖动或做倒立。这样一方面可以促进血液的回流，改善血液的供给，另外也能使活动肢体中已疲劳的神经细胞加深抑制，得到休息，这对于消除疲劳及防止运动损伤有着积极意义。

（4）加强易伤部位肌肉力量。据统计，在运动实践中，肌肉、韧带等软组织的运动伤最为多见。因此，加强易伤部位的肌肉力量练习，对于防止损伤的发生具有十分重要的意义。例如，加强股四头肌力量的练习可以防止膝关节损伤，而防止肩关节伤则应加强三角肌、肩胛肌、胸大肌和肱二头肌的练习。

除上述几条以外，遵守训练原则，加强保护，注意选择好训练场地，也是预防运动损伤的重要内容。

2.3 军训安全防范

1．军训注意事项

（1）防晒防暑。军训处空旷无乘凉遮阴，紫外线强，需要在军训时提前做好防晒措施。出门5分钟前要认真擦防晒霜，脖子、耳朵都是我们不能忽视的部位。一旦察觉自己有头痛、头晕、四肢湿冷无力的情况，我们要立即向教官打报告，请求在阴凉处稍做休息。

（2）补充水分。在炙热的操场上，体内的水分消耗大，一定要准备一个大容量水杯，及时补充水分，以淡盐水为佳，不喝生水，以免引起肠道传染病。

（3）晒后修复。军训久晒后脸颊发红发烫，不要立马用冷水洗脸，会刺激皮肤，容易变黑。等皮肤舒缓，不再灼热发红后再用洗面奶洗脸。

（4）注意饮食。在军训过程中，我们的体内能量消耗大，我们的早、中、晚餐要按时就食，注意营养均衡搭配，注意多吃一些肉类、蛋类及蔬菜、水果等，及时补充能量，切记不要空腹训练，容易诱发低血糖以及胃病。

（5）突发情况处理。如有小伙伴在军训过程中出现崴脚、发烧、头晕等特殊情况时，要及时向教官、辅导员、军训负责人报备，及时进行就医检查。

2．军训期间个人防护

（1）军训期间天气炎热，运动量大，不容易出汗等都会造成中暑。人体中暑的先兆症状主要是：面色苍白、大量出汗、头晕、耳鸣、眼睛发花、注意力不集中、口渴、心慌、脉搏加快、全身无力等，如果军训过程中出现以上情况，应立即报告教官，并转移到阴凉通风的地方休息。此时，应让不适学生口服藿香正气水、人丹之类防暑药物，以及口服凉盐开水或白开水。如果情况严重应马上送往医院进行救治。

（2）初秋时节蚊虫仍然肆虐，防蚊药品必不可少，特别是夜间军训，花露水、风油精是必备品，驱蚊止痒又有醒神功效。

（3）准备维生素C片、钙片及各种营养品，军训期间，体能消耗较大，需要保证营养供给。

（4）准备咽喉糖、西瓜霜之类的含片，军训时经常会有拉歌之类的活动，可以防止高喊给嗓子带来的不适。

（5）运动性昏厥也称暂时性脑供血不足，多见于体弱贫血、低血压及训练基础差者。低血糖性昏厥主要发生于早晨不进食或进食少者。同学们可以随身携带几颗糖果，当有上述晕厥前兆出现时，应当就地蹲下、平卧或向身边同学、教官求助。

2.4 实验实训安全防范

1. 实验室基本安全守则

（1）进入实验室必须学习并遵守实验室的各项规定，严格执行操作规程，并做好各类记录。

（2）实验室内严禁吸烟、饮食、睡觉、嬉闹、穿拖鞋、使用明火电器和电暖气等取暖设备，禁止放置与实验室无关的物品；无关人员禁止入内。

（3）了解实验室潜在的风险和应急方式，并采取必要的安全防护措施；熟悉紧急情况下的逃离路线和紧急应对措施，清楚急救箱、灭火器材、紧急洗眼装置和冲淋器的位置。

（4）实验室内各种物品应摆放整齐，保持整洁和地面干燥，及时清理废旧物品，保持消防通道通畅。

（5）实验中人员不得擅自离岗，进行危险实验时至少 2 人在场。

（6）实验中发生异常情况，应立即停止实验，向指导教师或实验室负责人报告并采取措施消除隐患，不得冒险作业。

（7）实验结束后，应关闭仪器设备，将物品归位，最后离开人员必须检查并关闭实验室水、电、气、门窗等。

（8）一旦发现火灾、盗窃等安全事故，应立即根据情况启动事故应急处置预案，采取相应的应急措施，并向学校实验实训中心、保卫部门报告。

2. 实验人员个人防护要点

（1）实验人员应根据需求选择合适的防护用品；使用前，应确认其使用范围、有效期及完好性等，熟悉其使用、维护和保养方法。

（2）按需要穿着质地合适的长袖实验服或防护服。

（3）按需要佩戴防护眼镜（如进行化学实验、有危险的机械操作等）。

（4）进行化学、高温实验时，不得佩戴隐形眼镜。

（5）特殊场所按需佩戴安全帽、防护帽，长发不散露在外。操作机床等旋转设备时，不穿戴长围巾、丝巾、领带等。

（6）按需佩戴防护手套（涉及不同的有害化学物质、高温、低温等），并正确选择不同种类和材质的手套。

（7）在特殊的实验室配备和使用呼吸器或面罩（如有挥发性毒物、溅射危险等），并正确选择种类；呼吸器或面罩在有效期内，不用时须密封放置。

3. 实验室化学品安全要点

（1）化学品保存的安全要点。

①所有化学品和配制试剂都应贴有明显标签，杜绝标签缺失、标签信息不全等混乱现象。

②存放化学品的场所必须整洁、通风、隔热、安全、远离热源和火源。

③化学品应密封、分类、合理存放，切勿将不相容的、相互作用会发生剧烈反应的化学品混放。

④实验室不得存放大量试剂，用多少领多少，严禁存放大量易燃易爆试剂及强氧化剂。

⑤根据不同化学品的种类、特性，分类储存，并采用相应的储存设备；危险化学品实行“双人领取、双人运输、双人双锁保管、双人使用、双人记录”的“五双”制度，并切实做好相关记录。

（2）化学品使用的安全要点。

①进行实验前应先阅读使用化学品的安全技术说明书或安全周知卡，了解化学品特性，采取必要的防护措施。

②实验时严禁佩戴隐形眼镜，应佩戴防护眼镜，穿着适合的实验工作服、长衣长裤、袜子及采用其他防护措施。

③严格按实验规程进行操作，在能达到实验目的的前提下，尽量少用，或用危险性低的物质代替危险性高的物质。

④保持工作环境通风良好。使用化学品时，不能直接接触化学品、品尝化学品味道、把鼻子凑到容器口嗅闻气味。

⑤禁止从校外带入来源不明的化学品在实验室使用；不准外借化学品，任何人不得将其带出实验室。

（3）化学废弃物处置的安全要点。

①废液应倒入专用的回收容器中，液面不得超过容器的2/3，并贴上化学废弃物专用标签，确保容器密闭、不破损、不泄露。

②化学废弃物收集时须避免产生剧烈反应；混合后会发生反应的废液，禁止存放在同一容器内。

③废液分类收集，及时送处，避免大量囤积；各类废弃物（包含空瓶），由实验实训管理部门统一报批后委托具有资质的处置单位签约处置。

4. 实验室设备的安全要点

（1）机械加工设备的安全要点。

①高速切削机械操作，工作前穿好工作服，戴好防护眼镜，衣袖口应扣紧，长发应戴好工作帽。工作场所禁止戴手套、长围巾、领带、手镯等配饰物，禁穿拖鞋、高跟鞋等。

②设备在运转时，严禁手动调整；禁止操作人员的身体任一部位进入危险区，如需调整应首先关停机械设备。

③实训操作前必须检查机械设备是否可靠接地，防止设备漏电以及在运行中产生静电引发人员触电。

④实训结束后，应切断电源，整理好场地并将实训用具等摆放整齐，清理好机械设备产生的废渣、切屑。

（2）加热设备的安全要点。

①使用加热设备，必须采取必要的防护措施，严格按照操作规程进行操作。使用时，人员不得离岗（至少10～15分钟观察一次）；使用完毕，应立即断开电源。

②加热、产热仪器设备须放置在阻燃的、稳固的实验实训台上或地面上，不得在其周围堆放易燃易爆物或杂物。

③禁止用电热设备烘烤溶剂、油品、塑料筐等易燃、可燃挥发物。若加热时会产生有毒有害气体，应放在通风柜中进行。

④应在断电的情况下，采取安全方式取放被加热的物品。

⑤实验实训室不允许使用明火电炉，如有特殊情况需使用的，须向学校实验实训管理部门申请。

⑥使用电热枪、电烙铁时，不可对着人体的任何部位；使用电吹风和电热枪时，不得阻塞或覆盖其出风口和入风口；用毕需立即拔除插头。

5. 实训室安全的基本要求

实训室是职业院校进行教学、科研等实验活动的重要场所，由于其自身所具有的特点，存在一定程度的不安全因素，稍有不慎可能会引发实训室安全事故，进而对实训者本身、周围人群和环境产生一定伤害，甚至危及生命。实训室安全的基本要求如下：

（1）熟悉实训室及周围环境，如水阀、电阀、灭火器、安全门和急救箱的位置。

（2）熟悉紧急情况下的逃离路线和紧急应对措施，铭记急救电话 119、120、110。

（3）进入实训室前要穿戴好对应的实训服、防护眼镜、橡胶手套和口罩。

（4）实训室内禁止跑动和打闹。

（5）实训室禁止饮食，也不得在实训室储存食品、饮料等个人生活物品。

（6）实训室禁止吸烟或进行非必要点燃操作。

（7）离开实训室前，应切断或关闭水、电、煤气及其他可燃气体阀门，并关好门窗。

（8）消防器材要放在明显且便于取用的位置，不准随意移动或损坏室内消防器材。

（9）实训室周围的过道、应急出口等处不准堆放物品，必须保持畅通。

（10）指定专人负责实训室的日常安全工作。严格遵守国家和学校的有关规定，并根据实训工作特点制定具体的安全管理制度，张贴或悬挂在醒目处，严格执行。有危险性的场所、设备、设施、物品及技术操作要有警示标识。实训室应配备必需的安全防护用品和用具。

（11）保持实训室干净整洁，实训用具及时洗净、入柜，室内和台面均无大量物品堆积，每天至少清理一次实训室。

（12）实训操作中如有疑问应及时请教该实训室设备责任人，不得盲目操作。

（13）发现安全隐患时应视情况采取适当措施，并及时报告实训室负责人。

6. 实训室安全的防范措施

（1）杜绝人为隐患。参与实训操作的主体是人，人的不安全因素是导致实训室安全事故发生的最主要原因。因此，只有从“人”着手，通过各种手段提高学生的安全意识和素养，才能最大限度地减少安全隐患。

（2）构建安全环境。良好的安全环境是保证实训室安全的重要因素，构建安全环境，应该从硬件和软件上着手进行。

①硬件方面。实训室（楼）要配备完善的安全设施，如消防器材、报警装置、急救箱、废弃物收集装置等。要经常对安全通道进行检查，保证安全通道的畅通，保证实验用电和用水安全、合格。

②软件方面。明确各实训室安全责任人，针对各个实训室的潜在危害张贴明显标志，对各种仪器设备的安全注意事项、使用规则明确告知。要定期进行安全检查，开展安全知识学习，制定严格的奖惩措施，营造安全氛围。

（3）完善制度体系，提高安全意识。建立完善、明确的实训室管理制度体系并严格执行，是实训室安全工作可持续发展的重要保障，也是安全准入制度运行的必要条件。

7. 实训室用水安全

（1）了解实训楼自来水各级阀门的位置。

（2）水龙头或水管漏水、下水道堵塞时，应及时联系修理、疏通。

（3）应保持水槽和排水渠道畅通。

（4）杜绝自来水龙头打开而无人监管的现象。

（5）输水管应使用橡胶管，不得使用乳胶管；水管与水龙头以及仪器的连接处应使用管箍夹紧。

（6）定期检查冷却水装置的连接胶管接口和老化情况，发现问题应及时更换，以防漏水。

（7）实训室发生漏水和浸水时，应第一时间关闭水阀。发生水灾或水管爆裂时，应首先切断室内电源，转移仪器防止被水淋湿，组织人员清除积水，及时报告维修人员处置。如果仪器设备内部已被淋湿，应报请维修人员维护。

8. 实训室注意安全防火

（1）以防为主，杜绝火灾隐患。了解各类有关易燃易爆物品的知识及消防知识。

（2）实训室及实训楼内严禁吸烟或焚烧其他物品。发现火险隐患应及时报告处理，发现火灾主动扑救，及时报警（119）。

（3）使用酒精灯要严格按照操作规范进行。

（4）实训室安全责任人在每天离开实验室前，要做必要的安全检查，关好水，断电，关好窗户，锁门。

（5）使用挥发性易燃物应在通风橱内进行。

（6）实训室的电冰箱内不能存放易燃易爆药品，必须存放的，应将药品封严，以防冰箱启动时打火造成事故。冰箱应放在通风处，严禁在冰箱后面堆放杂物。

（7）按操作规程使用高压灭菌装置，防止发生爆炸事故。

（8）确保安全通道的畅通，不得存放物品阻碍安全通道。

9. 实训室注意安全用电

（1）要树立安全、节约的用电思想。

（2）电源、电闸下方禁止摆放易燃物品和仪器设备。

（3）启动或关闭电器设备时，必须将开关扣严或拉妥，防止似接非接状况。使用仪器设备前，应先了解其性能，按操作规程操作，若电器设备发生过热现象或出现煳焦味时，应立即切断电源。

（4）电器设备及配电装置有故障时应及时请专人修理。不得擅自乱改线路和乱接电线。

（5）人员较长时间离开房间或电源中断时，要切断电源开关，尤其要注意切断加热电器设备的电源开关。

（6）要警惕实训室内发生电火花或静电，如遇电线走火，切勿用水或导电的酸碱泡沫灭火器灭火，应切断电源，用沙或二氧化碳灭火器灭火。

（7）有人触电时，应立即切断电源，或用绝缘物体将电线和人体分离后，实施抢救。

（8）仪器使用完毕，要切断电源，并归位，填写仪器使用记录。

2.5 学生宿舍安全防范

1. 学生宿舍安全防范要点

（1）养成随手锁门（上保险）、关窗的良好习惯。

（2）注意保管好自己的钥匙，不要随便借给他人或乱丢乱放。

（3）不要擅自留宿外来人员，发现可疑人员应提高警惕，及时报告。

（4）妥善保管各类贵重物品，尤其是笔记本电脑，须上锁存放。

（5）大额现金应及时存入银行。密码不要用生日等易被他人破解的数字。银行卡丢失应及时挂失。

（6）不要点蜡烛或使用明火。

（7）不要使用伪劣电器和大功率灯具、热得快、电热毯、电饭煲等电器。

（8）不要在宿舍焚烧物品及存放汽油、酒精、丙酮等易燃易爆物品和有毒、有害、放射性危险品。

（9）不要在宿舍私拉乱接电源。

（10）不要随意动用消防设施。

2. 学生宿舍发现可疑人员时怎么办

（1）发现可疑人员应主动上前询问，态度应和气，但须问得仔细些。

（2）如来人回答疑点较多，神情紧张，则要进一步盘问，并要求查看其身份证件。

（3）如来人经盘问疑点很多，不肯说出真实身份，或其携带有可能是赃物、作案工具等物品，应采取措施拖延时间，并打电话通知学校保卫部门来人审查。

（4）要注意的几个问题：一是态度始终要温和，二是不能随意对可疑人员进行搜查，三是如可疑人员是盗窃分子，要防止其突然行凶或逃跑。

2.6 预防运动损伤与意外

1. 常见的运动损伤的急救技术

（1）“冷敷”。冷敷就是冷冻疗法，利用比人体温度低的冷水、冰块等刺激患处进行初期治疗，有止血、退热、镇痛、麻醉和消肿的作用。方法是将毛巾浸透冷水后放在受伤部位，两分钟左右换一次；或者将冰块装入塑料袋内进行外敷。在遭到挫伤、关节韧带扭伤、早期肌肉拉伤等急性闭合性软组织损伤时，通过这种方法可以使血管收缩，减轻局部充血，抑制感觉神经，缓解症状。

（2）“热攻”。热攻就是通过热疗，促使局部血管扩张，改善血液和淋巴循环，促进淤血和渗出液的吸收，具有消肿、散淤、解疼、镇痛、减少粘连和促进损伤愈合的作用。常用方法是将毛巾浸透热水或热醋后放于受伤部位，每次热敷30分钟左右。热敷法适用于急性闭合性软组织损伤的中期、后期和慢性损伤。

（3）止血法。

①加压包扎法。小的外伤、毛细血管或小静脉出血，流出的血液易于凝结，在伤口部盖上消毒敷料，然后用三角巾或绷带加压包扎即可。

②指压止血法。一般用于动脉止血，即用手指将出血动脉的近心脏端，用力压向其相对的骨面，以阻断血液来源而达到临时止血的目的。

③止血带止血法。四肢大动脉出血，不方便用加压包扎或指压法止血时，可用止血带（橡皮带或其他代用品），缚扎于出血部的近心脏端。应用止血带，不能直接压在皮肤上，而先要在上止血带的部位用三角巾、毛巾等软物包垫好，将伤肢高抬，再扎上止血带，其松紧度以能压住动脉血流为原则，缚后以肢端腊色为宜；如果呈紫红色则以能压住动脉血流为原则，如系上肢应每隔20～30分钟放松一次，如系下肢应每隔45～60分钟放松一次，凡上止血带的伤者，必须记录上止血带的部位与时间，并应迅速送医疗单位。

（4）包扎法。包扎有保护伤口、减少感染机会、压迫止血、固定骨折和减少伤痛的作用，是损伤急救的主要技术之一。包扎常用的材料有绷带、三角巾等。现场如果没有这些材料，亦可用毛巾、衣物等代替。包扎动作应力求熟练、软柔，松紧应适宜。这里介绍以绷带为材料或类似绷带材料的几种包扎法：

①环形包扎法。这种包扎方法常用于肢体较小部位的包扎，或用于其他包扎法的开始和终结。

包扎时打开绷带卷，把绷带斜放在伤肢上，用手压住，将绷带绕肢体包扎一周后，再将带头和一个小角反折过来，然后继续绕圈包扎，第二圈盖住第一圈，包扎 3～4 圈即可。

②螺旋包扎法。绷带卷斜行缠绕，每卷压着前面的一半或三分之一。此法多用于肢体粗细差别不大的部位。

③反折螺旋包扎法。做螺旋包扎时，用一拇指压住绷带上方，将其反折向下，压住前一圈的一半或三分之一，多用于肢体粗细相差较大的部位。

④“8”字包扎法。多用于关节部位的包扎。在关节上方开始进行数圈环形包扎，然后将绷带斜行缠绕，一圈在关节下缠绕，两圈在关节凹面交叉，反复进行，每圈压过前一圈一半或三分之一。

2. 几种运动损伤的处理办法

（1）软组织损伤的处理方法。软组织损伤后，一般会出现流血、肿胀、疼痛等症状。最常用的处理方法是用冷毛巾包裹受伤的部位，促使受伤部位毛细血管收缩，减少出血。损伤后 24～48 小时内，可服用活血化瘀药、消炎药，同时进行局部理疗热敷，以利软组织的修复。

（2）皮肤擦伤、裂伤的处理方法。由于外力摩擦所至的体表皮肤浅表性的损伤，肉眼可见有出血或渗血或组织液渗出，对小面积的擦伤，可用生理盐水（条件不足时也可用自来水）冲洗伤口后，涂 20%红药水或 1%的紫药水或 2%的碘酊进行消毒处理。如果擦伤面积较大或者嵌入较多的泥、沙等异物时，最好到医院进行彻底的清洗、消毒和包扎。

（3）肌肉拉伤的处理方法。对轻微的肌肉拉伤，可用一块布包着冰块或者冰袋对受伤处施行冷敷，以防进一步肿胀，并减轻疼痛。用绷带或布条将受伤区包扎起来，给以支撑力量，但是要注意松紧适度，扎得太紧会导致肌肉进一步肿胀。在疼痛消失之前，避免使用受伤的肌肉。如果肌肉拉伤严重或发生断裂，则必须到医院进行治疗。

（4）骨折的处理方法。发生骨折后，骨折部位有疼痛及压痛感，并伴有肿胀、瘀斑、畸形等。首先要进行现场急救，这是保证治疗效果的关键。发生骨折后要保持镇静，不可任意移动骨折部位。在对伤口进行检查后，可以利用干净衣物或其他物品先行包扎伤口，再利用板子、木棍等硬物使骨折处固定，避免骨折易位，然后尽快就医。

【模拟演练】

1. 预防运动损伤的对策

从事任何形式的体育锻炼都要注意安全，如果体育锻炼安排得不合理，违背科学规律，就可能出现伤害事故。为了保证体育锻炼的安全，锻炼者应做到以下几点：

（1）体育锻炼前做好充分的准备活动，待各器官系统的机能进入活动状态后，再进行较剧烈的运动。准备活动可以使身体机能进入最佳状态，通过准备活动既可以提高锻炼效果，又可以减少运动损伤。

（2）运动强度逐渐增加。在正式进行体育锻炼时，活动量也要遵循循序渐进的原则。如果一开始就突然增加运动强度，会造成内脏器官与运动器官的不协调，使身体出现一系列不适反应。

（3）体育锻炼要全身心投入，在锻炼过程中不要开玩笑，有时稍不注意，就可能出现运动损伤。

（4）在进行跑步、健美操等体育锻炼时，最好不要在沥青马路和水泥地面上进行，以防出现各种劳损症状。

（5）不要在没有把握的情况下参与那些危险性大、专业性强、技术要求高的体育运动，如蹦极、攀岩、卡丁车等，在这些运动中，稍有不慎就会酿成事故，造成人身伤亡。

2. 中暑症状及急救措施

（1）先兆中暑。

主要症状：高温环境下，出现头痛、头晕、口渴、多汗、四肢无力发酸、注意力不集中、动作不协调等症状。体温正常或略有升高。

救护措施：及时转移到阴凉通风处，补充水和盐分，短时间内即可恢复。

（2）轻症中暑。

主要症状：体温往往在38℃以上，除头晕、口渴外往往有面色潮红、大量出汗、皮肤灼热等表现，或出现四肢湿冷、面色苍白、血压下降、脉搏加快等表现。

救护措施：迅速脱离高温现场，到通风阴凉处休息，给予含盐清凉饮料并进行对症处理。

（3）重症中暑。

可能出现的症状：明显的肌痉挛，伴有收缩痛；头昏、头痛、多汗、口渴、恶心、呕吐，继而皮肤湿冷、血压下降、心律紊乱（心律失常）、轻度脱水，体温稍高或正常；在高温环境中突然发病，体温高达40℃以上，疾病早期大量出汗，继之“无汗”，可伴有皮肤干热及不同程度的意识障碍等。

救护措施：

①立即将患者移至阴凉通风处。

②让患者躺下或坐下，松解衣扣，并抬高下肢。

③降温：用凉的湿毛巾敷前额和躯干，或用大的湿毛巾、湿的床单等把患者包起来。用电风扇、有凉风的电吹风或用手扇动以促其降温。注意不要用酒精擦患者的身体。

④让神志清醒的患者喝清凉的饮料，如果患者神志、呼吸及吞咽均无困难，可以让他喝盐水（每100毫升加盐0.9克）。

⑤如果患者病情无好转，应送医院急救。

3. 出血及伤口包扎措施

出血是指血液离开血管，可分为外出血和内出血。

（1）外出血的处理方法。救护员接触伤口前，必须先戴保护性手套，置伤病者于适当卧姿。

①止血。检查伤口是否有异物，如伤口无异物，可将敷料直接压迫在伤口；如敷料已被血液浸湿，可在上面再加敷料继续施压，切勿更换原有敷料；如伤口有异物（如玻璃碎片）或采用直接压法无效时，在伤口四周施压，置大量敷料于异物周围以作固定及止血之用。

注意：压力必须是持续的，不可时紧时松，否则不能达到止血功效。

在可能的情况下，将伤处抬高至心脏位置以上，可减慢出血速度；制止伤处活动，可减慢出血速度，帮助止血，适用于骨折伤病者。

以上止血法无效时才可由医务人员使用止血带，使用时必须非常小心。

②包扎伤口。包扎具有保护伤口、压迫止血、减少感染、减轻疼痛、固定敷料和夹板等目的。包扎时，要做到快、准、轻、牢。快，即动作敏捷迅速；准，即部位准确、严密；轻，即动作轻柔，不要碰撞伤口；牢，即包扎牢靠，不可过紧，以免影响血液循环，也不能过松，以免纱布脱落。同时，要预防和处理休克。

（2）内出血的处理方法。当出现内出血时，应迅速拨打120急救电话，送往医院救治。

切勿在无人照料下离开伤病者，应密切观察呼吸、脉搏以进行比较。

【自主练习】

1. 单选题

（1）下列处理扭伤的方法中，错误的是（　　）。

A. 搓揉按摩扭伤处

B. 用毛巾蘸冷水，拧干后敷在扭伤处

C. 用冰袋冷敷扭伤处

D. 送往医院，由专业医疗人员处理

（2）实验室安全事故的成因中，实验设备老化损坏、安全保障系数降低属于（　　）。

A. 实验人员自身问题

B. 实验设备问题

C. 实验室环境问题

D. 实验室管理问题

（3）校园伤害事故的范围是指（　　）。

A. 在校园内发生的所有事故

B. 在上课期间发生的

C. 在学校发生，与教育教学活动有关的

D. 由学校组织的，与教育教学有关的活动，包括校内与校外

2. 多选题

（1）遵守实验室规则，正确的做法是（　　）。

A. 在能够复原的情况下，可以任意拆卸实验仪器设备

B. 对实验造成的危险因素或发现的实验室危险因素，应予以标识

C. 实验时，要及时清理打翻的药品和试剂

D. 实验前，要排除安全威胁

（2）进行体育运动时，应当做到（　　）。

A. 身体不适或受伤时不盲目地进行体育运动

B. 进行不同的运动要选择相应的场地，运动前要了解场地周围的情况

C. 运动前要拿出口袋里的尖锐物品

D. 运动结束后，要立即停下来休息

（3）以下为预防运动损伤可采取的措施是（　　）。

A. 训练方法要合理

B. 准备活动要充分

C. 注意间隔放松

D. 加强易伤部位肌肉力量

3. 判断题

（1）校纪校规不是每个学生必须遵守的。（　　）

（2）课堂纪律是学生上课时礼仪和行为举止的基本规范。（　　）

（3）纪律是用来约束人们行为的规章、制度和守则的总称。（　　）

（4）大学生是否构建和谐的人际关系与维护校园稳定是不存在任何关系的。（　　）

（5）做产生有毒气体的实验时应穿戴防护用品。（　　）

（6）使用完电、燃气等后，应在离开实验室时将其关闭。（　　）

主题3　注重饮食安全

中国有句古话：民以食为天，食以安为先。前半句话说明食物对人的重要性，食物是人进行一切生命活动的能量来源，食物对于每个人来说，都是至关重要的；后半句话说明饮食的安全性更加重要，吃到嘴里的食物，如果是有毒的或致病的，后果将不堪设想。

饮食卫生与我们的健康、学习和生活质量密切相关，食品安全的重要性不容我们每个人忽视。大学生在日常生活中一定注意饮食安全，让我们一起过上健康、快乐的学习生活，让我们尽情地享受阳光灿烂的青春！

【自我测试】

表3-1所示的“饮食安全意识测试”用于测试同学们的饮食安全意识，共15道测试题，请仔细阅读表中各项测试内容，然后实事求是地作答。若你的回答为“是”，则在表中的“测试结果”列填入数字“1”；若你的回答为“否”，则在表中的“测试结果”列填入数字“0”。

表3-1　饮食安全意识测试

测试内容	测试结果
（1）你去餐厅就餐时，经常会查看餐厅的信息公示牌，了解餐馆的卫生等级	
（2）你经常使用铁锅炒菜，因为铁锅炒菜对健康最有益	
（3）购买食品时，你经常查看食品的保质期限，你从不购买超过保质期限的食品	
（4）你知道彻底煮沸的豆浆可以安全食用	
（5）你知道剩饭的保存时间，以不隔餐为宜，尽量缩短在5～6小时	
（6）你知道食品广告的内容不得涉及疾病预防	
（7）你知道患有病毒性肝炎的人员不得从事接触直接入口食品的工作	
（8）你知道学校超市等食品销售商店应当取得食品经营许可证	
（9）你知道食用没有煮熟的四季豆（扁豆）可能会导致中毒	
（10）你知道烧熟后的熟食品在10℃以下冷藏的，保质期为24小时	
（11）你平常有饮用白开水的饮水习惯	
（12）你从不食用发霉的茶叶和发芽的土豆	
（13）你从不去卫生条件差的摊位就餐	
（14）你购买包装食品时，一定会查看生产日期和保质期	
（15）你的一日三餐都是按时按量地吃	
小计	

在表3-1中的“小计”行汇总“测试结果”得分，得分越高说明你的饮食安全意识越强，有良好的饮食习惯，注重加强自己和他人的饮食安全。如果测试结果中有一些为“否”，你就要认真思考，积极地往好的方向改变。

【案例探析】

【案例3-1】快速启动应急预案，确保学生平安健康

【案例描述】

某年 11 月 27 日，广州某校开始有同学陆续出现发烧、腹泻情况，出现该情况的同学疑似曾在学校的十栋饭堂和东区饭堂就餐，部分学生病例就诊结果为急性上呼吸道感染。29 日，学校回应称事发当日已及时对学生发病前的就餐地点、食物进行登记，并对食堂所有档口的食品留样进行监管。经白云区疾控中心进一步排查，学校 5 个食堂 100 多名厨工未发现胃肠道症状者，且校内食堂未出现食品不安全问题，当时共发现胃肠道症状者 29 例，已落实排查隔离，且该校已启动传染病防治应急预案。

当时学校通报，11 月 27 日起陆续有学生出现腹痛、腹泻、呕吐、伴随发热等症状，到学校医务室就诊。情况发生后，校医室医生根据疫情防控要求，指导学生到相关医院进行诊治，学生随后前往驻地医院诊治。傍晚，又陆续有多名学生出现类似症状。经紧急排查，学生用餐食地点较为分散，涉及校内食堂 7 个档口和校外多家餐厅。

当天 20 时 30 分，驻地市场监管所派员来校调查相关情况。白云区疾控中心对食堂食品进行抽检，校内食堂食品未发现食品不安全问题。

根据校方通报，截至当年 11 月 30 日上午 8 时，校内出现腹痛、腹泻、呕吐、伴随发热等症状共有 315 人，其中初步确诊为诺如病毒阳性 24 人。

校方表示，按学校传染病防治应急预案要求，立即成立了“11 • 27 工作专班”，部署相关工作，立即采取控制传染源、切断传播途径、保护易感人群等措施，确保学生平安健康。

【案例启示】

公开资料显示，诺如病毒（Norovirus，NV）是一种引起非细菌性急性肠胃炎的病毒，传染性强，以肠道传播为主，可通过水源、食物、物品、空气等传播，主要症状为发热、恶心、呕吐、腹痛、腹泻，严重时可能导致脱水甚至死亡。

据悉，当年尚无治疗诺如病毒患者的特异药物，也无可预防诺如病毒感染的有效疫苗。最有效的预防措施就是，限制接触受污染的食物和阻断食品操作人员、加工人员引起的传播。

学生日常要做好以下防护措施：

①保持良好的手部卫生，每次使用肥皂和流水至少清洗 20 秒。

②食物要充分加热，尤其海鲜类食品，厨具及餐具要定时清洗消毒。

③保持室内空气流通，每日开窗通风不少于 2 次，每次不少于 30 分钟。

④做好消毒工作，对有患者呕吐物或粪便污染的环境和物品，须使用含氯消毒剂进行全面消毒。

由于学校及当地疾控中心响应快速、处置及时、措施得当，有效避免了中毒事态进一步扩展与失控。

【案例3-2】食用过期月饼导致食物中毒

【案例描述】

某校学生在中秋节前夕买了一盒月饼和一些水果、瓜子，并将这些食物带到寝室分给同学吃。吃月饼时，其他同学闻到有异味就把月饼扔了，但该生觉得月饼扔了有些可惜，而且异味不大，就吃了。第二天上午，该生上课时突然出现头晕、腹痛、腹泻、呕吐等症状。该生被送到当地医院进行抢救，经医生诊断为食物中毒，查看月饼包装盒后认定是过期月饼，所幸该生经过及时治

疗，已无性命之忧。

【案例启示】

生活中，要切记在购买食品时查看其保质期，不购买过期食品，更不可食用过期食品，扔掉过期食品和腐败食品并不是浪费的行为。总之，避免食物中毒的关键是预防，重视饮食卫生，防止病从口入。另外，大学生遇到食物中毒事件后，要有维权意识，症状较轻时可与食品商家、餐厅老板等协商赔偿事宜；症状较严重时，应及时取证报警，并向学校相关部门反映情况。

【案例3-3】街边“美味”带来的后果

【案例描述】

何同学是同学们公认的美食爱好者。周末这天，何同学的中学同学来找他玩，何同学带这位中学同学游览了当地的商业街，在逛街过程中品尝了冰激凌和烤串，晚上俩人没有回学校就餐，而是在小吃一条街大快朵颐。烤肉、海鲜、烤时蔬、臭豆腐，样样不落。第二天，何同学和这位中学同学出现了腹泻、呕吐、头痛、发热等症状，医院诊断他们两人是由于饮食不洁造成的饮食中毒，除了正常的治疗程序，何同学还需要保持清淡干净的饮食。

【案例启示】

这起案例是一起典型的饮食安全危机案例。案例中，何同学和他的中学同学所吃的食物种类过于多样，暴饮暴食，而且他们食用了路边没有经营牌照的摊食，食材质量没有保障，导致身体难以承受，出现了食物中毒现象。所以，平时要养成良好的个人卫生习惯，不光顾无证照的流动性摊位和卫生条件比较差的饮食店。

【学习领会】

3.1 饮食安全防范

1. 什么是食品安全

食品安全指食品无毒、无害，符合应当有的营养要求，对人体健康不造成任何急性、亚急性或者慢性危害。

2. 食品安全常识

（1）购买食物时，注意食品包装有无生产厂家、生产日期，是否过期，食品原料、营养成分是否标明，有无QS标识，不能购买“三无”产品。

（2）打开食品包装，检查食品是否具有它应有的感官性状。不能食用腐败变质、油脂酸败、霉变、生虫、污秽不洁、混有异物或者其他感官性状异常的食品，若蛋白质类食品发黏、渍脂类食品有嚎味、碳水化合物有发酵的气味或饮料有异常沉淀物等均不能食用。

（3）不到无证摊贩处购买盒饭或食物，减少食物中毒的风险。

（4）注意个人卫生，饭前便后要洗手，自己的餐具洗净消毒，不用不洁容器盛装食品，不乱扔垃圾，防止蚊蝇滋生。

（5）少吃油炸、油煎食品。

3. 食品安全五大要点

（1）保持清洁。

①加工、制备食物之前，制备食物过程中，处理生的肉、禽、海产品、蛋和菜之后，如厕之后，接触宠物、处理垃圾之后，以及处理熟食之前和吃饭前，都要洗手。洗手时要使用流动安全

的水，然后用纸巾或干净的毛巾擦手。

②清洗餐具和厨具时，用流动安全的水冲洗、晾干，并经常蒸煮消毒。

③保持厨房空气流通，地面、洗菜池和冰箱内外要清洁；洗碗布、抹布用后，要及时彻底清洗，并经常更换。

（2）生熟分开。

①生熟食物要分开。生的肉、禽、蛋、海产品、蔬菜等，要用塑料保鲜袋、纸袋或适宜的容器装好，放在冰箱冷藏室或冷冻室底层；可以直接食用的乳制品、熟肉制品、罐头、饮料和水果等，要放在冰箱冷藏室或冷冻室的上层；冰箱中的食物要生熟分开，避免交叉污染。

②加工生熟食物的厨具、容器要分开。处理食物的案板、刀具要分开使用，用后要分别清洗干净。

（3）食物要彻底煮熟烧透。

①烹调要煮熟、烧透。正确的烹调方法和适当的温度，可以杀死几乎所有的有害微生物，烹调食物的温度达到 70℃有助于保证食用安全。因此，加工肉、禽、蛋、海产品等食物时要煮熟、烧透，尤其是烤肉、肉馅、大块的肉和整只鸡等。如果用小火，由于温度低，就必须延长时间，即“小火慢炖”。

②再次食用要彻底加热。熟食室温放置后再食用，要二次加热；从冰箱里取出的生冷熟食，特别是剩饭剩菜，也不能直接食用，一定要彻底加热，蒸、煮、热透。重复加热剩菜剩饭，最好不要超过一次。

（4）在安全温度下保存食物。安全温度是指不适于微生物生长、繁殖的温度。在 5℃以下，60℃以上的条件下，绝大多数微生物可减缓生长繁殖的速度，或者停止生长，即 5～60℃是食物不安全的危险温度。

（5）使用安全的水和食物原料。

①选择新鲜的蔬菜水果，没有霉变的主粮、豆类和花生等，适当清洗、削皮，降低风险。

②食品制作的全过程要使用安全的水，包括清洗果蔬、加工食物、清洁烹饪用具和餐具，以及洗手。

③不用未经处理的河水、雨水和雪水加工食物，避免因环境污染引起食源性或水源性腹泻等。

4．常见的饮食卫生误区

（1）用白纸包食品。有些人喜欢用白纸包食品，因为白纸看上去好像干干净净的。可事实上，白纸在生产过程中，会加用许多漂白剂及带有腐蚀作用的化工原料，纸浆虽然经过冲洗过滤，仍含有不少化学成分，会污染食物。至于用报纸来包食品，则更不可取，因为印刷报纸时，会用许多油墨或其他有毒物质，对人体危害极大。

（2）用酒消毒碗筷。一些人常用白酒来擦拭碗筷，以为这样可以达到消毒的目的。殊不知，医学上用于消毒的酒精度数为 75°，而一般白酒的酒精含量多在 56° 以下，况且白酒不等同于医用酒精。所以，用白酒擦拭碗筷，根本达不到消毒的目的。

（3）抹布清洗不及时。实验显示，在家里使用一周后的全新抹布，滋生的细菌数会让你大吃一惊；如果在餐馆或大排档，情况会更差。因此，在用抹布擦饭桌之前，应当先充分清洗。抹布每隔三四天应该用开水煮沸消毒，以避免因抹布使用不当而给健康带来危害。

（4）用卫生纸擦拭餐具。实验证明，许多卫生纸（尤其是非正规厂家生产的卫生纸）消毒状况并不好，这些卫生纸因消毒不彻底而含有大量细菌；即使消毒较好，卫生纸也会在摆放的过程中被污染。因此，用普通的卫生纸擦拭碗筷或水果，不但不能将食物擦拭干净，反而会在擦拭的过程中，给食品带来更多的污染机会。

（5）用毛巾擦干餐具或水果。人们往往认为自来水是生水、不卫生，因此在用自来水冲洗餐具或水果之后，常常再用毛巾擦干。这样做看似细心，实则不然。须知，干毛巾上常常存活着许多病菌。目前，我国城市自来水大都经过严格的消毒处理，所以说用洗洁剂和自来水彻底冲洗过的食品基本上是洁净的，可以放心食用，无须再用干毛巾擦拭。

（6）将变质食物煮沸后再吃。有时人们将轻微变质的食物经高温煮过后再吃，以为这样就可以彻底消灭细菌。医学实验证明，细菌在进入人体之前分泌的毒素，是非常耐高温的，不易被破坏分解。因此，这种用加热方法处理变质食物的方法是不可取的。

（7）把水果烂掉的部分剜掉再吃。有些人吃水果时，习惯把水果烂掉的部分削了再吃，以为这样就比较卫生了。然而，微生物学专家认为，即使把水果上面已烂掉的部分削去，细菌的代谢物也已通过果汁传入了剩余的部分，甚至还有微生物开始繁殖，其中的霉菌可导致人体细胞突变而致癌。因此，水果只要是已经烂了一部分，就不宜食用，还是扔掉为好。

5. 如何判别伪劣食品

（1）防“艳”。对颜色过分艳丽的食品要提防，如目前上市的草莓像蜡果一样又大又红又亮、咸菜梗亮黄诱人、瓶装的蕨菜鲜绿不褪色等，要留个心眼，是不是在添加色素上有问题？

（2）防“白”。凡是食品呈不正常、不自然的白色，十有八九是使用了漂白剂、增白剂、面粉处理剂等化学品。

（3）防“长”。尽量少吃保质期过长的食品，3℃储藏的包装熟肉、禽类产品采用巴氏杀菌的，保质期一般为7～30天。

（4）防“反”。就是防反季节生长的食物，如果食用过多可能对身体产生不良影响。

（5）防“小”。要提防小作坊式加工企业的产品，这类企业的食品平均抽样合格率最低，触目惊心的食品安全事件往往出现在这些企业。

（6）防“低”。“低”是指在价格上明显低于一般价格水平的食品，价格太低的食品大多有“猫腻”。

（7）防“散”。散就是散装食品，有些集贸市场销售的散装豆制品、散装熟食和酱菜等可能都来自地下加工厂。

6. 如何清洗果蔬上的残留农药

（1）水洗浸泡法（用清水洗干净后浸泡）。污染蔬菜的农药品种主要是有机磷杀虫剂，有机磷杀虫剂难溶于水，此种方法仅能除去部分农药，但水洗是清除蔬菜水果上其他污物和去除残留农药的基础方法，主要用于叶类蔬菜。一般先用水冲洗掉蔬菜水果表面的污物，然后用清水浸泡，浸泡不少于10分钟，果蔬清洗剂可增加农药的溶出，所以浸泡时可以加入少量果蔬清洗剂，浸泡后要用流水冲洗2～3遍。

（2）清洗后碱水浸泡法。有机磷杀虫剂在碱性环境下分解迅速，所以此方法是有效去除农药污染的措施，可用于各类蔬菜瓜果。方法是先将蔬菜瓜果表面的污物冲洗干净，浸泡到碱水中（一般为500mL水中加入碱面5～10g）5～15分钟，然后用清水冲洗3～5遍。

（3）去皮法。外表不平或多细毛的蔬菜瓜果，较易沾染农药，所以削去外皮是一种较好的去除残留农药的方法。

（4）储存法。农药随着时间能缓慢分解为对人体无害的物质（空气中的氧与蔬菜中的酶对残留农药有一定的分解作用），所以对易于保存的瓜果蔬菜可以通过一定时间的存放（一般应存放15天以上），减少农药残留量，同时建议不要立即食用新采摘的未削皮的瓜果。

（5）加热法。氨基甲酸酯类杀虫剂随着温度升高，分解加快，所以对一些其他方法难以处理的蔬菜瓜果可通过加热去除部分农药。此法常用于芹菜、菠菜、小白菜、圆白菜、青椒、菜花、豆角等，先用清水将表面污染物洗净，放入沸水中 2～5 分钟捞出，然后用清水冲洗 1～2 遍。

（6）阳光晒。经日光照射晒干后的蔬菜，农药残留较少。

3.2 预防食源性疾病

1. 哪些原因可导致食物中毒等食源性疾病发生

（1）冷藏方法不正确，如将煮熟的食品长时间存放于室温下冷却，把大块食物储存于冰柜中，或冷藏温度不够。

（2）从烹调到食用的间隔时间太长，使细菌有足够的繁殖时间。

（3）烹调或加热方法不正确，加热不彻底，食物中心温度低于 70℃。

（4）由病原携带者或感染者加工食品。

（5）使用受污染的生食品或原辅料。

（6）生熟食品交叉污染。

（7）在室温条件下解冻食物。

（8）厨房设备、餐具清洗、消毒方法不正确。

（9）使用了来源不安全的食物。

（10）加工制备后的食物受到污染。

2. 预防食源性疾病的建议

（1）不买不食腐败变质、污秽不洁及其他含有害物质的食品。

（2）不食用来历不明的食品；不购买无厂名厂址和保质期等标识不全的食品。

（3）不光顾无证无照的流动摊档和卫生条件不佳的饮食店；不随意购买、食用街头小摊贩出售的劣质食品、饮料。这些劣质食品、饮料往往卫生质量不合格，食用会危害健康。

（4）不食用在室温条件下放置超过 2 小时的熟食和剩余食品。

（5）不随便吃野菜、野果。野菜、野果的种类很多，其中有的含有对人体有害的毒素，缺乏经验的人很难辨别清楚，只有不随便吃野菜、野果，才能避免中毒，确保安全。

（6）生吃瓜果要洗净。瓜果蔬菜在生长过程中不仅会沾染病菌、病毒、寄生虫卵，还有残留的农药、杀虫剂等，如果不清洗干净，不仅可能染上疾病，还可能造成农药中毒。

（7）不饮用不洁净的水或者未煮沸的自来水；水是否干净，仅凭肉眼很难分清，清澈透明的水也可能含有病菌、病毒，喝开水最安全。

（8）直接食用的瓜果应用洁净的水彻底清洗并尽可能去皮；不吃腐烂变质的食物，食物腐烂变质，就会味道变酸、变苦，散发出异味儿，这是由于细菌大量繁殖引起的，吃了这些食物会造成食物中毒。

（9）进食前或便后应将双手洗净；养成吃东西以前洗手的习惯。人的双手每天干这干那，接触各种各样的东西，会沾染病菌、病毒和寄生虫卵。吃东西以前认真用肥皂洗净双手，才能减少"病从口入"的可能。

（10）在进食的过程中如发现感官性状异常，应立即停止进食。

3. 警惕食源性疾病的"头号杀手"——沙门氏菌

沙门氏菌是引起食物中毒最常见的致病菌，是导致全球腹泻病的四大病因之一。沙门氏菌是一种常见的食源性致病菌，为无芽孢、无荚膜的革兰氏阴性杆菌，是肠道菌科中最复杂的菌属。

它一般寄居在人和动物体内，常污染肉、蛋、奶、水果、蔬菜、零食等常见食品。被污染的食品无感官性状的变化，肉眼不可察，让人防不胜防。

4. 感染沙门氏菌后有何症状

沙门氏菌病的特征是急性发热、腹痛、恶心、呕吐和腹泻。症状通常在摄入被沙门氏菌污染的食物或水后6～72小时出现，病程持续2～7天，严重者会脱水，甚至危及生命。

5. 如何预防沙门氏菌污染

（1）食品原料清洗彻底，清洗后妥善放置。

（2）生熟分开。注重厨房卫生，生熟砧板、刀具分开使用与存放，避免交叉污染。

（3）加工存储设备如搅拌机、烘烤箱、消毒柜、冰箱等，清洁消毒到位。

（4）食物煮熟煮透。烹饪大块肉类食品和冰箱存放食物再加热时，食品中心温度要达到70℃以上。

（5）正确存放食物。需低温储存的食物及时储存在冰箱中，包紧包严，防止如鸡蛋等表面携带病菌的食材对冰箱内其他食物造成污染。

3.3 预防食物中毒

1. 食物中毒的常见原因

（1）细菌性食物中毒常见原因。

①生熟交叉污染。如熟食品被生的食品原料污染，或被与生的食品原料接触过的表面（如容器、手、操作台等）污染，或接触熟食品的容器、手、操作台等被生的食品原料污染。

②食品储存不当。如熟制食品被长时间存放在10～60℃的温度条件下（在此温度下的存放时间应小于2小时），或易腐原料、半成品食品在不适合温度下长时间储存。

③食品未烧熟煮透。如食品烧制时间不足、烹饪前未彻底解冻等原因使食品加工时中心温度未达到70℃。

④从业人员带菌污染食品。从业人员患有传染病或是带菌者，操作时通过手部接触等方式污染食品。

⑤经长时间储存的食品食用前未彻底再加热至中心温度70℃以上。

⑥进食未经加热处理的生食品。

（2）化学性食物中毒常见原因。

①作为食品原料的食用农产品，在种植养殖过程或生长环境中受到化学性有毒有害物质污染或食用前有毒农药或兽药残留剂量较多。

②食品中含有天然有毒物质，食品加工过程未去除。如豆浆未煮透使其中的胰蛋白酶抑制物未彻底去除，四季豆加热时间不够使其中的皂素等未完全破坏。

③食品在加工过程受到化学性有毒有害物质的污染。如误将亚硝酸盐当作食盐使用。

④食用有毒有害食品，如毒蕈、发芽马铃薯、河豚等。

2. 预防细菌性食物中毒的基本原则和关键点

预防细菌性食物中毒，应根据防止食品受到病原菌污染、控制病原菌的繁殖和杀灭病原菌三项基本原则采取措施，其关键点主要有：

（1）避免污染。即避免熟食品受到各种病原菌的污染。如避免生食品与熟食品接触；经常性洗手，接触直接入口食品的人员还应消毒手部；保持食品加工操作场所清洁；避免昆虫、鼠类等动物接触食品。

（2）控制温度。即控制适当的温度以保证杀灭食品中的病原菌或防止病原菌的生长繁殖。如加热食品应使中心温度达到70℃以上。储存熟食品，要及时热藏，使食品温度保持在60℃以上，或者及时冷藏，把温度控制在10℃以下。

（3）控制时间。即尽量缩短食品存放时间，不给病原菌生长繁殖的机会。熟食品应尽快吃掉；食品原料应尽快使用完。

（4）清洗和消毒。这是防止食品受到污染的主要措施。接触食品的所有物品应清洗干净，凡是接触直接入口食品的物品，还应在清洗的基础上进行消毒。一些生吃的蔬菜水果也应进行清洗消毒。

（5）控制加工量。食品的加工量应与加工条件相吻合。食品加工量超过加工场所和设备的承受能力时，难以做到按食品安全要求加工，极易造成食品污染，引起食物中毒。

3. 预防常见化学性食物中毒的措施

（1）预防农药引起的食物中毒的措施。蔬菜粗加工时以食品洗涤剂（洗洁精）溶液浸泡30分钟后再冲净，烹饪前再经烫泡1分钟，可有效去除蔬菜表面的大部分农药。

（2）预防豆浆引起的食物中毒的措施。烧煮生豆浆时将上涌泡沫除净，煮沸后再以文火维持煮沸5分钟左右，可使其中的胰蛋白酶抑制物彻底分解破坏。应注意豆浆加热至80℃时，会有许多泡沫上浮，出现“假沸”现象。

（3）预防四季豆引起的食物中毒的措施。烹饪时先将四季豆放入开水中烫煮10分钟以上再炒。

（4）预防亚硝酸盐引起的食物中毒的措施。加强亚硝酸盐的保管，避免误作食盐使用。

【模拟演练】

1. 怎样注意饮食卫生

日常生活中要注意饮食卫生，否则就会传染疾病，危害健康，“病从口入”这句话讲的就是这个道理，要注意：

（1）养成吃东西以前洗手的习惯。吃东西以前认真用肥皂或洗手液洗净双手，减少“病从口入”的可能。

（2）生吃瓜果要洗净。瓜果蔬菜在生长过程中不仅会沾染病菌、病毒、寄生虫卵，还有残留的农药、杀虫剂等，如果不清洗干净，不仅可能染上疾病，还可能造成农药中毒。

（3）不随便吃野菜、野果。野菜、野果的种类很多，其中有的含有对人体有害的毒素，缺乏经验的人很难辨别清楚，只有不随便吃野菜、野果，才能避免中毒，确保安全。

（4）不吃腐烂变质的食物。食物腐烂变质，就会味道变酸、变苦，散发出异味儿，这是由于细菌大量繁殖引起的，吃了这些食物会造成食物中毒。

（5）不随意购买、食用街头小摊贩出售的劣质食品、饮料。这些劣质食品、饮料往往卫生质量不合格，食用、饮用会危害健康。

（6）不喝生水。水是否干净，仅凭肉眼很难分清，清澈透明的水也可能含有病菌、病毒，喝开水最安全。

（7）注意要吃热饭热菜喝热水，但也不能太热，保持温度适宜，过冷过热都会伤害身体。尤其是感冒、腹泻时不能吃冷的食物，不能喝凉水。

2. 鉴别地沟油

所谓的地沟油，泛指在生活中存在的各类劣质油，如回收的食用油、反复使用的炸油等，长期食用可能会引发癌症，对人体的危害极大。食用植物油一般可以通过看、闻、尝、听、问五个方面进行鉴别。

一看：看透明度，纯净的植物油呈透明状，劣质油由于掺了杂质透明度会下降；看色泽，纯净油无色，色素溶解于水时才会带色；看沉淀物，纯净的油是没有沉淀物的，而地沟油就会有很多沉淀物，主要成分是杂质。

二闻：一般的食用油都有独特的气味，而地沟油会含有臭味。

三尝：口感带酸味的油是不合格产品，有焦苦味的油已发生酸败，有异味的油可能是地沟油。

四听：取油层底部的油一两滴，点燃后无响声的是合格产品；燃烧时发出杂响的油多为不合格产品。

五问：问商家的进货渠道，没进货渠道的或没正规发票的有可能含有地沟油。

3．餐饮服务从业人员如何洗手

（1）洗手程序。

①在水龙头下先用水（最好是温水）把双手弄湿。

②双手涂上洗涤剂。

③双手互相搓擦 20 秒（必要时，以干净卫生的指甲刷清洁指甲）。

④用自来水彻底冲洗双手，工作服为短袖的应洗到肘部。

⑤关闭水龙头（手动式水龙头应用肘部或以纸巾包裹水龙头关闭）。

⑥用清洁纸巾、卷轴式清洁抹手布或干手机干燥双手。

（2）标准洗手方法。

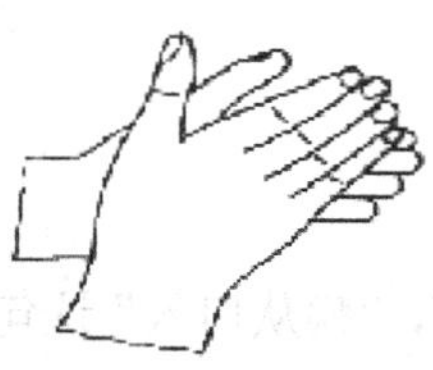

①掌心对掌心搓擦

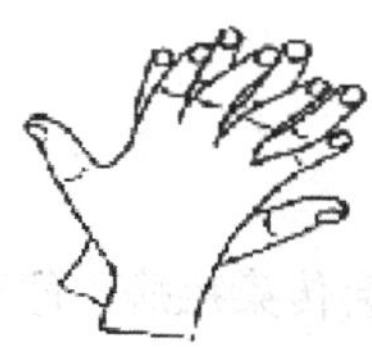

②手指交错掌心对手背搓擦

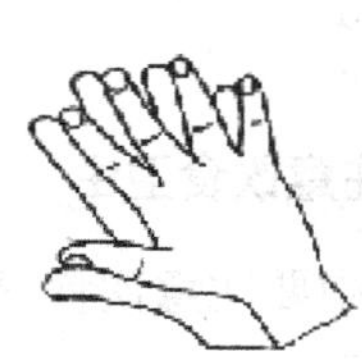

③手指交错掌心对掌心搓擦

④两手互握互搓指背

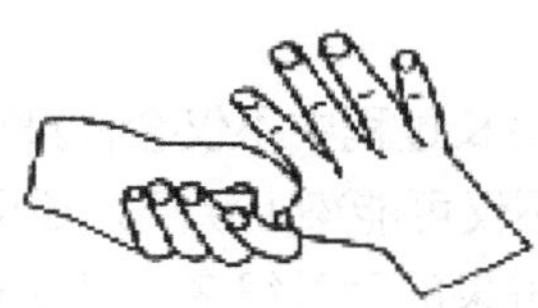

⑤拇指在掌中转动搓擦

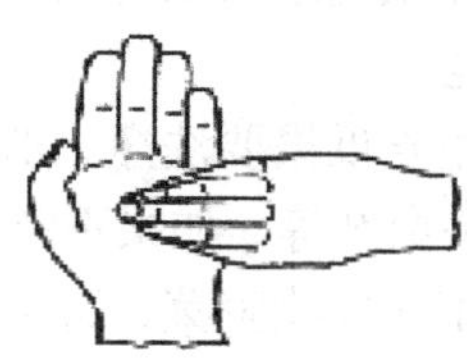

⑥指尖在掌心中搓擦

【自主练习】

1．单选题

（1）消费者可以通过什么途径了解餐馆的卫生等级？（　　）

A．就餐前，询问餐馆服务员

B．查看在餐厅明显位置悬挂的信息公示牌

C．查看报刊上的餐馆广告

D．查看餐馆的灯箱

（2）超过保质期限的食品应如何处理？（　　）

A．可继续销售　　B．可降价销售

C．不能销售　　D．可作处理食品销售

（3）下列哪种食物一定要烧熟煮透，一般烹调时先将该食物放入开水中烫煮10分钟以上再炒为妥，否则极易引起食物中毒？（　）

A．四季豆　　B．花生　　C．山药　　D．萝卜

（4）食品生产经营人员上岗时应遵守哪些个人卫生要求？（　）

A．穿戴清洁的工作服、工作帽　　B．有腹泻、化脓性皮肤病不得上岗

C．不涂指甲油和佩戴戒指　　D．以上全都是

（5）使用哪种材料的锅炒菜对健康最有益？（　）

A．铝锅　　B．不锈钢锅　　C．铁锅　　D．砂锅

（6）在学校超市购买预包装食品时不能买（　）。

A．超过生产日期的食品　　B．超过出厂日期的食品

C．超过保质期的食品　　D．标有食品添加剂的食品

（7）易受黄曲霉毒素污染的食品有（　）。

A．大豆　　B．花生　　C．橄榄油　　D．芝麻

（8）郊游时，看见野生蘑菇，您应该怎么做？（　）

A．采下来带回家食用　　B．凭经验判断无毒的就可带回家食用

C．咨询围人后感觉安全再食用　　D．野生的蘑菇不安全，不采摘也不食用

（9）出现食物中毒症状或者误食化学品时，最先采取的急救措施是（　）。

A．催吐　　B．吃止泻药物

C．进行人工呼吸　　D．向卫生防疫部门报告

（10）未开启的真空包装的袋装食品，如果外包装发生膨胀，则表示（　）。

A．食品正常　　B．食品装得太多了

C．食品已变质，绝对不能吃　　D．食品发酵，但可以吃

2．多选题

（1）以下哪几种食物不可以安全食用？（　）

A．发霉甘蔗　　B．不认识的蘑菇

C．发芽马铃薯　　D．彻底煮沸的豆浆

（2）以下哪几种食物食用后不会造成中毒？（　）

A．河豚　　B．煮熟的豆浆　　C．脱水的蔬菜　　D．发芽的大蒜

（3）为做好食品安全自我保护，下列行为哪项是正确的？（　）。

A．选择具有餐饮服务许可证的餐饮服务单位就餐

B．就餐过程中如发现食品腐败变质、感官性状异常，应及时向食品药品监管部门投诉举报

C．就餐结束时，为了折扣可以不要发票

D．就餐后如出现食物中毒症状，应及时到医疗机构就诊，并向当地卫生部门和食品药品监督管理部门投诉。

（4）下列说法中正确的是（　）。

A．长期多食鸡蛋会导致胆固醇偏高

B．空腹不宜饮茶

C．死鳝鱼、死甲鱼、死螃蟹只要做熟了还是能吃的

D．关节炎患者不宜吃海鲜时喝啤酒

（5）用冰箱保存食物时，正确的做法是（　）。

A．冰箱内的生食、熟食要分开放置

B．准备放入冰箱的食物要清洗干净

C．冰箱内的食物都可以存放较长时间，不必担心食物变质

D．存放在冰箱内的熟食在食用前要再次加热

（6）下列选项中，属于有毒食品、不宜食用的是（　）。

A．发芽的土豆　　B．发霉的花生

C．未煮熟的四季豆　　D．残留农药的素菜

3．判断题

（1）鲜黄花菜中含有的毒素是秋水仙碱。（　　）

（2）加工熟食品时应烧熟煮透，加工时的食品中心温度应不低于70℃。（　　）

（3）烧熟后的熟食品在10℃以下冷藏的，保质期为48小时。（　　）

（4）细菌性食物中毒多见于夏秋季，主要是由于气温较高，微生物易于生长繁殖。（　　）

（5）患有病毒性肝炎的人员，可以从事接触直接入口食品的工作。（　　）

（6）按照《中华人民共和国食品安全法》要求，学校超市、副食店、小卖部等食品销售商店应当取得食品经营许可证。（　　）

（7）变绿的豆芽不可以食用。（　　）

（8）“三无”食品是指无厂名厂址、无品名、无生产日期和保质期的食品。（　　）

（9）白开水是最好的饮料，要常喝。（　　）

主题 4　保证人身安全

人身安全是人类的基本生存需求。大学生的人身安全不仅直接关系着大学生本人的切身利益，也时刻牵动着家长、学校和社会的敏感神经。当前威胁大学生人身安全的因素日益增多，大学生人身安全事故时有发生。一旦发生，不仅会给学生自身造成严重伤害，也会给整个家庭带来巨大的痛苦和打击。因此，了解身边存在的人身安全隐患，掌握必要的急救知识，是当代大学生爱人爱己的重要内容，也是大学生的一门必修课。

【自我测试】

表 4-1 所示的“人身安全意识测试”用于测试同学们的人身安全意识，共 15 道测试题。请仔细阅读表中各项测试内容，然后实事求是地作答。若你的回答为“是”，则在表中“测试结果”列填入数字“1”；若你的回答为“否”，则在表中“测试结果”列填入数字“0”。

表 4-1　人身安全意识测试

测 试 内 容	测 试 结 果
（1）你不会独自一人外出游泳	
（2）你不去治安管理混乱的娱乐场所	
（3）你无恋爱意愿时，会明确拒绝追求者	
（4）你真诚对待恋情，从不玩弄他人感情	
（5）你严格遵守校纪校规，不参与打架斗殴	
（6）你从不主动结交校外不良人员	
（7）你不独自到校外偏僻的地方玩耍	
（8）你从不参与赌博	
（9）你远离一切沾染毒品的可能	
（10）你热衷于参加校内健康有益的文娱活动	
（11）若非特殊情况，你不会夜出晚归	
（12）你不听、不看、不传播淫秽物品	
（13）在楼梯通道内，上下楼梯时能做到不拥挤、不起哄、不打闹	
（14）平时你从不辱骂、讥讽、嘲弄、挖苦同学或朋友	
（15）你从不乘坐陌生人车辆和非法运营车辆	
小计	

在表 4-1 中“小计”行汇总“测试结果”得分，得分越高说明你的人身安全意识越强，不管在校内还是校外，保护人身安全都不能大意或心存侥幸。保护人身安全有效的方法始终是改变自己的不良习惯，远离危险环境和处境。如果测试结果中有一些为“否”，你就要认真思考，积极地往好的方向改变。

【案例探析】

【案例 4-1】边听音乐边走路的后果

【案例描述】

某高校同学李某虽然近视却最喜欢戴着耳机边听音乐、边走路、边看书，有时候车到了他跟前他才发觉。同学提醒他注意，他却当作耳边风。某年 6 月的一天下午，他跟往常一样边听音乐、边看书回宿舍，经过一个十字路口时，一辆轿车从他左侧开过来，汽车鸣笛，他丝毫没有避让的意思，结果汽车刹车不及将他撞倒，幸好车速不是太快，否则李某性命难保。

【案例启示】

大学生交通事故频发，大都是因为大学生思想麻痹、交通安全意识淡薄而引发的。我国每年因交通事故死亡人数达几万人，因交通事故致残的数量更多。作为大学生，一定要切实增强交通安全意识，掌握基本的交通法规，从根本上预防和减少交通意外伤害事故的发生。

【案例4-2】正确处理同学之间的矛盾纠纷，避免打架事件发生

【案例描述】

某年10月18日，某高校两个学院学生在学校餐厅因酒后口舌之争引发冲突，后引起双方群体斗殴，导致一人眼睛虹膜脱落，重伤；一人脸部开放性撕裂，缝合8针；一人手腕受伤，缝合4针。后经学校调查处理，共12人受到学校处分，其中2人开除学籍，交由公安机关依法处理。

【案例启示】

矛盾纠纷是大学生活中的常见现象，一般来说起因大多是一些误会或微不足道的事情，但往往会造成严重后果。所以应尽力防止发生纠纷，避免一失足成千古恨。

【案例4-3】球场冲突引发打架斗殴

【案例描述】

某高校足球队在张同学的带领下与另一高校的足球队举行了一场足球友谊比赛，刚开始时大家玩得很开心，但都有些计较输赢。在比分落后的情况下，张同学有些焦急，认为对方后卫的防守动作大，没有章法，手上也有拉扯球员的小动作。于是，张同学上前与这位负责防守的同学理论，双方互不相让，彼此恶语相向。随后，两人的对抗越来越激烈，逐渐从言语冲突升级为肢体冲突。在冲突过程中，双方同学有的参与冲突，有的劝架，场面十分混乱。很快，学校保卫人员赶到现场控制住了打架斗殴的局面。双方冷静下来后，都后悔不已。虽然双方并无人员受伤，但参与打架斗殴的同学都受到了学校的记过处分。

【案例启示】

一些大学生血气方刚，遇事很容易冲动。在与人发生矛盾或纠纷时，一定要先克制自己的情绪，让自己冷静下来，待心态平和后，再想办法解决事情。

【学习领会】

4.1 防范人身侵害

1. 大学生如何防范人身侵害

（1）要防患于未然。尽量不要夜间出行，与陌生人交往要小心、不乘坐陌生人车辆和非法运营车辆，多留意身边的人和事，发现有人身伤害的苗头和隐患要有效规避，并及时报告老师及保卫部门。

（2）正确处理人际关系，与人为善。与人相处要相互尊重、宽容谦让，不强词夺理，不恶语伤人；发生矛盾误会时，切莫冲动莽撞，要学会换位思考，理智冷静处理人际关系；学会担当，敢于承认错误，积极改善人际关系，良好的为人处事的方式方法将让你受益终身。

（3）提升安全防范意识，有效规避危险。要加强危险的预见性，不在宿舍内存放刀具和违禁

品；避免夜间单独外出或到偏僻场所；不去治安环境差、秩序混乱的娱乐场所；聚餐时尽量不饮酒或少饮酒，不劝酒，避免酒后发生冲突和打架斗殴。

（4）慎重交友，树立正确的恋爱观。要从善择友，远离品行不端的“朋友”，不盲目讲“哥们义气”；谈恋爱要尊重对方人格，认真对待恋爱，不玩弄感情，求爱失败、恋爱不成，切莫死缠烂打，滋扰对方。

（5）遇到难以解决的问题和麻烦时，切记不要莽撞行事，以卵击石。要寻求合理、合法的途径解决问题，及时请学校辅导员、学生主管部门、保卫部门或公安部门解决，绝不能采取以牙还牙、敲诈勒索或纠集他人帮忙行凶报复等非法手段私了，这非但不能解决问题，反而会导致自己遭受校纪处分甚至法律制裁。

2. 大学生被伤害的原因

大学生被伤害的原因是多种多样的，有客观方面的原因，也有大学生自身主观方面的原因。就其主观原因看，主要有以下几个方面。

（1）安全意识淡薄。对社会治安形势的严峻性、对不法分子侵害手段的残忍性缺乏足够的认识，甚至对随时可能发生的侵害预见性不够，面对复杂的治安形势，在思想上却采取了充耳不闻的态度，防范观念差，当意外侵害发生时，却感到格外震惊。

（2）安全知识贫乏。对案件、事故的发生规律知之不多，因而对在什么时间、什么场合、什么人群中容易发生什么案件、事故缺乏预见性，更谈不上采取措施积极主动预防。许多情况下，当案件、事故隐患已经严重威胁到人身安全时，一些大学生不仅没有保持一定的警惕，甚至还常置若罔闻。

（3）自我保护能力弱。从已经发生的大学生人身受到伤害的案例看，许多受伤害的程度可以减轻，甚至一些受伤害的情况完全可以避免，但本可以避免的伤害发生了，本可以减轻的伤害程度加强了。根本原因就是这些大学生的自我保护能力弱，当侵害发生时，束手无策，不但不能勇敢、机智、巧妙地进行自我保护，甚至还做出激化矛盾、事与愿违的举动。

（4）处理问题的思想观念错误。许多受到侵害的大学生，往往在没有发生问题时什么都不在乎，一旦问题发生，又不敢面对现实，甚至极度恐慌，总怕学校领导和老师知道，设法掩盖问题。在处理问题时就会出现这样一种观念：不靠老师靠自己，不靠组织靠老乡，不靠理智靠哥们义气。在这种错误观念的指导下，往往小纠纷演变成大矛盾，简单的问题复杂化，好解决的问题也变得难以处理了。

（5）社会公德、组织纪律、法律意识淡薄。特别是在公共聚集场合、公共娱乐场所、集体生活的环境中，只想享受社会公德为自己提供的文明，而不愿遵守社会公德；只想享受纪律为自己提供的自由，而不愿意遵守纪律，受到纪律的约束；只想享受法律为自己规定的权利，而不愿意遵守法律，尽法律为自己规定的义务。这样做的结果是扰乱了公共秩序、侵犯了他人人身权利、危害了公共安全、妨碍了社会管理秩序，最终受到伤害的往往还是大学生自己。

3. 大学生受伤害的预防

预防大学生人身安全遭受伤害，是一项系统工程。一方面，它有赖于整个社会治安环境的改善，有赖于学校周边治安秩序的净化，有赖于文明校园氛围的提升；另一方面，大学生本身要做好防范工作。就自身如何保护人身安全，主要应该做好以下预防工作。

（1）尽量减少、避开遭受侵害的因素和环境。大学生在学校学习阶段，主要精力应放在刻苦学习，努力完成学业上。在日常生活中，尽量慎重出入治安复杂场所，远离不法分子，减少遭受伤害的概率，这对于保护大学生人身安全是必要的。一是认识不法分子易于侵害的环境。尽量远离治安复杂场所，尽可能不单独到偏僻无人或极少有人活动的林间、山路、沟渠、废旧建筑工地等处活动、逗留，减少与不法分子直接发生矛盾受其侵害的环境条件。二是认识不法分子易于侵害的时机、对象。尽量避免在午休、夜深人静、视线不佳时单独滞留或夜不归宿，避开不法分子侵害的时机和选择的对象。三是认识不法分子侵害的手段。尽量以机智灵活的方法、义正词严的态度应对分子的暴力、欺骗或软硬兼施，设法努力避免、减少不法侵害的发生。

（2）不给可能发生的侵害提供条件。大学生的人身安全遭受伤害，除了不法分子侵害这一主要因素，有时是自身原因引发的。因此，大学生为了自身生命免遭伤害，还必须从自身做起。例如，为避免火灾、爆炸伤及人身安全，在宿舍内不乱接拉电源、电线，不在床上吸烟和乱扔烟头，不在蚊帐内点蜡烛，不随地焚烧杂物，不使用易引起火灾的各种器具，不存放易燃、易爆物品，实验过程中不违反操作规程等。为防止不法分子侵害，在公共娱乐场所言语举动不轻佻，不骄横失态、偏激对待问题，不用挑衅语言刺激对方，不给有不良企图的人发出易误会的信号，外出穿着不过于暴露，尽量不带贵重物品，钱物不显露，遇到意外时不慌张、不胆怯等，把因自身原因可能引发的伤害降到最低程度。

（3）拒腐蚀、提高免疫力。大学生人身安全受伤害，有时候是自身的不良习气、不健康思想、不道德行为引起的。因此，要减少或避免人身安全受伤害，大学生还要自觉拒绝不健康思想的侵蚀，严于律己，成为一个既具有专业知识，又具有远大抱负、脱离低级趣味的人。

（4）正确对待所发生的各类侵（伤）害。正确对待和处理将要发生和正在发生的各类侵（伤）害，是避免和减少大学生人身安全遭受伤害最直接、最现实的应对之策。

①正确应对不法侵害。当不法侵害即将或正在发生时，能临危不惧，保持清醒头脑，针对当时的具体情况采取果断、机智、灵活的办法化险为夷。一是不法侵害都是以违法犯罪为前提的，不法之徒亦胆怯心虚，见不得阳光。对此，应理直气壮，拿起法律武器，勇敢维护法律尊严和自己的权益，震慑罪犯。二是不法侵害者往往是亡命之徒，心狠手辣、不择手段、不计后果。对此，则不宜以蛮干对无知，盲目硬拼，强逼困兽，遭受致命之灾。而应以智慧取胜，用机智、灵活的方法与之周旋，“两害相权取其轻”，甚至做出某种局部利益的牺牲，以保证生命安全等主要利益。三是不法之徒往往还是贪财之徒，当遭遇不法之徒侵害时，应尽量与之周旋，拖延时间，争取外援，或找机会脱身、报案。一旦没有外援或无法脱身、报案时，为保全自身主要权益，可满足不法之徒部分条件，麻痹其警觉，造成其控制松懈。同时，注意掌握其罪证，为以后侦破案件、打击犯罪提供条件。

②正确应对各类灾害事故。各类灾害事故对人的生命和财产具有极大的破坏性，正确应对各类灾害事故，就能有效地避免或减少伤害。一是灾害和事故具有演进性和规律性。凡灾害、事故的发生，都是由渐变到突变的过程。因此，为预防灾害、事故发生，避免、减少伤害，平时就要遵循规律，积极做好预防工作，把灾害、事故化解在演进的过程中。二是灾害、事故的发生具有偶然性和突发性。这种突如其来的灾害、事故，往往会让人们心里极度恐慌。为避免或减少其造成的伤害，应做到：处乱不惊，保持清醒头脑；有生命危险时，设法保护人身安全；条件允许时，及时报警；防止事态进一步扩大；积极参与救助，等待救援。三是灾害、事故对生命、财产具有极大的破坏性。对此，应面对和接受现实，树立信心，利用现有条件或积极创造条件，努力把伤害减轻到最低程度。

4.2 预防校园拥挤踩踏事故

1．造成校园拥挤踩踏事故的原因

拥挤是指在很短的时间内，因为某种突发的原因，在人员集中的场所引起的情绪亢奋、行动过激、人群大量聚集的失控现象。在行进的人群中，如果前面有人摔倒，后面不知情的人继续向前行进的话，那么人群中极易出现“多米诺骨牌”一样连锁倒地的拥挤踩踏现象。

造成校园拥挤踩踏事故的主要原因如下：

（1）多在放学、集会、大型活动、就餐等学生相对集中，且心情急迫时发生。

（2）事故发生地点多在教学楼一、二层之间的楼梯拐弯处，上面几层的学生下到此处，人群相对集中，造成拥挤。

（3）个别学生不易控制自己的情绪，遇事慌乱，在出现拥挤时大喊大叫，使场面失控。

（4）不善于自我保护，在拥挤时或弯腰拾物时被挤倒，或被滑倒、绊倒，造成挤压事故。

（5）平时缺乏对事故防范知识的学习和训练，无应急措施。

（6）个别学生搞恶作剧，遇有混乱情况时以此发泄情绪或恶意取乐，致使惨剧发生。

（7）晚上突然停电或楼道灯光昏暗，极易造成拥挤事故。

（8）楼梯较窄，不能满足人员集中通行需要。

2. 防踩踏 10 招

（1）不在楼梯或狭窄通道嬉戏打闹，人多的时候不拥挤、不起哄、不制造紧张或恐慌气氛。

（2）尽量避免到拥挤的人群中，不得已时，尽量走在人流的边缘。

（3）发觉拥挤的人群向自己的方向走来时，应立即避到一旁，不要慌乱，不要奔跑，避免摔倒。

（4）顺着人流走，切不可逆着人流前进，否则，很容易被人流推倒。

（5）假如陷入拥挤的人流，一定要先站稳，身体不要倾斜失去重心，即使鞋子被踩掉，也不要弯腰捡鞋子或系鞋带。有可能的话，可先尽快抓住坚固可靠的东西慢慢走动或停住，待人群过去后再迅速离开现场。

（6）若自己不幸被人群挤倒，要设法靠近墙角，身体蜷成球状，双手在颈后紧扣以保护身体最脆弱的部位。

（7）在人群中走动，遇到台阶或楼梯时，尽量抓住扶手，防止摔倒。

（8）在拥挤的人群中，要时刻保持警惕，当发现有人情绪不对或人群开始骚动时，要做好准备保护自己和他人。

（9）在人群骚动时，脚下要注意，千万不能被绊倒，避免自己成为拥挤踩踏事件的诱发因素。

（10）当发现自己前面有人突然摔倒了，要马上停下脚步，同时大声呼救，告知后面的人不要向前靠近，及时分流拥挤人流，组织有序疏散。

4.3 远离黄、赌、毒

1. 大学生吸毒的危害

（1）毒品会产生生理依赖性。毒品进入人体后作用于人的神经系统，使吸毒者出现一种渴求用药的强烈欲望，驱使吸毒者不顾一切地寻求和使用毒品。一旦出现精神依赖后，即使经过脱毒治疗，在急性期戒断反应基本控制后，要完全恢复原有生理机能往往需要数月甚至数年的时间。更严重的是，对毒品的依赖性难以消除。这是许多吸毒者一而再、再而三地反复吸毒的原因，也是世界医药学界尚待解决的难题。

（2）毒品危害人体的机理。正常人的脑内和体内一些器官存在内源性阿片肽和阿片受体。内源性阿片肽作用于阿片受体，调节人的情绪和行为。人在吸食毒品后，抑制了内源性阿片肽的生成，逐渐形成在毒品作用下的平衡状态，一旦停用就会出现不安、焦虑、忽冷忽热、起鸡皮疙瘩、流泪、流涕、出汗、恶心、呕吐、腹痛、腹泻等症状。这种戒断反应的痛苦，反过来又促使吸毒者千方百计地维持吸毒状态。

（3）助长传染病。吸毒不仅损害本人健康，还会造成乙型肝炎、丙型肝炎、性病的传播等公共卫生问题，其中最严重的是艾滋病的感染和传播。原因是静脉注射毒品者共用不洁注射器，这种情况下艾滋病感染率极高，特别是吸毒妇女，更是感染和传播艾滋病的高危人群。此外，吸毒妇女为了获得购买毒品的金钱，不得不沦为卖淫女，成为各种性病感染、传播的高危人群和重要感染源。

（4）影响寿命。

相关研究数据表明，吸毒者大多短命，一般寿命不超过40岁。

2. 远离毒品，做到“六不”

（1）不好奇。自己不清楚的药品、食品、饮料、香烟等，不要尝试。

（2）不侥幸。不要以为“试一下没关系”。只要沾上毒品，就很难戒掉。

（3）不轻信。不管是他人的“诚意”，还是天花乱坠的广告，都要提高警惕。

（4）不辩论。不与劝你吸毒的人讲毒品的危害，不批判他们的行为，以免发生意外。明确表态不吸毒，不要含糊不清，不要模棱两可。

（5）不赌气。不要冲动，凭“义气”争高低，结果被人用“激将法”套入毒渊。

（6）不沾光。不要贪图便宜去吃免费食物，以免上当受骗，堕入毒渊。

毒品带来的快感只是一瞬间，但是它造成的伤害需要你用一辈子去承担。作为大学生，我们应该认真接受关于预防吸毒的教育，充分了解毒品的特性及其危害，树立“健康人生，绿色无毒”的观念，共同构建人人识毒、防毒、拒毒、无毒的良好校园。

【模拟演练】

1. 如何预防社会交往中的人身伤害

在日常社会交往中，人身伤害是一种常见但危险的情况。为了保护自己和他人的安全，需要采取一系列措施来预防人身伤害。

（1）增强安全意识。首先，要时刻保持警觉并提高安全意识，避免在不安全的地方逗留或与陌生人交往。注意避免走偏僻的地方，尤其是夜晚，最好有朋友陪伴。在行动和决策上应尽可能理性和科学，不要盲目听信传言和谣言，避免被不良信息误导。

（2）学习自卫技巧。学习一些基本的自卫技巧，例如，如何摆脱攻击者、如何逃跑等，有助于在危险时保护自己。

（3）寻找安全保障。在需要时，可以使用防身用具或寻求安全保障，例如，向安保人员或警察求助。

（4）谨慎选择交往对象。在社交活动中，要谨慎选择交往对象，特别是在未知的环境中，不要轻易相信陌生人。

（5）随身携带紧急联系方式。外出时，应随身携带紧急联系方式，如手机或紧急求助装置，以便在需要时及时联系救援。

2. 遭遇拥挤的人群怎么办

（1）发觉拥挤的人群向着自己行走的方向拥来时，应该马上避到一旁，但是不要奔跑，以免摔倒。

（2）如果路边有商店、咖啡馆等可以暂时躲避的地方，可以暂避一时。切记不要逆着人流前进，那样非常容易被推倒在地。

（3）若身不由已陷入人群之中，一定要先稳住双脚。切记远离店铺的玻璃窗，以免因玻璃破碎而被扎伤。

（4）遭遇拥挤的人流时，一定不要采用体位前倾或者低重心的姿势，即便鞋子被踩掉，也不要贸然弯腰提鞋或系鞋带。

（5）如有可能，抓住一样坚固牢靠的东西，如路灯柱，待人群过去后，迅速而镇静地离开现场。

3. 怎样预防毒品

（1）充分认识毒品违法犯罪活动的危害性，加强自身的学习和修养，培养高尚的情操和道德观念。

（2）树立正确的人生观，不盲目追求享受，寻求刺激，赶时髦。

（3）不听信谣言，不听信毒品能治病、能摆脱烦恼和痛苦、能给人带来快乐等各种花言巧语。

（4）不结交有吸毒、贩毒行为的人。如发现亲朋好友中有吸毒、贩毒的人，一要劝阻，二要远离，三要报告公安机关。

4. 气道异物阻塞的急救措施

（1）及早识别气道异物阻塞的紧急情况，例如，病人突然不能说话，面色、唇色很快青紫发绀，神志不清、呼吸停止。

（2）尽快解除呼吸道的阻塞。可使用咳嗽法、腹部冲击法（海姆立克急救法）、拍背法、手指掏取法。

（3）对呼吸停止者进行人工呼吸。

（4）发生窒息，未采取急救措施，不要着急送医院。

（5）呼叫 120 急救服务，在急救医生到来之前，应采取必要的急救措施，如心肺复苏术。

（6）若异物落入呼吸道深处，只能将病人送到有耳鼻喉科的医院去取出来。

5. 昏厥的急救措施

（1）立即扶病人平卧，取头低脚高位，解开其领口、腰带。

（2）注意清理口腔内的呕吐物、分泌物，使呼吸道畅通，防止发生窒息。

（3）用双手由病人下肢向其心脏部位加压按摩，驱使其血液流向脑部。

（4）立即用针刺或手指用力掐病人的人中穴、少冲穴（在小手指甲根下面），以促病人苏醒。同时配合针刺百会、合谷、内关、十宣等穴位。

（5）如条件许可，可给病人饮热茶或咖啡。对低血糖性昏厥者可静脉注射 10%葡萄糖 50 毫升。

6. 骨折的急救措施

（1）用双手稳定及承托受伤部位，限制骨折处的活动，并放置软垫。

（2）如上肢受伤，则将伤肢固定于胸部。前臂受伤可用书本等托起悬吊于颈部，起临时保护作用。下肢骨折时不要试着站立，将受伤肢体与健侧肢体并拢，用宽带绑扎在一起。脊柱骨折应将病人放于担架上，平卧搬运，不要在病人弯腰姿势下搬动，以免损伤脊髓。

（3）应垫高伤肢，减轻肿胀。

（4）如伤肢已扭曲，可用牵引法将伤肢轻沿骨骼轴心拉直。若牵引时引起伤者剧痛或皮肤变白，应立即停止。

（5）完成包扎后，如伤者出现伤肢麻痹或脉搏消失等情况，应立即松解绷带。

（6）如伤口中已有脏物，不要用水冲洗，不要使用药物，也不要试图将裸露在伤口外的断骨复位。应在伤口上覆盖灭菌纱布，然后适度包扎固定。

（7）如伤口中已嵌入异物，不要拔除。可在异物两旁加上敷料，直接压迫止血，并将受伤部位抬高，在异物周围用绷带包扎。千万注意不要将异物压入伤口，造成更大伤害。

（8）拨打120急救电话求救。

【自主练习】

1．单选题

（1）不法分子采取暴力和野蛮手段、语言恐吓或使用利器等，威胁或劫持受害人，对受害人实施的性侵害是一种（　　）。

A．暴力型侵害　　B．胁迫型侵害

C．诱惑型侵害　　D．社交型侵害

（2）（　　）是全球性的社会公害。

A．淫秽物品　　B．盗窃　　C．赌博　　D．毒品

（3）吸毒会使身体产生（　　），容易使吸毒者由于痛苦难忍而自杀身亡。

A．戒除反应　　B．戒断反应　　C．毒性反应　　D．中毒反应

（4）下列认识正确的是（　　）。

A．行人、车辆是交通安全的主要要素

B．大学生交通安全是指大学生在校园内外行走时的人身安全

C．乘坐交通工具时的人身安全，也是大学生交通安全的一个重要组成部分

D．交通事故仅是由不特定人员违反交通管理法规定造成的

（5）容易造成意外伤害的做法有（　　）。

A．雷雨时，使用电话或观看电视　　B．玩弄火柴、打火机等

C．用潮湿的手触摸电器开关或插头　　D．以上都正确

2．多选题

（1）下列做法正确的是（　　）。

A．通过赌博缓解学习压力

B．上网时绝不浏览色情淫秽信息

C．中途离开图书馆，请同伴代为保管私人物品

D．在运动场所把衣服、财物放在远离视线的地方

（2）下列情形中，更容易使当事人成为犯罪分子的作案对象的有（　　）。

A．夜晚滞留在偏僻、人少的地方散心

B．傍晚选择人多、灯光明亮的路线返回学校

C．下晚自习后，到偏僻、人少的小道约会

D．在人来人往的车站把手机随意地拿在手上

（3）大学生预防打架斗殴事件的发生，应当（　　）。

A．严格遵守校纪校规　　B．严于律己，宽以待人

C．遇事冷静，克制情绪　　D．真诚化解纠纷或矛盾

3. 判断题

（1）遭遇性侵害时可以实施正当防卫。（　　）

（2）贩毒是违法行为，吸毒不是违法行为。（　　）

（3）观看淫秽物品对身心健康有影响。（　　）

（4）乘坐升降电梯时，应尽量靠电梯的正中间站立，以便发生事故时能保持平稳。（　　）

（5）发生危险化学品事故后，应该向下风方向疏散。（　　）

主题 5　注意财产安全

财产安全是保障大学生生活、学习顺利进行的基本要求，如何切实保障自身的财产安全也是大学生必须高度重视的问题。高等院校不仅是大学生学习知识的摇篮，也是其独立生活的场所。大学生为了完成自己的学业需要大量钱、财、物的投入，不仅要购买书籍资料，还需要配备相应的学习设备，生活中还需要一卡通、银行卡等支付工具，以及笔记本电脑、手机等贵重物品。生活费一旦被盗，不仅会使生活、学习受到很大影响，还会影响情绪，分散精力。因此，大学生只有管理好自己的钱、财、物，才能解除后顾之忧，为学习和生活提供良好的条件。

【自我测试】

表 5-1 所示的“财产安全意识测试”用于测试同学们的财产安全意识，共 15 道测试题，请仔细阅读表中各项测试内容，然后实事求是地作答。若你的回答为“是”，则在表中“测试结果”列填入数字“1”；若你的回答为“否”，则在表中“测试结果”列填入数字“0”。

表 5-1　财产安全意识测试

测 试 内 容	测 试 结 果
（1）你养成了离开宿舍时随手关闭宿舍门窗的习惯	
（2）你不携带贵重物品去图书馆、食堂等校内公共场所	
（3）你不会在坐公交车时专心致志地看手机	
（4）你在公共场所有碰触、摸探衣服、裤子口袋中物品的习惯	
（5）你对手机中的一切中奖信息置之不理	
（6）你回避一切在学生宿舍推销产品的行为	
（7）你将大部分存款存放在银行卡中，并把贵重物品藏在隐蔽的地方	
（8）你从不将个人或家庭的情况透露给陌生人	
（9）对于推销的网贷产品，你不会盲目信任	
（10）你的银行卡密码与你的身份证号码、手机号码有明显区别	
（11）平时你都注意保管好自己的钥匙，从不轻易借给他人	
（12）你从来就不相信“幸运中奖”、“魔术换币”、兜售奖牌之类的骗人诺言	
（13）你在车站、医院等场所会保持警惕，注重保护自己的财产安全	
（14）你外出一般不会携带过多显眼的现金和贵重物品	
（15）你外出经常会结伴而行，很少单独外出	
小计	

在表 5-1 中“小计”行汇总“测试结果”得分，得分越高说明你的财产安全意识越强，不管在校内还是校外，保护财产安全都不能大意。如果测试结果中有一些为“否”，你就要认真思考，积极地往好的方向改变。

【案例探析】

【案例 5-1】轻信被骗钱

【案例描述】

某年某月，某高校发生 2 起诈骗大学生钱财的系列案件，共骗走人民币 3000 余元。犯罪嫌疑人说普通话，年龄在 20 岁左右（2 男 1 女）。作案手段是主动与学生搭话，自称是某知名高校学生，因课题研究来到本地，与导师失散，所带的钱已用完，骗得学生信任后，以吃住急需用钱为由，向同学借现金或储蓄卡，并称家里会将钱汇到该卡上，从而骗钱得逞。

【案例启示】

诈骗犯罪团伙成员的诈骗手段并不高明，但屡屡得手，值得深思。犯罪分子利用的是大学生的同情心，利用的是大学生没有社会经验、涉世未深。同学们遇此情况应当多问几个为什么。例如，犯罪分子是否有学生证？是否具备大学生所学专业的素质？为什么在上课期间出来办事、找同学？等等。

【案例 5-2】在座无虚席的图书馆中笔记本电脑不翼而飞

【案例描述】

大一学生余同学每周六下午都有去校图书馆看书的习惯，这一次他带了笔记本电脑。他到了图书馆后，馆内已经坐满了学生，大家都在安静地看书。余同学找了一个角落的座位坐了下来，一边看书一边上网查阅资料。中途余同学感觉有些疲劳，就起身去上厕所，想舒展一下筋骨。他把笔记本电脑放在了座位上，没有多想便往厕所方向走去。上厕所回来后，余同学便慌了，他发现自己座位上的笔记本电脑已不翼而飞。由于其他同学都在专心看书且不认识余同学，他向旁边的同学询问自己的笔记本电脑怎么不见了，大家都不知道原因，余同学立即向学校保卫处报告了情况。

【案例启示】

大学生去图书馆、食堂、自习室等公共场所时要保持警惕，看管好随身物品，不要把贵重物品随意放在桌椅上。如果中途短暂离开，要么随身带走物品，要么请周围信任的同学帮忙看管。

【案例 5-3】别把手机借给骗子

【案例描述】

有一天，赵同学在学校附近一个小卖店买东西，遇到一名中年女子。她肩上挎着一个看上去颇上档次的皮包，里面鼓鼓囊囊的。中年女子很着急，对赵同学说："小伙子，我急着找人，手机又没电了。你能不能借我手机用一下，我有急事儿！"赵同学觉得：几毛钱的事，就借她用一下吧。"喂，喂……咋信号这么不好？小伙子，你帮我拿下包，我出去打。"她把自己鼓鼓的"高档皮包"递给赵同学就出去了。赵同学认为包都在自己这儿，也就没在意。但中年女子再也没回来。原来，她拿着手机溜了。事后，那皮包经人鉴定为劣质皮包，里面装着一堆旧报纸。

【案例启示】

出门在外，借手机是常有的事，但借手机的人不全是有难相求的人。大学生在帮助别人的时候，一定要有防范意识，别让坏人"借"走手机。同学们在校期间，要树立安全意识，重视安全防范，确保自身人身和财产安全。

【学习领会】

5.1 防诈骗

1. 高校预防诈骗的主要措施

（1）提高防范意识，学会自我保护。大学生要积极参加学校组织的法治和安全防范教育活动，多知道、多了解、多掌握一些防范知识，这对于自己有百利而无一害。

在日常生活中，要做到不贪图便宜、不谋取私利；在助人为乐的同时，要提高警惕性，不要轻信花言巧语；不要把自己的亲朋好友的姓名、电话号码、家庭地址等信息随便告诉陌生人，以免上当受骗；不要用不正当的手段谋求升学和择业；发现可疑人员要及时报告，发现上当受骗后更要及时报案、大胆揭发，使犯罪分子受到应有的法律制裁。

（2）交友要谨慎，避免上当受骗。交友要择其善者而从之，真正的朋友应该建立在志同道合、高尚的道德情操基础之上，是真诚的感情交流而不是简单的利益关系，要学会了解、理解和谅解。与人交往要区别对待，保持应有的理智，对于熟人或朋友介绍的人，要学会“听其言，察其色，辨其行”，对于初相识的朋友，不要言听计从、受其摆布利用，尽量不给他们提供单独行动的时间和空间，以免给犯罪分子创造作案条件。

（3）同学之间要相互沟通、相互帮助。有些交往关系要在自己认为合适的范围内适当透露或公开，也是安全的需要。如遇到同学大额借款，要了解清楚用途，或向老师汇报咨询，若发现疑点，可以设法将其控制，并报告老师和学校有关部门。

（4）要做好大学生资料的保密工作。学校对大学生的信息、档案（如各类申报材料、助学申请材料等）要严格管理，安排专人管理并制定管理制度，防止材料外泄。同时加强对学生的安全意识教育，对大学生要提出要求，不要随意向人透露自己的家庭情况和联系方式，特别是要保管好记录有自己亲朋好友信息的手机、电话本和笔记本等物品，一旦丢失应及时告知有关人员，以免他人利用这些材料进行诈骗活动。

（5）要保证与学生家长的联系渠道畅通。辅导员、班主任要把自己的办公电话及单位办公电话告诉学生家长，建立起学校与家长的联系渠道，一旦有什么情况，家长可以及时与学校取得联系，必要时还可以告诉家长学校保卫处24小时值班电话。大学生本人也要把学校、宿舍、老师、同学的电话告诉家长，使家长及时与学校取得联系。

（6）遵纪守法，服从管理。大学生要注意提高法治意识，自觉遵守学校的规章制度，不参与传销、邪教等非法活动，求职就业时谨防落入传销陷阱。

2. 针对大学生的常见骗术有哪些

（1）通过上网聊天交友，取得信任后，编造谎言进行诈骗。

（2）假称自己发生意外，利用同学的同情心理伺机进行诈骗。

（3）以恋爱为名进行诈骗。

（4）编造大学生在学校受到意外伤害，对学生家长及亲属实施诈骗。

（5）冒充学校工作人员诈骗学生。

（6）利用手机发中奖短信息诈骗。

3. 当代大学生该如何预防诈骗

（1）不轻信。不要轻信来历不明的电话和手机短信，不管不法分子使用什么花言巧语，都不要轻易相信，要及时挂掉电话，不回复手机短信，不给不法分子进一步布设圈套的机会。

（2）不拨打。不要轻易拨打来历不明的联系电话。

（3）不透露。无论什么情况，都不向对方透露自己及家人的身份信息、电话号码、存款、银行卡等情况。如有疑问，可拨打 110 报警求助电话，或向亲戚、朋友、同学核实。

（4）不贪利。巩固自己的心理防线，不要因贪小利而受不法分子或虚假短信的诱惑，要坚信“天上没有掉馅饼的事”。

（5）不转账。任何电信诈骗案件都是“万变不离其宗”——犯罪嫌疑人要掏你的钱包。因此，要学习、了解银行卡常识，保证自己银行卡内资金安全，遇到要你汇款的任何信息，都要沉住气，厘清思路，分析这个信息的合理性，必要时可以咨询有经验的人，情况不明，决不向陌生人汇款、转账；确认需要转账时，在汇款、转账前，要再三核实对方的账户，不要让不法分子得逞。

（6）及时报案。遭遇电信诈骗，不要闷不作声，一定要及时向公安机关报案。

4．高校校园常见骗局有哪些

（1）推销骗局。骗子利用学生“识货”经验少的特点，以次充好，上门推销各种假冒伪劣产品，诱使学生上当受骗。常见推销物品有劣质化妆品、文具等。

（2）便宜骗局。骗子利用学生“贪便宜”心理推销笔记本电脑，学生查看笔记本电脑配置时，显示为主流配置，讨价还价后，骗子装作“忍痛”出卖，学生使用笔记本电脑方才发现配置极低，操作系统配置已被修改。

（3）网络骗局。骗子在校园论坛登出超低价售货信息，一旦学生与之联系，骗子便以“优惠”为由，诱骗学生放弃使用支付宝或微信等方式付款而使用私下交易方式付款，钱款到手，骗子立即“人间蒸发”。

（4）办卡骗局。骗子冒充银行工作人员，以代为办理、注销银行卡等为由，甚至赠送小礼品，骗取学生个人信息或银行卡，然后或盗取卡内存款，或利用学生个人信息办卡“透支”，使学生个人财产受到侵害，个人信用产生不良记录。

（5）调查骗局。骗子假冒某单位职员，请学生填写调查信息，包括身份证号码、家庭地址、家庭电话、手机号码等资料，随后利用这些信息向学生发布广告或实施其他诈骗行为。

（6）兼职骗局。骗子利用学生想找兼职的心理，通过各种方式骗取学生钱财。例如，引诱学生交钱办理“兼职联盟”会员卡，却不安排工作，即使安排了也会设置障碍让学生“知难而退”；以公司开拓市场为由，请学生做“代理”代售商品，要求学生交付一定本金或押金，而其商品往往是假冒伪劣产品，骗到钱后骗子会立即“失踪”等。

（7）遇困骗局。骗子利用学生涉世未深、乐于助人的特点，自称名牌大学学生、富豪子弟等，谎称银行卡被盗、被吞等，向学生“借”银行卡汇入“存款”，并许以重金酬谢，进而借机转走学生银行卡中的存款。

（8）中奖骗局。骗子利用手机短信，通知学生“中了奖（比如笔记本电脑）”，并告知一个“领奖号码”，如果学生打电话咨询，骗子则会以个人所得税、邮寄费等名目要求学生转账到某个账号，实施诈骗。

（9）培训骗局。骗子假冒某培训机构工作人员，引诱学生报名参加某种资格认证培训并要求缴纳高额报名费，一旦学生缴费，此培训机构便立即“消失”。

（10）帮忙骗局。骗子假冒高校工作人员，编织各种名目谎称学校要求缴费，骗走学生钱财；还有骗子则谎称同校学生，帮忙搬行李，趁学生不注意卷走行李。

（11）传销骗局。骗子利用个别学生急于挣钱的心态，以从事“合法直销”为幌子，向学生灌输速成、暴富理论，诱骗学生休学，将学生卷进传销魔窟。

（12）要钱骗局。以吃饭、迷路、住宿、打车去机场、信用卡不好用等方式诈骗。

5. 高校校园常见行骗途径

（1）电话诈骗。以邮件未送达、电话欠费、有线欠费、信用卡透支、医保卡异常、购车返税等为主的电话类诈骗，不要转人工接线，可直接挂掉电话。

（2）邮件诈骗。用信件、电子邮件等方式，以了解、公开隐私等情况相威胁，要求汇款。

（3）网页诈骗。通过伪造网页等方式进行诈骗。在购物、购票时不要打开不熟悉的网站，尤其不要打开对方发过来的链接网址。

（4）QQ 诈骗。通过盗取 QQ 号取得亲人、同学、同事、朋友等人员相关信息并要求汇款，遇到类似情况务必要联系本人了解真实情况。

6. 大学新生如何识别和防范被骗

骗术一：热情帮忙型。

骗术揭秘：骗子“欺负”新生人生地不熟，在车站、学校门口冒充新生接待员，“热情”地帮忙看管皮箱等物品，再“调虎离山”，借机偷走行李。

防范措施：

①不轻易搭理前来搭讪的陌生人。

②去学校报到时最好坐接站的校车，或是乘坐公交车，如果选择乘坐出租车，一定要让司机打表，索要发票，以免被坑，便于维权。

③乘坐校车要认清校车的标识，看管好自己的行李，妥善保管贵重物品，对“热心”帮你搬行李的人员一定要特别注意，多留个心眼。

骗术二：冒充混熟型。

骗术揭秘：刚入学时，新生相互不认识，骗子正是利用这一点，装扮成新生、老乡或学长跟学生套近乎，骗取他们信任，收取学费、借钱、出售各类“卡”、办理各类校园业务、销售各类商品或乘机盗走学生财物等。

防范措施：

①对陌生人要想办法确认其身份。

②宿舍记得及时上锁。

③只要涉及银行卡转账、交费等操作时一定要本人进行，谨防密码泄露。

骗术三：借口推销型。

骗术揭秘：骗子所推销物品多与新生的学习生活息息相关，比如廉价文具、手机、计算机等。此类产品多为假冒伪劣产品，一旦售出很难再联系上推销者，更不会有相应的售后保障。

防范措施：

①不要轻信陌生推销者的花言巧语，买东西时最好到学校内外的正规商店购买。

②如果有人上门推销电话卡、充值卡、上网卡、学习卡、借书卡，这时候要小心，这些产品没有售后保证，或者本来就是骗局，要到学校正规的营业厅办卡，开学时营业厅也会在学校摆帐篷设点销售。总之，对“送上门”的个人要格外小心。

骗术四：电话诈骗型。

骗术揭秘：骗子会通过各种渠道收集到你的个人信息。在开学前，你可能会接到很多电话，比如自称是辅导员、学校老师、学校工作人员，他们会和你谈很多关于钱的问题，以资助新同学学费、生活费，发放助学金，以及返还学费等为由，骗取银行卡信息、骗取汇款等。

防范措施：

①自己的个人信息要严格保密，遇到此类情况首先要冷静分析，时刻保持警惕，然后先向有关机构求证，遇到欺诈行为要及时向公安机关报警。

②家长在接到此类电话、短信时，一定要先向辅导员、同学求证。

骗术五：帮忙中介型。

骗术揭秘：有些同学家庭环境可能不太好，希望可以找份工作减轻家庭压力，有些网站或者“公司”通过加入会员等方式收取中介费，然后每天推送兼职信息，其实这些兼职信息都是假的。甚至有个别家教中心收取几十元中介费后承诺给你提供家教机会，但可能你只试教一次便被辞退了，甚至还会遇到其他危险。

防范措施：新生入学后应先适应大学学习生活，不要盲目寻找兼职工作，骗子往往利用大学生积极步入社会、早些赚钱、体验生活等心态，通过某软件或平台等骗取学生个人信息，违法办理各种业务，比如办理小额贷款，办理信用卡、手机卡等，造成学生财产损失，或者引诱社会经验不足的大学生参加各种兼职，比如发放传单、做推销、做家教，学生往往不仅得不到工资，还可能会遭受人身伤害。

7. 使用网上银行的安全防范措施

近年来，一些网上银行使用者因缺乏一定的安全防范常识，在使用网上银行时被人盗取资料，导致资金账户出差错等问题时有发生。为此，要采取以下5项安全防范措施。

（1）及时核对网址。在开通网上银行时要事先与银行签订协议。在登录网上银行时，须核对登录的网址与协议书中的网址是否相符；登录网上银行网站时，尽量不要使用任何不可靠的链接方式，不要通过搜索引擎找到的网址或其他不明网站的链接途径进入，防止犯罪嫌疑人模仿银行网站盗取账户信息。

（2）妥善管理密码。要避免设置与个人资料相关的简单密码，不要选用诸如身份证号码、出生日期、电话号码等作为支付密码；建议采用无规律的数字组合，提高支付密码被破解的难度；在不同的电子渠道上尽量使用不同密码；对不同的银行卡账户尽量设置不同的支付密码。

（3）做好交易记录。在进行网上银行交易时，要对录入信息（本人账号、金额等要素）进行仔细核对，做到“一慢、二看、三仔细、四清楚”，即录入信息时要慢、按键时要准确查看、对录入的信息核对要仔细、对反馈回来的信息要记录清楚。转账交易完成后，不论系统提示成功与否，都要查询转出账户余额和明细。要定期查看历史交易明细并定期打印网上银行业务对账单，如发现异常交易或账务差错，应立即与银行联系，避免损失。

（4）管理好数字证书。应避免在公共场合（如网吧、机场）和公用计算机上使用网上银行，防止数字证书等机密资料落入他人手中。

（5）安装杀毒软件对网上银行的使用者也十分重要。一般银行的网上银行程序安装完成后，不需要再安装其他任何辅助程序即可正常办理业务，不要轻信所谓“系统维护”提示，避免下载、安装来路不明的网上银行程序。

5.2 防范“校园贷”诈骗

1. 什么是网贷

网贷的全称为网络借贷，包括个体网络借贷（如P2P网络借贷）和网络小额贷款。个体网络借贷是指个体和个体之间通过互联网平台实现的直接借贷。网络小额贷款是指互联网企业通过其控制的小额贷款公司，利用互联网向客户提供的小额贷款。

我们需要防范的是不良网贷平台，他们通过种种“利诱”——零门槛、无抵押、线上审核、最快三分钟到账，诱导学生过度消费，甚至陷入“高利贷”陷阱，侵犯学生合法权益。

2. 不良网贷产生的危害

不良网贷对大学生造成的影响及危害主要表现在暴力催款。很多校园网贷平台普遍存在不文明的催收手段，比如“关系催收”。学生借款时被要求填写数名同学、朋友或亲属的真实联系方式，如果不能按时还款，平台就会把其逾期信息告知该学生的关系圈，严重干扰和伤害借款学生。又比如“裸条”借贷，学生借款时被要求拍“裸条”（手持身份证拍裸照）作为借条，如果无法还款，将被威胁公布裸照给家人和朋友。这些不文明的催款手段不仅会影响学生的正常学习生活，还会影响他们的人生观和价值观，有时候还会造成不可挽回的后果。

3. 大学生防范陷入网贷骗局

一些借贷机构为扩大业务，通过校园代理和中介，在高校跑马圈地，“低门槛”“零首付”“零利息”“免担保”，以至于很多学生陷入网贷骗局。大学生究竟该如何防范呢？

（1）不要轻易泄露个人信息。在任何情况下都不要轻易相信任何中奖信息，别贪图便宜是关键。不要随意透露个人的账号和密码，不向陌生账号进行转账汇款。

（2）防范钓鱼网站。登录真正的银行官方网站以后，使用者可以看到个人预留的欢迎信息，钓鱼网站在菜单设置、颜色细节及功能设置方面比较粗糙。

（3）通过银行官方网站升级软件。如果收到升级银行软件的提示，切记一定要到银行官方网站进行，不要在其他网站下载。

（4）不轻易相信网贷平台。做好甄别，尽可能不选择网贷平台。

（5）不帮他人做任何信用担保。《中华人民共和国民法典》明确规定，原债务人不能履行债务时，由承担保证责任的保证人承担相应的责任。在校学生经济尚未独立，在同学或者朋友请求帮忙担保时务必保持清醒头脑，不能出于仗义就盲目答应，否则后悔莫及。

5.3 防盗窃

1. 学生宿舍防盗措施

学生宿舍是盗窃分子行窃的主要场所。特别是学生缺乏警惕性，经常不锁门或门锁被破坏，随意留宿外人或借出钥匙，最容易发生盗窃案件。校园内的盗窃案件以内盗为主，针对盗窃案件的特点，学生宿舍防盗应采取以下措施。

（1）思想上高度重视，保护好自己及室友的财物，同学之间互相关心、照顾。

（2）保管好现金及贵重物品。现金最好的保管办法是存入银行并加上密码。密码复杂些为好，不要设置六位相同数字的密码，不要用自己的生日、学号以及手机号码作为密码，密码不要让其他人知道。贵重物品如手机、笔记本电脑等，不用时最好锁到柜子里或箱子里；住低楼层的同学离开宿舍及睡觉前应将现金或贵重物品放好，以免被人钩走。

（3）保管好身份证、银行卡。同学们要有意识地把身份证与银行卡、汇款单分开保管，以免同时被盗后被人用身份证冒领存款。也要避免将银行卡借给他人使用或委托他人代存、取款。

（4）学生宿舍都是集体住宿，人员流动频繁，同学们一定要养成随手关门，宿舍钥匙不离身，不外借钥匙的习惯。在离开宿舍时随手锁门，哪怕是离开几分钟也不例外。最后一个离开宿舍的同学一定要把门锁好。住低楼层的同学还要养成离开宿舍时关窗的好习惯。

（5）不在宿舍留宿他人。学校明文规定学生宿舍不能留宿他人，这是由于留宿他人会带来一些不安全因素，很多宿舍被盗就是由于某些同学“引狼入室”。而且，学生宿舍要做到换人换锁，防止钥匙失控，宿舍被盗。

（6）对形迹可疑的陌生人应提高警惕。如果在宿舍区遇到四处走动、东张西望、形迹可疑的陌生人，同学们要多盘问并提高警惕，及时向宿舍管理员或学校门卫报告。

发现宿舍被盗后，首先要保护好现场，并及时向学校保卫部门报告或打电话报警，积极配合调查侦破工作，提供可靠线索。另外，如银行卡被盗，要尽快去银行办理挂失手续。

2. 学生宿舍常见的盗窃方式

（1）顺手牵羊。趁学生宿舍没人，或物主短暂离开、临时外出、粗心大意或注意力不集中时，顺手拿走他人的笔记本电脑、手机等贵重物品。

（2）乘虚而入。在学生宿舍中，往往一间宿舍住多个学生，有的是不同学院、不同班的混合宿舍，常常出现不锁门导致窃贼入室的现象；还有的学生对自己的贵重物品和随身物品保管不善，随意搁置，往往给窃贼以可乘之机。

（3）暴力破门。有一些宿舍门锁质量较差，使用一段时间后只能勉强锁住门，很不牢固，用力一撞或一踢，门就能打开，窃贼利用这点，破门而入实施盗窃。

（4）插片入室。有一些宿舍门板和门框之间缝隙比较大，足以用身份证等“插片”开锁，常被窃贼所利用。

（5）偷配钥匙。有些窃贼作案前有预谋地偷配了钥匙，然后寻找机会，开门入室盗窃。

（6）外员留宿。一些同学违反学校相关规定，擅自带老乡、以前的同学等留宿在宿舍，在自己和宿舍同学去上课时，放心地将钥匙交给他们，留宿人员在宿舍内盗窃。

3. 防止宿舍被盗的注意事项

（1）最后离开宿舍的同学一定要锁门，哪怕是预想只离开一会儿。是暗锁的要反锁门，不要怕麻烦，要养成随手关门、锁门的习惯，不给不法分子留下任何可乘之机。

（2）不能随便留宿外人，尤其是不要留宿不知底细的人。远离家乡，热情好客很正常，但不能违反学校管理规定，更不能丧失警惕，留下安全隐患。

（3）不要把学生宿舍作为聚会、聚餐、打牌、会客等交际的场所，假如学生宿舍成为各种形式的“娱乐中心”，来往的人员就会十分繁杂，就容易发生各种案件。

（4）对外来的陌生人，特别是形迹可疑的人，要提高警惕，仔细查问有关情况，若来人回答问题疑点多，要及时报告或将其送到学校保卫部门或派出所。注意保管好自己的钥匙，不要随便借给他人。

（5）妥善保管好自己的贵重物品及银行卡、密码等，不要轻易相信他人，哪怕是平时友好的朋友。

4. 发生盗窃案件后的应对方法

（1）保护现场，及时报案。发案后不要惊慌失措，应迅速组织在场人员保护好现场，及时向学校保卫部门报告，不得翻动、查看物品，破坏现场痕迹物证。

（2）发现可疑，及时控制。如果在现场附近发现可疑人员，要沉着冷静，上前查问，并设法将其稳住，记住其体貌特征，及时向有关部门报告。查问中要讲究策略，防止盗贼狗急跳墙，伤及自身。

（3）及时报失，配合调查。如银行卡被盗，应尽快到银行挂失，最大限度避免损失。知情人员要积极配合学校保卫部门的调查取证工作，及时提供有价值的线索，不能事不关己、高高挂起，从而贻误破案时机。

5.4 防抢劫

1. 校园内抢劫案件有什么特点

（1）发案时间一般为师生休息或夜深人静校园内行人稀少之时。

（2）大多数抢劫案件发生在校园比较偏僻、阴暗、人少的地带，一般为树林、小山、远离宿舍区的教学实验楼附近、无路灯的人行道、正在建造的建筑物。

（3）抢劫的主要对象是独自行走的人员，特别是独自行走的女性。

（4）作案人一般为校内或学校附近有劣迹的青年，他们熟悉校园环境，往往结伙作案。

2. 在校园内如何避免遭到抢劫

（1）不外露或向人炫耀随身携带的贵重物品，单独外出不轻易带过多的现金。

（2）外出尽量结伴而行。

（3）不要独自到行人稀少、阴暗、偏僻的地方，避开无人之地。

（4）尽量避免深夜滞留在外不归或晚归。

（5）独处时不要显露出过于胆怯的神情。

3. 遭遇抢劫时该怎么办

（1）保持镇定，克服恐惧心理，冷静应对。

（2）只要具备反抗能力和有利时机，应尽力反抗，使作案人丧失继续作案的心理和能力。

（3）可借用有利地形，利用砖头等与作案人僵持，使其无法近身。

（4）无法与作案人抗衡时，可看准时机向有人、有灯光处奔跑。

（5）无法反抗时，可先交出部分财物，同时理直气壮地对作案人晓以利害，造成其心理上的恐慌。

（6）注意观察作案人的身体特征。

（7）无论在任何情况下，只要有可能，就大声呼救，或故意高声与作案人说话。

（8）及时报案。作案人得逞后，可能继续寻找下一个抢劫目标，如能及时报案，准确描述作案人的特征，有利于公安机关组织力量布控，及时抓获作案人。

5.5 防传销

1. 什么是传销

传销是指组织者或经营者通过各种途径发展人员，并以被发展人员以及其直接或间接发展的人员数量或者销售业绩为依据计算和给付报酬，或者要求被发展人员以交纳一定费用为条件取得加入资格等方式牟取非法利益，扰乱经济秩序，影响社会稳定的行为。

2. 传销的主要手段

非法传销手段有：以双赢制、计算机排网、框架营销等形式进行传销；假借专卖、代理、特许加盟经营、直销、连锁、网络销售等名义进行变相传销；采取会员卡、储蓄卡、彩票、职业培训等手段进行传销和变相传销，骗取入会费、加盟费、许可费、培训费；其他传销和变相传销的行为。

3. 大学生如何防范传销陷阱

（1）了解非法传销的欺诈本质，明确传销活动系非法活动，增强抵制各种诱惑的自觉性。

（2）不要将个人信息资料轻易告诉他人，以防被人以招聘、社会实践等活动为名拉入传销活动。

（3）学生参加就业、招聘，要到政府和学校组织的正规人才交流市场，因为这些用人单位都要向人事劳动部门提供完整的资质材料。不要轻信同学、朋友优厚待遇的许诺。

（4）传销组织所谓的“网络销售公司”一般都没有在工商管理部门登记注册，无营业执照。也可以在政府有关部门的网页上查询有无此单位（公司）。

（5）经亲友、同学介绍的就业机构，除上网核实外，本人可到单位走走看看，问明情况，如是传销组织，一查就露馅。

（6）发现不法分子在进行非法传销活动，应及时报警或向学校保卫部门报告。

（7）如果陷入传销组织，要坚持一不交钱（不交会员费和伙食费），二不参加他们所谓的学习培训，三是不欺骗他人，四是找机会就跑，并拨打110求救，五是迅速与学校联系，向学校求援。

【模拟演练】

1. 校园内如何防止、减少手机和银行卡被盗

（1）手机等贵重物品应妥善保管，手机、钱包要随身携带，手机充电时人应在场。

（2）银行卡密码不要随意告诉他人，并应经常修改密码。同时，密码不使用出生日期、电话号码、上网密码等。

（3）宿舍无人时，晚上睡觉前，门窗要关紧关好。

（4）在公共场所（如教室、餐厅、图书馆）不要用放有贵重物品的书包等抢占位置。

（5）乘坐拥挤的交通工具时，要时时提高警惕，谨防扒手伺机行窃。

（6）在银行ATM机取款时，输入密码时要留意旁边是否有人，取款凭证不要随地丢弃。

2. 如何保管好自己的现金和贵重物品

（1）现金最好的保管方法是存入银行，并设置密码，密码不要告诉他人。银行卡与身份证要分开存放，这样即使银行卡被盗，也不用担心被人冒领。

（2）贵重物品不用时最好锁在抽屉、柜子里，以防被顺手牵羊、乘虚而入者盗走。放长假前，最好将贵重物品带走或交给可靠的人保管，不要留在宿舍。

（3）住一楼的同学，睡觉应注意将衣物放在远离窗户的地方，防止被人“钩走”。

（4）宿舍钥匙不要随便借给他人或乱扔乱放。

（5）对贵重物品，最好有意识地做一些特殊的记号，即便被盗走，将来找回的可能性也更大。

3. 发现宿舍被盗怎么办

（1）立即向公安机关和学校保卫部门报案。

（2）保护好现场，不要让同学进入被盗的房间。

（3）如发现银行卡被盗或可能被盗，立即到银行挂失。

（4）如实回答公安民警、保卫人员的提问，力求全面、准确。

（5）积极向公安民警、保卫人员提供情况，反映线索，协助破案。

4. 预防抢夺案件注意事项

（1）外出不要携带过多显眼的现金和贵重物品。

（2）不要炫耀或显露现金或贵重物品。

（3）现金或贵重物品最好贴身携带，不要置于手提包或挎包内。

（4）尽量避免在午休、深夜或人少的时候单独外出。

（5）不要单独滞留或行走在偏僻、阴暗处。

（6）发现有人尾随或窥视，不要紧张，露出胆怯神态，可多盯对方几眼，或哼首歌曲，并改变原定路线，朝有人、有灯的地方走。

【自主练习】

1. 单选题

（1）（　　）是以非法占有为目的，以暴力胁迫将公私财物据为己有的一种犯罪行为。

A. 盗窃　　B. 诈骗　　C. 抢劫　　D. 敲诈

（2）根据作案主体进行分类，在大学盗窃案件中，（　　）的作案人员是学校内部人员。

A. 内盗　　B. 外盗　　C. 校盗　　D. 内外勾结盗窃

（3）宿舍内发生盗窃案后，我们首先应该怎么做？（　　）

A. 保护现场　　B. 翻看自己的物品

C. 自行调查　　D. 立即到银行挂失

（4）坐公交车时怎样防止扒窃？（　　）

A. 背包放在身后　　B. 时刻盯着背包看

C. 上下车将背包抱在胸前　　D. 注意观察

（5）怎样保管好自己的现金及贵重物品等财物？（　　）

A. 现金存入银行，贵重物品锁起来　　B. 多拿些现金放在身上

C. 交给别人看管　　D. 现金存放在宿舍的抽屉中

2. 多选题

（1）发生盗窃案件后，应当（　　）。

A. 及时报案　　B. 保护现场　　C. 配合调查　　D. 防止报复

（2）以下选项哪些是移动支付的安全隐患？（　　）

A. 虚假账号　　B. 手机木马　　C. 钓鱼网站　　D. 恶意应用

（3）为了保证手机移动支付安全可靠，应注意的事项是（　　）。

A. 不要随意单击提示下载手机应用的链接

B. 不要连接陌生的免费 Wi-Fi

C. 不要随意下载安装手机应用

D. 如果需要下载支付应用客户端，必须在官方的软件商店或者软件官方网站下载

（4）以下选项哪些是校内诈骗作案的主要手段？（　　）

A. 投其所好，引诱上钩　　B. 借贷为名，骗钱为实

C. 招聘为名，设置骗局　　D. 骗取信任，寻机作案

（5）以下选项哪些是校园诈骗的预防措施？（　　）

A. 提高防范意识，学会自我保护　　B. 交友要谨慎，避免以感情代替理智

C. 同学之间要相互沟通，相互帮助　　D. 服从校园管理，自觉遵守校纪校规

3. 判断题

（1）在微信上涉及钱款交易时应核实信息。（　　）

（2）应对陌生人求助，要做到不轻信、不盲从。（　　）

（3）遭遇电信诈骗，一定要及时向公安机关报警。（　　）

（4）操场锻炼时，随身携带东西不方便，可交给别人看管。（　　）

（5）网络购物时，可以在非银行网页输入自己的银行卡信息。（　　）

（6）在外出活动中，与陌生人交流后，可以接受陌生人赠送的饮品或食物。（　　）

主题 6　保障交通安全

随着社会经济的快速发展，交通越来越发达、便捷，给我们的出行带来了极大的便利，但机动车辆的快速增加不仅给交通管理带来了更多压力，也让我们在享受交通便利的同时面临着交通安全隐患的威胁。因此，交通安全是我们每个人都应该重视的问题。大学生要增强交通安全意识，掌握必要的交通安全知识，养成自觉遵守交通规则的良好习惯，做到守法规、知礼让、安全文明出行。

【自我测试】

表 6-1 所示的“交通安全意识测试”用于测试同学们的交通安全意识，共 15 道测试题，请仔细阅读表中各项测试内容，然后实事求是地作答。若你的回答为“是”，则在表中“测试结果”列填入数字“0”；若你的回答为“否”，则在表中“测试结果”列填入数字“1”。

表 6-1　交通安全意识测试

测 试 内 容	测 试 结 果
（1）你仗着技术好，经常在校园内骑“飞车”	
（2）你认为车辆会礼让行人，所以外出时边走边戴着耳机听音乐	
（3）你为了节省时间，在过马路时会翻越路边的护栏	
（4）你和同学外出时，经常忽视周围来往的车辆，互相追逐嬉戏	
（5）你认为校内不会发生交通事故，所以不管走路还是骑车都横冲直撞	
（6）你认为在校内可以无证驾驶摩托车	
（7）你乘车时习惯将手放在窗外	
（8）你没有走人行横道的习惯，哪里近就走哪里	
（9）你为了赶时间会闯红灯	
（10）你乘坐同学的电动车或摩托车时，同学开“飞车”，你不会制止	
（11）你驾车时，为了感受风驰电掣的感觉，喜欢超速行驶	
（12）你不知道大多数交通标志，也不想去了解	
（13）你即使知道交通标志的含义，仍然心存侥幸，执意违规	
（14）你不会听从同伴的劝阻，为了方便，即使违反交通规定也毫不在意	
（15）你认为车辆会礼让行人，经过十字路口时你不会观察周围的车辆行驶状况	
小计	

在表 6-1 中“小计”行汇总“测试结果”得分，得分越高说明你的交通安全意识越强，并养成了严格遵守交通规则的好习惯，也懂得保护自己的安全。如果测试结果中有一些为“是”，你就要重视了，要及时改掉坏毛病，不要以为自己忽视交通安全的行为目前没有带给自己任何伤害，就毫不在意、心存侥幸，须知交通安全应防患于未然，一旦遭遇意外，造成的损害将难以挽回。

【案例探析】

【案例 6-1】乘车时不要疏忽大意

【案例描述】

彭同学是某大学一年级新生，她习惯在乘车时玩手机。一次外出乘坐公交车时，她像往常一样，一上车就低头全神贯注地看手机浏览新闻。乘车途中，公交车突然急刹车，彭同学因没有站稳扶好，便摔倒在车上。后经诊断，彭同学右踝软组织损伤、右侧胫腓骨折。

【案例启示】

许多同学在乘车时，一上车便全神贯注地玩手机等电子产品，无暇顾及携带的物品，这样容易给不法分子可乘之机，导致财物损失，或者遇到突发状况，反应不及，酿成悲剧。因此，大学生在乘车时不能疏忽大意，一定要小心谨慎。

【案例6-2】骑“飞车”的安全隐患

【案例描述】

某校学生夏同学因上网到次日凌晨 4 点多才休息，所以一觉醒来已快到上课时间，他起床后顾不得洗漱便匆匆下楼，骑上自行车飞快地朝教室奔去。当他骑到一个下坡向右转弯的路段时，本来车速已经很快了，但他还觉得慢，便猛地加速，这时，迎面来了一辆小汽车，因车速太快，夏同学避让不及，连人带车掉进了路旁的水沟里，致使自己右胳膊骨折，自行车严重损坏。

【案例启示】

骑“飞车”是校内交通事故发生的重要原因之一。一般高校校园面积较大，宿舍与教室、图书馆等之间的距离较远，所以许多大学生用自行车作为代步工具，在课间或下课后穿梭于宿舍与教室、图书馆之间。但是有的大学生时常炫车技，车速飞快，如遇紧急状况，可能会躲避或处理不及时，这就为交通安全埋下了重大隐患。

【学习领会】

6.1　交通安全常识

1. 大学生交通安全要点

（1）提高安全交通意识。不管是校内还是校外，发生交通事故最主要的原因是思想麻痹、安全意识淡薄。作为一名在校大学生，遵守交通法规是最起码的要求。若没有交通安全意识，很容易带来生命之忧。

（2）自觉遵守交通法规。除提高交通安全意识、掌握基本的交通安全常识外，还必须自觉遵守交通法规，才能保证安全。

2. 校园内的交通特点

（1）校园内路面窄，转弯多，车辆多。

（2）车辆流量不均衡，有的地段流量小，有的地方流量大，在交通路口尤其要注意。

（3）时间上相对集中，开学以后、放假前夕、上下课时间，或遇大型集会、文体活动，是交通秩序最为复杂的时期。

（4）校园内的交通线路并不全为校外的驾驶员所熟悉。

3. 交通标志

交通标志，是指用文字或符号传递引导、限制、警告或指示信息的道路设施，又称道路标志、道路交通标志。设置醒目、清晰、明亮的交通标志是实施交通管理，保证道路交通安全、顺畅的重要措施。交通标志有多种类型，可用各种方式区分为主要标志和辅助标志，可动式标志和固定式标志，照明标志、发光标志和反光标志，以及反映行车环境变化的可变信息标志。

4. 交通禁令标志

交通禁令标志是交通标志中的主要标志之一，是对车辆加以禁止或限制的标志，如禁止通行、禁止停车、禁止左转弯、禁止鸣喇叭、限制速度、限制重量等。交通禁令标志的颜色（个别标志除外）为白底、红圈、红杠、黑图案，交通禁令标志的形状为圆形、八角形、顶向下的等边三角形。常见的交通禁令标志如图 6-1 所示。

图 6-1 常见的交通禁令标志

5. 道路交通隔离设施

道路交通隔离设施是公安交通管理部门在城市道路上用一定的建筑材料制作的物体，用来分隔车辆与车辆、行人与车辆，使它们都按规定的路线通行。道路交通隔离设施包括绿化隔离带、行人护栏和隔离墩。行人护栏安装在人行道外侧、非机动车道和人行道之间，用来保护行人在人行道上的行走安全，防止行人乱穿马路或走到慢车道上去。禁止行人跨、钻行人护栏，以防发生意外。

6. 校内交通安全的注意事项

（1）要树立交通安全观念，时时提高警惕。
（2）熟悉校内路线、地形，注意通往交叉路口的车辆。
（3）走路留神，切莫边走路边看书。
（4）不要在道路上玩轮滑、踢足球等。
（5）骑车慢速行驶，复杂地段缓缓而行，必要时下车推行。

6.2 行走安全

1. 行人交通安全规范

（1）行人应当自觉遵守交通法规，严守交通信号，听从交通警察指挥，增强自我保护意识，防止交通事故发生。

（2）行人应行走在人行道内，在没有人行道的地方，应靠路边行走，尽量靠右边行走。

（3）行人通过路口或横过道路时，按照交通信号灯指示或听从交通警察的指挥通行。有交通信号灯控制的人行横道，应做到红灯停、绿灯行；从没有交通信号灯控制的路口通过时，有人行过街天桥或地下通道的须走人行过街天桥或地下通道，没有天桥和地下通道的地方应走人行通道，须注意车辆，不要追逐猛跑。

（4）行人通过铁路道口时，应当按照交通信号灯或者管理人员的指挥通行；没有交通信号灯和管理人员的，应当在确认无火车驶临后迅速通行。

（5）在设有护栏或隔离墩的道路上，不要钻越、跨越、倚坐交通护栏或道路隔离设施过道路，不得损毁和随意拆移交通设施。

（6）通过没有交通信号灯或人行横道的路口，或在没有过街设施的路段横过道路时，应当注意来往车辆，看清情况，要学会避让机动车辆，不与机动车辆争道抢行，让车辆先行，不要在车辆临近时突然横穿、猛跑。要在确认安全后通过。

（7）在通过十字路口时，要听从交通警察的指挥并遵守交通信号。

（8）过道路或下了公交车等大型车辆时，应从车尾部位通行。

（9）不要乘坐超载车辆、黑车、摩托车等安全系数低的机动车辆。

（10）遇到大型或超长车辆转弯时，要保持足够的安全距离。因大型或超长车辆转弯时的视觉盲区大。

（11）不要在道路上扒车、追车、强行拦车或抛物击车。

（12）不要在道路上踢球、溜冰、滑滑板、放风筝、做游戏，不要在道路上玩耍、坐卧或进行其他妨碍交通的行为。

（13）行走时要专心，注意周围情况，不要东张西望，不要一边走一边玩耍，也不要一边走路一边看书、听音乐、接打电话或做其他事情。

（14）集体外出时，应有组织、有秩序地列队行走；结伴外出时，不要相互追逐、打闹、嬉戏，不要三五成群并排行走，不要扰乱道路秩序。

（15）不要进入内环路、外环路、高速公路、高架道路及行车隧道或者有人行隔离设施的机动车专用道。

2．横穿道路安全常识

横穿道路，可能遇到的危险因素会大大增加，应特别注意安全。

（1）穿越道路，要听从交通警察的指挥；要遵守交通规则，做到“红灯停，绿灯行”。

（2）穿越道路，要走人行横道；在有过街天桥和地下通道的路段，应自觉走过街天桥和地下通道。

（3）穿越道路，要走直线，不可迂回穿行；在没有人行横道的路段，应先看左边，再看右边，在确认没有机动车通过时才可以穿越道路。

（4）不要翻越道路中央的安全护栏和隔离墩。

（5）不要突然横穿道路，特别是道路对面有熟人、朋友呼唤，或者自己要乘坐的公共汽车已经进站时，千万不能贸然行事，以免发生意外。

6.3 乘坐交通工具安全

1．大学生乘车时如何提高防范意识

（1）不要把联系电话及家庭情况告诉陌生人。大学生在乘车时，尽量不要与陌生人交谈，在彼此不是十分了解的情况下，不要将联系方式和家庭情况告诉陌生人，以免家人上当受骗。

（2）不要轻易相信列车上的“老乡”。一些骗子往往以“老乡”“师哥”“师姐”等身份接近乘车的大学生，骗取大学生的信任，然后以“钱包丢了”“借钱急用”等谎话骗取大学生的钱财。在你有事需要离开你的行李物品时，他（她）会主动提出帮你看管，然后趁机偷走。为此，乘车的大学生一定要警惕你身边的“老乡”“师哥”“师姐”，不要轻信他们的谎言，更不要轻易地“慷慨解囊”或将贵重物品交给他们保管，以免上当受骗。

（3）不要随意外露或乱放财物。在流动性大的列车上，避免不了一些窃贼混杂其中，大学生往往成为窃贼下手的对象。由于大学生防范意识差，不注意保管自己的财物，将钱和贵重物品随意乱放，给窃贼提供了作案目标和机会。因此，乘车的大学生要提高自我防范意识，不要随意外露或乱放自己的财物，谨防被盗。

（4）不要把手机借给陌生人使用。目前，以“借手机打电话”为名骗取手机的违法犯罪活动越来越多，大学生在乘车时不要将手机借给陌生人，谨防上当。

（5）不要食用陌生人的食物和饮料。在列车或长途汽车上，为使旅客放松警惕，骗子想尽办法来博得旅客的好感，使其消除警惕性，然后寻找机会将麻醉药放在食物或饮料中。等旅客服用后昏睡不醒之机，将旅客身上的财物洗劫一空。由于大学生喜好广交朋友，又缺乏社会经验，因此不法分子将他们作为下手的目标。为此，大学生在鱼龙混杂的列车或长途汽车上，不要随意与陌生人交往，更不要随便食用陌生人的食物和饮料。

（6）不要在列车上酗酒。在列车上有时会看见一些大学生喝得酩酊大醉、东倒西歪，不但使自己丧失了自我控制能力和防范意识，而且影响了大学生自身的形象，同时也为窃贼们提供了可乘之机。

2．大学生乘坐机动车应该注意什么

（1）乘坐公共汽车，要排队候车，按先后顺序上车，不要拥挤。上下车均应等车停稳以后，先下后上，不要争抢。

（2）乘车时不要把头、手、胳膊伸出车窗外，以免被对面来车或路边树木等刮伤；也不要向车窗外乱扔杂物，以免伤及他人。

（3）乘车时要坐稳扶好，没有座位时，要双脚自然分开，侧向站立，手应握紧扶手，以免车辆紧急刹车时摔倒受伤。

（4）乘坐小轿车、微型客车时，应系好安全带。

（5）不要在机动车道上招呼出租汽车。

（6）购买车票的同时购买保险。

（7）注意在乘车过程中防盗。

3．大学生乘坐火车时怎样保证安全

（1）按照车次的规定时间进站候车，以免误车。

（2）在站台上候车，要站在站台一侧安全线以内，以免被列车卷下站台。

（3）列车行进中，不要把头、手、胳膊伸出车窗外，以免被沿线的信号设备等刮伤。

（4）不要在车门和车厢连接处逗留，那里容易发生夹伤、扭伤、卡伤等事故。

（5）不带易燃易爆的危险品（如汽油、鞭炮等）上车。

（6）不向车窗外扔废弃物，以免砸伤铁路边行人和铁路工人，同时也避免造成环境污染。

（7）乘坐卧铺列车，睡上铺或中铺时要防止掉下摔伤。

（8）保管好自己的行李物品，注意防范盗窃分子。

4．乘坐网约车的安全防范知识

互联网时代下的出行，人们已逐渐习惯使用网约车，无论是提前预约还是即时叫车都非常方便和快捷。不过近期爆出的搭乘顺风车遇害的新闻，不免令人胆战心惊。网约车其实存在一定的安全隐患，搭乘网约车出行，安全问题不能忽略。

乘坐网约车的安全防范知识如下。

（1）车辆信息不符的不要乘坐。网上叫车时，如果发现手机上显示的车辆信息与实际接自己的车辆信息不符，无论任何情况，都要拒绝乘车，以免造成危险。

（2）感觉司机不对劲要及时要求停车。在乘车过程中，如果发现司机有异样的举动，或者发现有不对劲的地方，可以好言要求停车，然后若无其事地下车离开。

（3）认真核实司机和车辆信息。对预约到的网约车，在乘坐前一定要做好核对工作，认真核对订单上的信息是否与接自己的车辆、司机相一致，确认无误后再乘车。

（4）随时注意行车路线。很多人上车后就自顾自地玩手机、听音乐，甚至有困意就睡觉，在夜间单独坐车的情况下，要避免这种行为。上车后要打起精神，注意观察司机驾驶的路线，发现不对随时在路边有人的地方喊停车。

（5）遇到危险情况，要第一时间求救、报警。如果遭到不法侵害，要保持冷静，寻求时机向路人求助，也可以第一时间报警，记住对方体貌特征。

除了以上几点安全防范知识以外，还要注意下面这些防范的方法。

①打车出行时不要去人少、偏僻的地方，尽量要求司机走能见度好、行人和车辆较多的路段。

②深夜打车最好结伴出行，尽量不要单独出行。

③上车的时候当着司机的面给朋友或家人打电话，说明车型、车牌和上下车地点。

④上车后要注意尽量不要和司机发生冲突，以免发生意外。

⑤上车后尽量坐在车后排司机后面的位置，不要坐在副驾驶的位置。

⑥要随时注意行车路线，不要始终玩手机或睡觉。

⑦不与陌生人拼车，以免遇到不法分子和司机合伙设局。

⑧自卫时可使用车内物品充当武器，例如，用座位头枕和随身钥匙，攻击对方眼睛和喉咙。

网约车利用互联网既为我们的生活提供了便利，但同时也存在不小的隐患，大家乘坐网约车一定要注意上述事项。

5. 大学生乘船时要注意哪些安全事项

（1）为了保证航运安全，凡符合安全要求的船只，有关管理部门都发有安全合格证书。外出旅行，不要乘坐无证船只。

（2）不乘坐超载的船只，这样的船安全没有保证。

（3）上下船要排队按次序进行，不得拥挤、争抢，以免造成挤伤、落水等事故。

（4）天气恶劣时，如遇大风、大浪、浓雾等，应尽量避免乘船。

（5）不在船头、甲板等地打闹、追逐，以防落水。不拥挤在船的一侧，以防船体倾斜，发生事故。

（6）船上的许多设备都与安全有关，不要乱动，以免影响正常航行。

（7）夜间航行，不要用手电筒向水面、岸边乱照，以免引起误会或使驾驶员产生错觉而发生危险。

（8）一旦发生意外，要保持镇静，听从有关人员指挥。

（9）常备晕船药品。

6.4 骑行安全

1. 骑自行车交通安全常识

（1）在道路上要在非机动车道内行驶，没有划分车道要靠右边行驶。

（2）骑车转弯时须减速慢行，向后瞭望，伸手示意，不要突然拐弯。

（3）通过路口时要严守信号指示，停车时不要越过停车线，更不要绕过信号指示行驶。

（4）不要双手离把，不要攀扶其他车辆或手中持物。

（5）不要骑车逆行。

（6）不要车辆并行、互相追逐或曲折竞驶。

（7）要经常检查车子性能，响铃、刹车或其他部件有问题时不能骑车，应及时修理。

（8）不要撑伞骑车，不要骑车带人。

（9）不要在道路上学骑车。

（10）不要在车行道上停车或与机动车争道抢行。

（11）通过陡坡、横过四条以上机动车道或途中车闸失效时，须下车推行。下车前须伸手上下摆动示意，不要妨碍后面的车辆行驶。

（12）超越前车时，不要妨碍被超车的车辆正常行驶。

（13）自行车不要牵引车辆或被其他车辆牵引。

2. 骑自行车要注意哪些问题

（1）车况正常才能出门。

要仔细检查车辆自身的技术状况是否正常，主要看制动装置是否有效；车把、车叉是否牢固可靠；车铃响不响；车胎的气足不足。只有在车况正常的情况下才可使用，否则，自行车在途中非但不能带来方便，反倒招惹麻烦。

（2）遵守行车规章，包括载物搭人范围、行驶路面、路线范围、停放地点都不得超出规定。

（3）在交叉路口要严格遵守交通警察或指示灯指令，在无交通指示灯的路口要停下来看清、看准，环境许可再通行。

（4）中速慢行，双手扶车把，尤其在多人同行时，禁止在路上骑车比速度。

6.5 驾车安全

1. 驾驶机动车交通安全常识

（1）出车前一定要认真检查车辆，确保车况良好、无故障后方可出车；出车时还要带齐有关证件。

（2）行车中要随时注意标志牌，以防走错路线时无故造成违章。

（3）遵守交通法规，服从交警指挥。

（4）文明驾驶，礼让行人，不超速、不抢道、不抢行。

（5）开车要有好心态，不开“斗气车”“英雄车”。

（6）饮酒后不开车，疲劳不开车。

（7）正确使用灯光，夜间会车时，禁止使用远光灯；天气恶劣，能见度低的情况下应降低车速，并开启雾灯、示廓灯；车辆发生故障或需要临时停车时，应开启危险警示灯（双闪灯），并按要求在车辆正后方或同一车道设置警告标志牌（设置距离：在常规道路上 50～100 米；在高速公路上 150 米以上，能见度低时 200 米以上）。

（8）开车时要集中精力，严禁在行驶中接听电话、看微信、发信息和聊天等，行驶至路口或转弯时要减速，确认安全方能通行。

（9）遇到大型或超长车辆时，不要强行超车，要保持足够的安全距离，在确认安全后方能超车。

（10）遇到大型或超长车辆转弯时，坚决不超车。

2. 驾驶机动车风险提示

（1）风险 1：酒后驾驶。

安全提示：

①饮酒后禁止驾驶机动车，即便是低酒精含量的鸡尾酒饮品；

②摩托车属于机动车，饮酒后也不能驾驶；

③积极参与反酒驾劝导宣传活动，共同倡导“生命无价，酒后禁驾”理念。

（2）风险 2：无证驾驶。

安全提示：

①无证驾驶属于严重违法行为，即使完成了科目三考试，只要没拿到驾驶证，就不能驾驶机动车出行。驾驶摩托车也是同样的道理；

②上路练车要在规定场地、使用规定车辆并在教练员的陪同下进行。

6.6 防范道路交通事故

1. 大学生道路交通事故的主要表现形式

（1）校园内易发生的交通事故。校园内发生交通事故的主要原因是思想麻痹和安全意识淡薄。

许多大学生刚刚离开父母，缺乏社会生活经验，交通安全意识比较淡薄，有的同学在思想上还存在校园内骑车和行走肯定比公路上安全的错误认识，发生交通事故就在所难免。校园内发生交通事故的主要形式有以下几种。

①注意力不集中。这是最主要的形式，表现为行人在走路时边走路、边看书或边听音乐，或者左顾右盼、心不在焉。

②在路上进行球类活动。大学生精力旺盛、活泼好动，在路上行走也时常蹦蹦跳跳、嬉戏打闹，甚至还在路上进行球类活动，更增加了发生事故的危险。

③骑“飞车”。一般高校校园面积都比较大，宿舍与教室、图书馆等之间的距离比较远，所以许多大学生购买了自行车，课间或下课时骑自行车在人海中穿行是大学的一道风景线。但部分学生骑车技术实在“高超”，居然能与汽车比快慢，殊不知就此埋下了祸根。

（2）校园外常见的交通事故。

①行走时发生交通事故。大学生余暇时购物、旅游、访友要到市区活动，这些地方车流量大，行人多，各种交通标志眼花缭乱，与校园相比交通状况更加复杂，若缺乏通行经验，发生交通事故的概率就很高。

②乘坐交通工具时发生交通事故。大学生离校、返校、外出旅游、参加社会实践、找工作等都要乘坐各种长途或短途交通工具。全国各地高校大学生因乘坐交通工具发生交通事故的情况时有发生，有时甚至造成群体性伤亡，教训十分惨重。

2. 预防道路交通事故

自觉遵守交通规则，各行其道。牢固树立安全第一思想，切不能抱有丝毫侥幸心理。

（1）外出须在人行道内行走，没有人行道的靠路边行走，不要三四个人并排走。

（2）穿越马路要走人行横道、天桥和地下通道，集中注意力，看清来往车辆，不要边走边接打手机或随意招呼出租车。

（3）不坐超载或无证经营的车辆，不催司机开快车。

（4）不携带易燃、易爆等危险物品乘坐公共汽车、出租车和长途汽车。

（5）骑自行车不要载人，超车时注意前后车辆，不要互相追逐或曲折竞驶。

3. 发生道路交通事故时当事人该如何处理

道路交通事故，是指车辆驾驶人员、行人、乘车人以及其他在道路上进行与交通有关活动的人员，因违反《中华人民共和国道路交通安全法》和其他道路交通管理法规、规章的行为，过失造成人身伤亡或者财产损失的事故。道路交通事故的处理程序如下。

（1）立即停车。车辆发生道路交通事故后必须立即停车。停车以后按规定拉紧手制动，切断电源，开启危险信号灯，如在夜间发生事故还需开示宽灯、尾灯。在高速公路发生事故时还须在车后按规定设置危险警告标志。

（2）及时报案。当事人在事故发生后应及时将事故发生的时间、地点、肇事车辆及伤亡情况，打电话或委托过往车辆、行人向附近的公安机关或执勤交警报案，在警察来到之前不能离开事故现场，不允许隐匿不报。在报警的同时也可向附近的医疗单位、急救中心呼救、求援。如果现场发生火灾，还应向消防部门报告。道路交通事故报警电话号码为110或122。当事人应得到接警机关明确答复才可挂机，并立即回到现场等候救援及接受调查处理等。

（3）抢救伤者。当事人确认受伤者的伤情后，能采取紧急抢救措施的，应尽最大努力抢救，包括采取止血、包扎、固定、搬运和心肺复苏等措施，并设法送往就近的医院抢救治疗，对于现场散落的物品应妥善保护，注意防盗防抢。

（4）保护现场。保护现场的原始状态，不随意挪动位置，包括其中的车辆、人员、牲畜和遗留的痕迹、散落物。当事人在交通警察到来之前可以用绳索等设置保护警戒线，防止无关人员、车辆等进入，避免现场遭受人为或自然条件的破坏。为抢救伤者，必须移动现场肇事车辆、伤者的，应在其原始位置做好标记，不得故意破坏、伪造现场。

（5）做好防火防爆措施。事故当事人还应做好防火防爆措施。首先应关掉车辆的引擎，消除其他可以引起火灾的隐患。不要在事故现场吸烟，以防引燃易燃易爆物品。载有危险物品的车辆发生事故时，要及时将危险物品的化学特性，如是否有毒、是否易燃易爆、腐蚀性及装载量、泄漏量等情况通知警方及消防人员，以便采取防范措施。

（6）协助现场调查取证。在交通警察勘查现场和调查取证时，当事人必须如实向交警部门陈述交通事故发生的经过，不得隐瞒交通事故的真实情况。

4．发生道路交通事故时现场急救的注意事项有哪些

发生道路交通事故抢救伤员时，不要盲目操作，应有要领并顾及轻重缓急，否则可能会加重伤情，甚至危及伤员的生命安全。

（1）初步检查、判断伤员的伤情。首先要检查伤员的脉搏、心跳。心跳是生命的基本体征，正常人的脉搏为每分钟 65～100 次，严重创伤、大出血的病人，心跳多为快而弱，每分钟跳 120 次以上时，多为早期休克。但发生车祸后，若伤员脉搏细而快、面色苍白、皮肤湿冷、烦躁口渴、呼吸浅而快，甚至出现呼吸困难，则是出血性休克和肺胸膜损伤的表现。若脉搏慢而洪大，呼吸慢而深，则是脑损伤的表现。这些都是危险信号，应火速送往就近的医院治疗。

其次是检查呼吸。呼吸也是生命的基本体征。正常人每分钟呼吸 16～20 次，垂危伤者的呼吸多变快、变浅、不规则。当伤者临死前，呼吸变缓慢、不规则直至停止呼吸。在观察危重伤者的呼吸时，由于呼吸微弱，难以看到胸部明显的起伏，可以用 1 小片棉花或小薄纸条、小草等放在其鼻孔旁，看这些物体是否随呼吸来回飘动，来判定还有无呼吸。

检查伤员神志、意识。正常人的意识是清醒的，反应是灵敏的，对地点、时间的判断是准确的。但当车祸发生后，因受伤的程度不同，意识也会呈现不同的状态。如果伤后只是一时不省人事，时间不超过 10～20 分钟，那么表示伤势不太严重。如果伤后一直昏迷或呈现昏迷、清醒、再昏迷的状态，而且还伴有剧烈持续的头痛和频繁的呕吐，瞳孔散大或者大小不等，那说明脑损伤比较严重。

（2）现场施救的先后顺序。如果伤员大出血，应先止血，解除呼吸道阻塞，以防休克，紧急时可用干净手帕、衬衣将伤口压住再行包扎；如果伤员的呼吸和心跳停止，应该立即进行人工呼吸和心脏按压；对于意识丧失者，宜用手帕、手指清除他们口中、鼻中的泥土、呕吐物，随后将伤员放置在侧卧位或俯卧位，以防窒息；对于四肢骨折者，可以就地取材，用木棍、木板、布条等将骨折肢体加以固定。

（3）防止“二次损伤”。在现场抢救时，通常要将伤员从车上或车下搬运出来，这时要特别注意现场伤情处置，防止造成“二次损伤”，要预防颈椎错位、脊髓损伤等。当抢救者从车厢内搬出重伤员时，可以用硬纸板、厚帆布之类的东西，剪成适合颈部的两片，放在伤员颈部前后，再用布条包扎，以防颈部活动引起颈椎错位，损伤脊髓，从而引起高位截瘫。此外，在搬动伤员到担架上时，要托住腰部，搬动者用力要整齐一致，以防因腰部损伤影响到脊髓。

（4）有危难请拨 110 报警电话。110 报警电话不仅受理与治安有关的报警，火警、交通事故、急救、民间纠纷等，都可以拨打 110 报警电话请求帮助。110 报警电话全天 24 小时开通，而且是免费的，无论是公用电话，还是住宅电话、手提电话都可以直接拨打 110 报警电话，方便快捷，能及时排忧解难。

【模拟演练】

1. 交通信号灯的判断

在繁忙的十字路口，四面都悬挂着红、黄、绿三色交通信号灯，它是不出声的“交通警”。红灯是停止信号，绿灯是通行信号。交叉路口，几个方向来的车都汇集在这儿，有的要直行，有的要拐弯，到底让谁先走，这就是要听从红绿灯指挥。

（1）绿灯亮时，准许车辆、行人通行。

（2）红灯亮时，不准车辆、行人通行。

（3）黄灯亮时，不准车辆、行人通行，但已超过停止线的车辆和已经进入人行横道的行人，可以继续通行。

（4）黄灯闪烁时，车辆、行人须在确保安全的原则下通行。

2. 交通标线的正确判断

道路上，用油漆画的各种各样颜色的线条是“交通标线”。道路中间长长的黄色或白色直线叫“车道中心线”，用来分隔来往车辆，使它们互不干扰。中心线两侧的白色虚线叫“车道分界线”，它规定机动车在机动车道上行驶，非机动车在非机动车道上行驶。

在路口四周有一根白线是“停止线”，红灯亮时，各种车辆应该停在这条线内。道路上用像斑马纹那样的白色平等线组成的长廊就是“人行横道线”。行人在这里过道路比较安全。

3. 交通安全防范

（1）增强交通安全意识，自觉遵守校园交通管理规定。

（2）在校园内行走，应注意观察、避让车辆。

（3）平时出行注意了解和掌握交通标识，严格遵守交通规则。

（4）不准在校园内练习或试驾机动车。

（5）所有车辆进入校园应服从管理，按规定路线行驶，并停放在指定地点。

（6）自行车出入校门须自觉下车推行。严禁购买赃车和证照不全的自行车。

4. 行人上街和横过道路

（1）行人上街要走人行道，不要走车行道。

（2）横过道路要走人行横道，不要斜穿或猛跑。

行人横过道路时，应站立在路边，看清来往车辆后，选择离自己最近的人行横道通过。通过时，须先看左右方向是否有来车，确认来车距离远、无危险后才能通过。

行人横过道路时，不要突然改变行走路线，突然猛跑，突然往后退，以防来车驾驶员措手不及，发生危险。

横过同方向有两条以上机动车道的道路时，要十分注意驶近或停下的车辆旁边是否还有车辆驶来，没有看清时不要冒险行走。

横过未设人行横道线的乡镇街道或公路时，要看清左右有无来车，千万不要奔跑，不要同来车抢道。

（3）行人横过有信号灯的人行横道时，必须遵守信号灯的规定：绿灯亮时，准许行人通过；绿灯闪烁时，不准行人进入人行横道，但已进入人行横道的，可以继续通行；红灯亮时，不准进入人行横道。

还须注意：即使信号灯已经变成绿色，也应看清左右的车辆是否停稳，然后再穿越道路。

（4）设有人行过街天桥或地道的地方，行人过街要走人行天桥或地道，不要横穿道路。

5. 乘车安全常识

（1）乘车时要先下后上，候车要排队，按秩序上车，不强行上下车，不要乱拥乱挤以免踩伤。
（2）车停稳时才能上下车，不能抢车、扒车。
（3）下车后要等车辆开走后再行走，如要穿越道路，一定要确保安全的情况下穿行。
（4）乘车时不可将头或手伸出窗外，以免受到伤害。
（5）不乘坐超载车辆，不乘坐无载客许可证、运行证的车辆。
（6）不准携带易燃、易爆等危险品乘坐公共汽车、出租车、长途汽车、地铁、火车等交通工具。
（7）不要在道路中间招呼车辆。

6. 骑车安全须知

（1）出行前要先检查一下车辆的铃、闸、锁是否齐全有效。
（2）在道路上要在非机动车道内行驶，未划分车道要靠右行驶。
（3）通过路口时要严守信号，停车不要越过停车线。
（4）不要逆行骑车。
（5）不扶肩并行，不双手离把骑车。不攀扶其他车辆，不互相追逐等。
（6）车闸失效时，须下车推行。
（7）骑车转弯时要伸手示意，不要强行猛拐。
（8）不要醉酒骑车。
（9）不要骑车带人。

7. 发生交通事故怎么办

（1）保持理智镇定，确认自己的伤情。
（2）呼叫周围的同学、群众帮忙。
（3）迅速拨打 122 交通事故报警电话，受伤了拨打 120 急救中心电话，也可以拨打 110 报警电话求救。
（4）尽量进行自救和救护，包括采取止血、包扎、固定、搬运和心肺复苏等措施。
（5）在警察到来之前，保护好现场，不要移动现场物品。
（6）如果肇事车辆逃逸，记清车牌、颜色、车型等特征，报告给警察。
（7）尽快联系同学，报告给院系领导和学校保卫部门。

8. 交通事故逃生常识

（1）发生交通事故，自己被困在所乘车辆时，可击碎车窗玻璃逃生。
（2）从所乘车辆中逃出后，要远离事故发生地点，防止因车辆着火、爆炸而造成伤害。
（3）逃生后要迅速报警或拦截车辆救助其他未逃生人员。
（4）所乘车辆着火时，应先防止吸入烟气窒息，再设法逃生。

9. 交通事故的急救措施

交通事故一旦发生，常有人受伤或急需抢救，能在现场进行及时正确的救护，对于减少事故受害者的伤残或死亡至关重要。

交通事故的急救措施如下。

（1）心肺复苏。当发生突发的呼吸、心跳停止的时候，要及时对伤员进行心肺复苏抢救，以挽救伤员的生命，如能在4分钟内开始，成活率最高。

现场心肺复苏的方法为：

①要保持呼吸道畅通，打开伤员的嘴巴，清理口腔内的异物，使口腔气道通畅。

②维持呼吸。检验伤员是否还有呼吸，若伤员已没有呼吸，可立即采取口对口的呼吸方法，每3～4秒吹气一次。

③恢复血液循环。对心脏骤停的伤员，要立即采取心脏复苏术，抢救者应掌握胸外心脏按压的正确姿势及按压动作，有节奏地按压心脏。

（2）控制严重出血。对于体重50千克的人，其血液量为4000毫升，当失血量达1500毫升以上时，会引起大脑供血不足，伤员出现模糊、口渴、头晕甚至昏迷现象。

外出血的止血方法有：

①直接加压法。用手掌或手指直接按在伤口上，并保持压力15分钟以上。

②高举法。举起伤员出血的肢体，高于心脏部位，以减缓出血部位的血液流动。有条件的，可在伤口敷一块清毒纱布或垫干净的衣物包扎。

③压迫止血法。当四肢有严重出血时，可压迫肢体的重要动脉。

（3）搬运伤员。当意外伤害发生时，宜在对重伤员就地检查伤势和初步处理后再搬运。搬运方法根据伤员的伤势情况、伤员的体质、搬运的远近及道路情况而定，主要搬运方法有单人背负法、抱持法、扶持法和四人双手椅托法。

【自主练习】

1. 单选题

（1）骑车需转弯时应当（　　）。

A．无须示意　　B．点头示意　　C．伸手示意　　D．语言提醒

（2）行人通过路口或者横过道路时，应当（　　）。

A．确保安全后慢悠悠地走过去　　B．走人行横道或过街设施

C．从相对路口径直走向对面　　D．走到路中间遇到车辆又退回来

（3）行人遇到道路隔离设施时，应当（　　）。

A．等没有车辆通过时跨越　　B．只有夜晚才能跨越

C．从设有人行横道的路段通过　　D．直接跨越

（4）交通事故报警电话是（　　）。

A．120　　B．122　　C．110　　D．119

（5）下列有关安全乘坐机动车辆的说法中正确的是（　　）。

A．出行时，无论长途或短途，首要选择安全性能有保障的车辆

B．下车后，不要突然从车前、车后走出，或猛跑穿越马路

C．不要在机动车道上招呼出租车

D．以上都是

（6）下列行为中，容易引发交通事故的有（　　）。

A．走路或骑车时，戴耳机听英语或音乐　　B．在道路上滑滑板、溜旱冰

C．与机动车辆抢道　　D．以上都是

（7）下列关于交通通行规定的说法中正确的是（　　）。

A．机动车、非机动车实行右侧通行

B．道路划分为机动车道、非机动车道和人行道

C. 在专用车道内，只准许规定的车辆通行，其他车辆不得进入

D. 以上都是

2. 多选题

（1）在没有交通信号灯的路口横过马路时，应当（　　）。

A. 听从交通警察指挥　　B. 确认安全后通行

C. 横冲直撞　　D. 加速跑过道路

（2）乘车时应该杜绝（　　）。

A. 将头、手等部位伸出窗外　　B. 向窗外投掷杂物

C. 妨碍驾驶者正常驾驶　　D. 携带危险品上车

（3）不能使用（　　）作为往返学校和家的代步工具。

A. 自行车　　B. 旱冰鞋　　C. 滑板　　D. 飞轮鞋

（4）发生交通事故后，下列情形中，可以自行协商处理的是（　　）。

A. 未造成人员伤亡的财产损失事故　　B. 责任划分明确、人员轻伤的轻微事故

C. 驾驶人有饮酒嫌疑的财产损失事故　　D. 机动车无号牌的财产损失事故

（5）在车辆没有停稳之前（　　）。

A. 可以开车门　　B. 可以上下人

C. 不准开车门　　D. 不准上下人

（6）车辆发生碰撞时，下列关于安全带作用的说法中错误的是（　　）。

A. 保护颈部不受伤害　　B. 减轻驾乘人员受伤程度

C. 减轻驾驶人疲劳　　D. 保持正确驾驶姿势

（7）交通信号灯由（　　）组成。

A. 红灯　　B. 绿灯　　C. 黄灯　　D. 蓝灯

（8）行人不得有下列哪些行为？（　　）

A. 跨越、倚坐道路隔离设施　　B. 扒车、强行拦车

C. 实施妨碍道路交通安全的其他行为　　D. 在人行道左侧行走

3. 判断题

（1）红灯表示禁止通行，绿灯表示允许通行。（　　）

（2）遇到交通警察现场指挥时，应当按其指挥通行。（　　）

（3）在城区坐摩托车时，驾驶人应戴安全头盔，乘客可以不戴安全头盔。（　　）

（4）现场没有交通警察时，可以靠坐在道路上的隔离设施上休息。（　　）

（5）行人应当在人行道内行走，没有人行道则靠路边行走。（　　）

（6）机动车在高速路上行驶时，乘客不准向外投掷杂物，但是可以站立。（　　）

（7）骑自行车转弯时要加速行驶，尽快通过转弯路口。（　　）

（8）禁令标志通常为圆形的蓝底白色图案。（　　）

（9）交通安全意识淡薄是造成大学生交通安全事故的主要原因之一。（　　）

（10）为保护人身和车辆安全，发生交通事故后，应立即离开现场。（　　）

（11）驾驶车辆通过人行横道线时，应注意礼让行人。（　　）

（12）行人通过有交通信号灯的人行横道，应当按照交通信号灯指示通行。（　　）

（13）行人在绿灯期间不能完全通过道路时，为了安全，可中途折返。（　　）

（14）行人不得跨越、倚坐道路隔离设施。（　　）

（15）行人不得在道路上使用滑板、旱冰鞋等滑行工具。（　　）

（16）随便拨打 110、122、119 报警电话是违法行为。（　　）

（17）骑自行车转弯时应当伸手示意。（　　）

（18）林同学想乘坐出租车时，站在人行道上拦乘。（　　）

（19）乘坐出租车可以从出租车的左侧上下车。（　　）

主题 7　确保消防安全

火灾是威胁人类安全的重要灾害，也是大学校园里威胁广大师生生命财产安全的重要因素；校园火灾的发生，不但给许多家庭带来不幸，使大量的社会财富化为灰烬，而且还会严重影响学校教学、科研的正常运行。因此，做好校园消防工作，为更好地保护国有财产和广大师生的生命财产安全，预防和减少火灾事故，特别是遏制恶性火灾事故的发生，具有十分重要的意义。为了在校园内普及消防安全知识，提高学生的安全意识与自我保护意识，高校师生应进一步重视校园消防安全，共同营造一个平安和谐的校园环境。

学生宿舍是高密度人群居住的地方，防火安全显得尤为重要。作为宿舍的主体——学生，要重视安全防火的重要性，提高思想认识，防范胜于救灾，责任重于泰山。全体学生要坚持学习消防安全常识，增强抵御火灾的能力，学会必要的自救和互救知识，面对险情要从容镇静，选择正确的自救和逃生方法，确保人身安全。

【自我测试】

表 7-1 所示的“消防安全意识测试”用于测试同学们的消防安全意识，共 15 道测试题，请同学们仔细阅读表中各项测试内容，然后实事求是地作答。若你的回答为“是”，则在表中的“测试结果”列填入数字“1”；若你的回答为“否”，则在表中的“测试结果”列填入数字“0”。

表 7-1　消防安全意识测试

测 试 内 容	测 试 结 果
（1）你对火灾的分类和等级有一定的了解	
（2）你知道火灾发展过程的 4 个阶段及其特点	
（3）你不会在宿舍内焚烧垃圾	
（4）你不会在宿舍内使用违反学校安全管理规定的电器	
（5）你对生活中常见的易燃易爆物有足够的了解	
（6）你能够识别所有的消防安全标志	
（7）你不会购买或使用劣质电器产品	
（8）你能够正确、熟练地使用常见的手提式灭火器	
（9）你能够正确、熟练地使用室内消火栓	
（10）你学习并熟悉了扑灭火灾的原理和基本方法	
（11）你学习并掌握了在火灾中逃生自救的基本知识	
（12）你会对他人不安全的用火、用电行为进行劝阻和制止	
（13）发现有人触电，你会先去快速切断电源	
（14）灭火时，你会熟练地将灭火器对准火焰的根部喷射	
（15）使用验电笔辨别相（火）线时，你会将验电笔的前端金属体与相（火）线相连，并且手要接触笔尾金属体	
小计	

在表 7-1 中的“小计”行汇总“测试结果”得分，得分越高说明你的消防安全意识越强。“防为上、救次之、戒为下”，消防安全主要有预防与扑救逃生两方面的内容。目前，大学校园火灾的发生大多是由人为的不安全行为导致。因此，遵守学校安全管理规定，提高消防安全意识，并掌握一定的消防安全知识，是大学生预防火灾，以保障自己和他人人身财产安全的有效手段。如果

测试结果中有一些为“否”，你就要认真思考，积极地往好的方向改变。

【案例探析】

【案例 7-1】“5 · 15”天津中医药大学火灾事故

【案例描述】

（1）事故经过。

2017 年 5 月 15 日晚 8 时 30 分许，天津中医药大学租借的天津大学卫津路校区学生宿舍 35 斋失火。

（2）事故处置。

2017 年 5 月 15 日晚间 11 时许，消防部门接到报警时，起火位置位于宿舍楼的四层，当时现场仍然有浓烟冒出，房顶仍有零星的明火冒出，周围聚集多人围观，不断地有消防员进入现场进行扑救。

截至 2017 年 5 月 15 日晚 23 时许，卫津路校区学生宿舍 35 斋明火已扑灭。

（3）事故原因。

据现场保安介绍，晚上 8 点多巡逻的时候，火已经起来了，保安值班人员已经将现场封锁，开始组织学生疏散，具体起火的原因怀疑是用电问题。现场学生也反映，因 35 斋宿舍是木质结构，火灾事故有可能是学生使用电器引发。

【案例启示】

学生宿舍是一个集体场所，是一个人口密度极大的聚居地，任何一场火灾都可能造成重大后果，带来无可挽回的财产损失和人身伤害。火灾大多是因为个别学生违章用火、违规使用电器，从而给其他住宿学生造成了重大影响。为了宿舍同学的生命财产安全，宿舍内严禁使用劣质电器、非安全电器器具、无 3C 认证产品及其他危害公共安全、不适宜在集体宿舍内使用的大功率电器设备。

【案例 7-2】吸烟提神，意外制造飞来横祸

【案例描述】

某一大学三年级学生易同学考试前在宿舍里面“临时抱佛脚”，觉得困了便抽烟提神。烟头未熄灭，该学生便随手将其丢至楼下，烟头恰好落在了宿舍楼旁边晾衣架上的一床被子上，使被子被点燃但处于阴燃状态，未产生明火。不久后，住在宿舍一楼的粟同学闻到了一股刺鼻的烟味，立即出门查看，见晾衣架上升起团团黑烟，且黑烟越来越多，该同学立刻从晾衣架上扯下被点燃的被子，并用水将火浇灭。他摊开被子后，发现里面裹着一个烧焦了的烟头。

【案例启示】

一般而言，烟头引起的火灾事故要经历一段时间的无火焰阴燃过程。当温度达到物质的燃点时，即可燃烧，最后蔓延成灾。吸烟有害身体健康，因此提倡大学生不吸烟，即使吸烟，也要养成文明吸烟的习惯，在吸烟区吸烟，吸完烟后记得掐灭烟头，不乱扔烟头，不在公共场所吸烟，特别是不在严禁用火的地方吸烟，以免影响他人，甚至造成意外事故。

【学习领会】

7.1 防火与自救常识

1. 为什么要对大学生进行安全教育

首先，对大学生进行安全教育，是安全工作的需要，是提高高校火灾预防能力的一项群众性

基础工作。

其二，开展大学生安全教育是保护在校大学生人身财产安全和合法权益的需要。在发生火灾时，在校大学生由于生理、心理等客观因素，更容易受到危害。

其三，在校大学生在学校安全工作中具有重要地位和独特作用。学校发生的火灾，60%～70%在人员活动较为集中的场所。大学生是学校的主人，预防学校火灾，大学生起着十分重要的作用。如果大学生消防安全意识淡薄，消防常识缺乏，扑救初起火灾和逃生自救互救能力低下，一旦发生火情，势必酿成火灾，造成严重后果。

因此，要对大学生进行消防安全教育，提高他们的消防安全意识。

2. 如何有效开展消防安全教育

消防安全是校园安全工作的重要组成部分，是一项集公众性、社会性、法治性于一体的系统工程，在高校建设和发展中具有非常重要的地位。如何有效开展消防安全教育，是国家、社会、学校以及校园各主体应明确的基础问题。

一是高度重视，加强组织领导；

二是明确消防安全教育主体，丰富消防安全教育内容；

三是强化消防安全演练，提升学校师生抗灾自救能力；

四是强化学校消防安全教育管理制度建设，为消防安全教育的有效开展提供机制保障。

3. 校园常见的火灾类型

校园火灾从发生的原因上可分为以下类型：

（1）生活火灾。生活用火一般是指人们的炊事用火、取暖用火、吸烟、燃放烟花爆竹等，由生活用火造成的火灾称为生活火灾。有燃气、燃煤、燃油、烧柴、用电等多种形式。大学生生活用火造成火灾的现象屡见不鲜，原因也多种多样，主要有：在宿舍内违章乱设燃气、燃油、电器火源；乱拉电源线路，电线穿梭于可燃物中间；违反规定存放易燃易爆物品；使用大功率照明设备，用纸张、可燃布料做灯罩；乱扔烟头，躺在床上吸烟；在室内燃放烟花爆竹；玩火等。另外，学生在宿舍或实验室违章使用燃气灶具，因管理不善引起火灾事故也时有发生。

（2）电气火灾。目前大学生拥有大量的电器设备，大到电视机、计算机、洗衣机，小到台灯、充电器、电吹风，还有违章购置的电热炉等电热器具。由于学生宿舍所设电源插座较少，大学生违章乱拉电源线路现象严重，不合规范程序的安装操作致使电源短路、断路、接点接触电阻过大、负荷增大等引起电气火灾的隐患因素过多。个别大学生购置的电器设备如果是不合格产品，也是致灾因素。尤其是电热器的大量使用，引发火灾的危险性最大。

（3）自然现象火灾。自然现象火灾不常见，这类火灾基本有两种：一种是雷电，另一种是物质的自燃。雷电是常见的自然现象，它是大气层运动产生高压静电再行放电，放电电压有时达到几万伏，释放能量巨大。当作用于地球表面时，具有相当大的破坏性。它产生的电弧可成为引起火灾的直接火源，摧毁建筑物或窜入其他设备并引起多种形式的火灾。预防雷电火灾就必须合理安装避雷设施。自燃是物质自行燃烧的现象。如白磷、锌粉、铝粉等物质在自然环境下就可燃烧；钾、钠等碱金属遇水即剧烈燃烧；不干的柴草、煤泥、沾油的化纤、棉纱等大量堆积，经生物作用或氧化作用积聚大量热量，使物质达到自燃点而自行燃烧发生火灾。自燃物品一定要以科学的态度和手段加强日常管理。

（4）人为纵火。纵火都带有目的，一般多发生在晚间夜深人静之时，有较大的危害性。有旨在毁灭证据、逃避罪责或破坏经济建设等多种形式的刑事犯罪分子纵火，还有旨在烧毁他人财产或危害他人生命的私仇纵火等。

4. 室内火灾的特点

不论是民用建筑，还是工厂、企业、事业单位的室内火灾，一般都具有以下特点。

（1）火灾发生的突发性。一般情况下火灾隐患都有较长时间的潜伏性，往往是小患不除，酿成大灾。火灾的发生大多是随机和难以预料的，造成的危害给人的刺激是突然式的、多方面的，一旦反应迟缓或判断失误，生命财产就会遭受重大损失。火灾的突发性是火灾中引起惊慌的重要原因。

（2）火情发展的多变性。火灾的多变性特点包含两个方面：一是指火灾之间的千差万别，引起火灾的原因多种多样，每次火灾的形成和发展过程都各不相同；二是指火灾在发展过程中瞬息万变，不易掌握。火灾的蔓延发展受到各种外界条件的影响和制约，与可燃物的种类、数量、起火区域的布局、通风状况、初期火灾的处置措施等有关。火灾的多变性，既有人们扑救的因素，也有火场可燃物的因素，同时与天气条件有着密切的联系。

（3）火情处理的瞬时性。“时间就是生命”。在火灾中，无论是灭火、救人还是自救逃生，都必须争分夺秒，准确把握稍纵即逝的灭火战机，选择逃生时机，尽最大努力，争取把火灾扑灭于初期阶段。当被大火围困时，要沉着冷静，尽快地判明情况，采取安全有效的逃生方法，撤至安全地区。无数事实证明，失去了灭火战机会造成不堪设想的严重后果；不掌握逃生知识，错过了逃生时机，就可能葬身火海。

5. 公共场所防火常识

高校的公共场所人员往来频繁、密度大，室内装修使用可燃物多，用电量大，高热量照明设备多，空间大等诸多因素，都是严重的火灾隐患，这些地方时有重大火灾发生，极易造成人员伤亡，特别是群死群伤。因此，在公共场所滞留时，应掌握如下防火知识和方法：

（1）清醒认识公共场所的火灾危险性，时刻提防。

（2）严格遵守公共场所的防火规定，摒弃一切不利于防火的行为。

（3）进入公共场所，首先要了解所处场所的情况，熟悉防火通道。

（4）善于及时发现初起火灾，做出准确判断，能及时扑救的要及时扑救，形成蔓延的要立即疏散逃生。

（5）要具有见义智为的精神，及时帮助遭受伤害的人员迅速撤离、脱险。

6. 火灾逃生自救常识

当火灾发生时，情况非常紧急，稍有不慎就会危及生命，所以遇到火灾时，一定要理智地选择最佳的逃生方式，不同的楼层、不同的位置、不同的现场环境、不同的火势，逃生方式都可能不一样，这时一定要沉着冷静，迅速对各种逃生方式进行评估，确定其可行性后再进行逃生自救。

（1）沉着冷静，选对路线。平时要了解火灾逃生的基本方法，留意安全出口及疏散通道的位置，熟悉几条逃生路线。火灾发生时，要准确判断起火方位，然后迅速沿楼梯向着火层以下疏散撤离，千万不要向上撤离。当楼房突然发生火灾时，首先要强令自己保持理智，切不可惊慌失措，以免做出错误决断而选择错误的逃生路线。

（2）贴地疏散，防止中毒。火灾发生时，会迅速消耗空气中的氧气，并散发大量的有毒气体，很容易造成中毒或窒息死亡，其致死比例达 70%以上，因此，当被困于火场时，不要往床底、橱内等地方钻，必须穿过烟雾逃生时，应尽量用浸湿的衣物、湿毛毯、湿被褥披裹身体，用湿毛巾捂住口鼻部位勇敢冲出去，尽量减少有毒气体的吸入，防止烟雾中毒、窒息死亡，同时，身体贴近地面顺墙向远离烟火的安全出口方向疏散，因为接近地面的空气氧气含量较高，且毒气较少，可大幅提高生存概率。如果室内有防毒面罩，逃生时一定要将其戴在头上。

（3）舍弃财物，不要回跑。火灾发生时，不要留恋财物，尽快逃出火场，千万记住，既已逃出决不回跑。

（4）不进电梯，改走楼梯。逃生时切不可乘坐电梯，因为火灾发生时，很容易断电，进入电梯就等于进入了“牢笼”。应选择火情不大、能见度较好的楼梯，以及应急疏散通道等迅速向下撤离。

（5）采取措施，逃生自救。发生火灾时要充分利用房内的门窗、阳台、落水管等逃生自救。当楼梯、通道被烈火、浓烟封闭时，可通过窗户、阳台逃往相邻建筑物或进入没着火的房间，关闭房门和窗户，防止进烟；如条件允许，应将门窗缝隙用湿布条塞严，等待救援。如果身上着火，千万不要奔跑，可就地打滚，或用厚重衣物覆盖压灭火苗。如果烟味很浓，房门已经烫手，说明大火已封门，再不能开门逃生，此时应用毛巾、被子将门缝塞严，泼水降温，呼救待援，千万不要盲目跳楼。

（6）紧急时刻，厕所避险。一旦被困于火场无法逃生，可以选择进入卫生间避险，关闭门窗，堵住缝隙，有条件的向门窗上浇水降温。因为卫生间里没有可燃物，又有水源，实践证明，这种办法是极为有效的，可以获得很大的生存机会。

（7）想方设法，呼叫救援。当被困火场无法逃生时，应靠近窗户，向外挥动色彩鲜艳的衣物，或扔抛沙发垫、枕头等软物或其他小物品，呼叫救援，如在晚上可用手机、手电筒等发光体显示被困人员位置，大声呼叫，发出求救信号，等待救援。

（8）保持冷静，避免踩踏。教学楼、宿舍等人员密集场所发生火灾时，由于人员众多，撤离时很容易造成踩踏事件，因此，要保持镇定，选择正确的出口，有序撤离，减少人员伤亡。在跑离火场时，千万不要在弄不清方向的情况下乱跑，以免踏空或绊倒。

（9）结绳自救，脱离险境。当宿舍发生火灾，暂时无法脱险，救援人员暂没有到达，情况万分危急时，可迅速用绳子或把床单撕成条状连起来，用水浇湿，一端紧拴在门窗和室内稳固物体上，另一端沿窗口下垂直至地面或较低的楼层的窗口、阳台处，顺绳下滑逃生。

（10）如遇明火，逆风快跑。当遇到明火时，应根据火灾发生时的风向来确定疏散方向，迅速逃到火场上风处躲避火焰和烟气。

7．火灾自救时的常见错误

（1）原路逃生。原路脱险是人们最常见的火灾逃生行为模式，因为大多数建筑物内部的防火通道一般不为人们所熟悉，一旦发生火灾，人们总是习惯沿着进来的出入口和楼道进行逃生，当发现此路被封死时，才被迫去寻找其他出入口。殊不知，此时已失去最佳逃生时间。因此，当我们进入一个新的大楼或宾馆时，一定要对周围的环境和出入口进行必要的了解与熟悉。多想万一，以备不测。

（2）向着光亮。在紧急危险情况下，由于人的本能、生理、心理所决定，人们总是向着有光、明亮的方向逃生。光和亮就意味着生存的希望，它能为逃生者指明方向、避免瞎摸乱撞而更易逃生。但这时的火场中，90%的可能是电源已被切断或已造成短路、跳闸等，光亮之地正是火魔肆无忌惮地逞威之处。

（3）盲目追随。当人的生命突然面临危险状态时，极易因惊慌失措而失去正常的判断思维能力，当听到或看到有人在前面跑动时，第一反应就是盲目地紧紧追随其后。常见的盲目追随行为模式是只要前面有人带头，追随者也会毫不犹豫地跟随其后，甚至跳窗、跳楼，逃（躲）进厕所、浴室、门角等，结果造成拥挤，最终乱作一团而于事无补。克服盲目追随的方法是平时要多了解与掌握一定的消防自救与逃生知识，避免事到临头没有主见而随波逐流。

（4）自高向下。当高楼大厦发生火灾，特别是高层建筑一旦失火，人们总是习惯性地认为：火是从下面往上着的，越高越危险，越下越安全，只有尽快逃到一层，跑出室外，才有生的希望。殊不知，这时的下层可能是一片火海，盲目地朝楼下逃生，岂不是自投火海？随着消防装备现代化水平的不断提高，在发生火灾时，有条件的可登上房顶或在房间内采取有效的防烟、防火措施，而后等待救援，也不失为明智之举。

（5）冒险跳楼。人们在开始发现火灾时，会立即做出第一反应，这时的反应大多还是比较理智的分析与判断。但是，当选择的路线逃生失败，发现判断失误而逃生之路又被大火封死，火势愈来愈大，烟雾愈来愈浓时，人们就很容易失去理智而跳楼、跳窗。此时的人们应该明白，如果楼下没有可以避免死亡的较软的物质（物体），而全是坚硬的水泥地面，就应另谋生路，万万不可盲目采取冒险行为，以避免未入火海而摔进地狱。

8. 电吹风的防火安全措施

电吹风在通电使用时，人不能离开，更不能随手放置在台板、桌凳、沙发、床垫等可燃物上。

电吹风使用完后切记要将电源线从电源插座上拔下来。

遇到临时停电或电吹风出现故障时，切记也要拔下插头。

9. 计算机着火怎么办

如果计算机着火，即使关掉机器，切断总电源，机内的元件依然很热，迸发出热焰及有毒气体，荧光屏及显像管也有随时爆炸的可能。因此，面对着火的计算机应做以下处理：

（1）立即关机或切断总电源，然后用湿毛毯或棉被等厚物品将计算机盖住，这样既能防止毒烟蔓延，也能在发生爆炸时挡住荧光屏玻璃碎片，以免伤人。

（2）切记不要向着火的计算机泼水，或使用任何性质的灭火设备灭火，即使是已关机的计算机也是同样处理。因为温度突降，会使炽热的显像管爆裂。此外，计算机内仍有剩余电流，泼水则可引起触电。

（3）切记不要在极短的时间内揭起覆盖物观看，即使想看一下燃烧的情况，也只能从侧面或后面接近计算机，以防显像管爆炸伤人。

10. 使用电源插座怎样注意防火

电源插座中有一种一座多用的三联插座和四联插座，使用方便，颇受同学们青睐。但是使用这种多用插座应注意电源插座所能承受的能力，不能超负荷使用，以保安全。

电源插座上均标明有额定电压与电流，这说明电源插座能够承受的最大电压与电流值。假若在使用多联电源插座时，插了好几种电器，这时就应仔细计算一下所插电器的功率是否超过了多联插座允许的额定功率，假若比插座的额定功率低，使用就安全。相反，所用电器的总功率大于多联插座的额定功率，这样就不安全。因为电流通过金属导体时，金属导体会升温，这叫作电流热效应，通过导体的电流愈大，热效应愈高，发热量也愈大。当多种电器的电流通过多联插座时，电流超过额定值后就会烧毁电线和插座，严重时还会引起火灾。所以使用电源插座时切记不要“小马拉大车”。

7.2 认识常用的消防安全标志

消防安全标志是用于表明消防设施特征的符号，它可以说明建筑配备消防设备设施标志的安装位置，并引导人们在事故时采取合理正确的行动，让我们来一起了解一下常见的消防安全标志吧！

消防安全标志由几何形状、安全色、表示特定消防安全信息的图形符号构成，用以表达与消防有关的安全信息。

消防安全标志在几何形状、安全色及对比色、图形符号色等方面有明确要求，具体如表 7-2 所示。

表 7-2　消防安全标志的几何形状、安全色及对比色、图形符号色的含义

几何形状	安全色	安全色的对比色	图形符号色	含义
正方形	红色	白色	白色	标示消防设施（如火灾报警装置和灭火设备）
正方形	绿色	白色	白色	提示安全状况（如紧急疏散逃生）
带斜杠的圆形	红色	白色	黑色	表示禁止
等边三角形	黄色	黑色	黑色	表示警告

消防安全标志根据其功能可分为以下几类：

（1）火灾报警装置标志。

（2）火灾紧急疏散逃生标志。

（3）灭火设备标志。

（4）禁止和警告标志。

（5）方向辅助标志。

（6）文字辅助标志。

火灾报警装置标志如表 7-3 所示。

表 7-3　火灾报警装置标志

编号	标志	名称	说明
3-01		消防按钮	标示火灾报警按钮和消防设备启动按钮的位置 需指示消防按钮方位时，应与 3-30 标志组合使用
3-02		发声警报器	标示发声警报器的位置
3-03		火警电话	标示火警电话的位置和号码 需指示火警电话方位时，应与 3-30 标志组合使用
3-04		消防电话	标示火灾报警系统中消防电话及插孔的位置 需指示消防电话方位时，应与 3-30 标志组合使用

紧急疏散逃生标志如表 7-4 所示。

表 7-4　紧急疏散逃生标志

编号	标志	名称	说明
3-05		安全出口	提示通往安全场所的疏散出口 根据到达出口的方向，可选用向左或向右的标志。需指示安全出口的方位时，应与 3-29 标志组合使用

续表

编　号	标　志	名　称	说　明
3-06		滑动开门	提示滑动门的位置及方向
3-07		推开	指示门的推开方向
3-08		拉开	指示门的拉开方向
3-09		击碎面板	提示需击碎面板才能取到钥匙、工具，操作应急设备或开启紧急逃生出口
3-10		逃生梯	提示固定安装的逃生梯的位置 需指示逃生梯的方向时，应与3-29标志组合使用

灭火设备标志如表7-5所示。

表7-5　灭火设备标志

编　号	标　志	名　称	说　明
3-11		灭火设备	标示灭火设备集中摆放的位置 需指示灭火设备的方位时，应与3-30标志组合使用
3-12		手提式灭火器	标示手提式灭火器的位置 需指示手提式灭火器的方位时，应与3-30标志组合使用
3-13		推车式灭火器	标示推车式灭火器的位置 需指示推车式灭火器的方位时，应与3-30标志组合使用

续表

编　号	标　志	名　称	说　明
3-14		消防炮	标示消防炮的位置 需指示消防炮的方位时，应与 3-30 标志组合使用
3-15		消防软管卷盘	标示消防软管卷盘、消火栓箱、消防水带的位置 需指示消防软管卷盘、消火栓箱、消防水带的方位时，应与 3-30 标志组合使用
3-16		地下消火栓	标示地下消火栓的位置 需指示地下消火栓的方位时，应与 3-30 标志组合使用
3-17		地上消火栓	标示地上消火栓的位置 需指示地上消火栓的方位时，应与 3-30 标志组合使用
3-18		消防水泵接合器	标示消防水泵接合器的位置 需指示消防水泵接合器的方位时，应与 3-30 标志组合使用

禁止和警告标志如表 7-6 所示。

表 7-6　禁止和警告标志

编　号	消防安全标志	名　称	说　明
3-19		禁止吸烟	表示禁止吸烟
3-20		禁止烟火	表示禁止吸烟或各种形式的明火
3-21		禁止放易燃物	表示禁止存放易燃物
3-22		禁止燃放鞭炮	表示禁止燃放鞭炮或焰火

续表

编　号	消防安全标志	名　称	说　明
3-23		禁止用水灭火	表示禁止用水作灭火剂或用水灭火
3-24		禁止阻塞	表示禁止阻塞的指定区域（如疏散通道）
3-25		禁止锁闭	表示禁止锁闭的指定部位（如疏散通道和安全出口的门）
3-26		当心易燃物	警示来自易燃物质的危险
3-27		当心氧化物	警示来自氧化物的危险
3-28		当心爆炸物	警示来自爆炸物的危险，在爆炸物附近或处置爆炸物时应当心

方向辅助标志如表 7-7 所示。

表 7-7　方向辅助标志

编　号	标　志	名　称	说　明
3-29		疏散方向	指示安全出口的方向 箭头的方向还可为上、下、左上、右上、右、右下等
3-30		火灾报警装置或灭火设备的方位	指示火灾报警装置或灭火设备的方位 箭头的方向还可为上、下、左上、右上、右、右下等

7.3 实验实训场所防火

1. 实验室防火安全

（1）实验室内必须存放一定数量的消防器材，消防器材必须放置在便于取用的明显位置，指定专人管理，全体人员要爱护消防器材，并且按要求定期检查更换。

（2）实验室内存放的一切易燃、易爆物品（如氢气等）必须与火源、电源保持一定距离，不得随意堆放。使用和储存易燃、易爆物品的实验室，严禁烟火。

（3）不得乱接乱拉电线，不得超负荷用电，实验室内不得有裸露的电线头，严禁用金属丝代替保险丝；电源开关箱内不得堆放物品。

（4）电气设备和线路、插头、插座应经常检查，保持完好状态，发现可能引起火花、短路、发热和绝缘破损、老化等情况必须通知电工进行修理。电加热器、电烤箱等设备应做到人走电断。

（5）使用电烙铁，要放在非燃隔热的支架上，周围不应堆放可燃物，用后立即拔下电源插头。

（6）可燃性气体钢瓶与助燃气体钢瓶不得混合放置，各种钢瓶不得靠近热源、明火，要有防晒措施，禁止碰撞与敲击，保持油漆标志完好，专瓶专用。

（7）实验室内未经批准、备案，不得使用大功率用电设备，以免超出用电负荷。

（8）严禁在楼内走廊上堆放物品，保证消防通道畅通。

2. 实验室灭火法

实验中一旦发生了火灾切不可惊慌失措，应保持镇静。首先立即切断室内一切火源和电源。然后根据具体情况正确地进行抢救和灭火。常用的方法有：

（1）在可燃液体燃着时，应立即拿开着火区域内的一切可燃物质，关闭通风器，防止扩大燃烧。若着火面积较小，可用抹布、湿布、铁片或沙土覆盖，隔绝空气使之熄灭。但覆盖时要轻，避免碰坏或打翻盛有易燃溶剂的玻璃器皿，导致更多的溶剂流出而再次着火。

（2）酒精及其他可溶于水的液体着火时，可用水灭火。

（3）汽油、乙醚、甲苯等有机溶剂着火时，应用石棉布或沙土扑灭。绝对不能用水，否则会扩大燃烧面积。

（4）金属钠着火时，可把沙子倒在它的上面。

（5）导线着火时不能用水及二氧化碳灭火器，应切断电源或用四氯化碳灭火器。

（6）衣服烧着时切忌奔走，可用衣服、大衣等包裹身体或躺在地上滚动，以灭火。

（7）发生火灾时应注意保护现场。较大的着火事故应立即报警。

3. 实训场所火灾应急处理预案

（1）发现火情立即采取相应措施处理，防止火势蔓延，并迅速报告。

（2）确定火灾的燃烧源，如易燃液体、易燃物品或自燃物品等。

（3）观察火灾周围环境，判断是否有重大危险源及是否会带来次生灾难。

（4）依据救灾的基本方法采取相应措施。火灾扑救应采用适当的消防器材，具体包括：

①木材、布料、纸张、橡胶以及塑料等的常见固体物质火灾，可采用水冷却法，但珍贵图书资料和纸质档案应使用二氧化碳、卤代烷、干粉灭火剂灭火。

②常见易燃化学药品引起的火灾，使用大剂量泡沫灭火剂、干粉灭火剂将火灾扑灭。

③带电电气设备发生火灾，应切断电源后再灭火，如果不能断电，需要带电灭火时，应使用沙土或干粉灭火器，不能使用泡沫灭火器或水。

④可燃金属，如镁、钠、钾及其合金等引起的火灾，应用特殊的灭火剂（如干沙或干粉灭火器等）来灭火。

（5）依据火灾的事故类别、危害程度划定危险区，对事故现场周边区域进行隔离和疏导。

（6）若被火烧伤，立即在现场进行冷却处理。可用15℃左右的冷却水连续冷却，用消毒液进行消毒，并涂上烫伤药。发生大面积烧伤时，须立即送往医院治疗。

（7）工作人员应迅速报告学校保卫部门，同时组织疏散人员离开现场。根据火势如需报警，则立即就近用电话或手机报告消防中心，报告内容为：告知火灾位置和起火部位、燃烧的物质、火势的大小、所威胁的人员和物资情况，以及报警人姓名、单位、电话号码等。报警后立即派人到单位的门口迎接消防车的到来。

4. 实训室火场逃生自救与逃生常识

（1）应保持镇静、明辨方向、迅速撤离，千万不要相互拥挤、乱冲乱窜，尽量往楼层下面跑。

（2）为了防止火场浓烟呛入，可采用湿毛巾、口罩蒙鼻，匍匐撤离。

（3）禁止通过电梯逃生。如果楼梯已被烧断、通道被堵死，可通过屋顶天台、阳台、落水管等逃生，或在固定的物体上（如窗框、水管等）拴绳子，然后手拉绳子缓缓而下。

（4）如果无法撤离，应退到居室内，关闭通往着火区的门窗，还可向门窗上浇水，延缓火势蔓延，并向窗外伸出衣物或抛出物件，发出求救信号或呼喊，等待救援。

（5）如果身上着了火，千万不可奔跑或拍打，应迅速撕脱衣物，或通过用水、就地打滚、覆盖厚重衣物等方式灭火。

（6）生命第一，不要贪恋财物，切勿轻易重返火场。

（7）平时应将安全出口牢记，对逃生路径做到了如指掌，留心疏散通道、安全出口及楼梯方位等，以便关键时刻能尽快逃离现场。

7.4 大学生宿舍防火

1. 高校大学生宿舍失火原因有哪些

（1）私接乱接电线和保险丝。由于宿舍计算机增多或其他因素，大学生往往私接乱接电线，造成电线缠绕一大团，平时又不十分留神它的危害性，慢慢积聚形成隐患，如因电线短路或因接触不良发热而引起火灾；有的甚至用铜丝或铁丝代替保险丝，使电路过载发生故障时不能及时熔断而造成电线起火。

（2）使用劣质电器或大功率电器。有的大学生购买了价低质劣的电器，有的大学生在宿舍使用大功率电器。殊不知，高校宿舍内的线路是按日常照明情况设计的，如果使用电炉、电饭煲、电热杯、热得快等电器，会使电线过载发热而起火。“热得快”操作不当，便是很多起大学生宿舍火灾的罪魁祸首。不少大学生为了图方便，在宿舍用“热得快”烧水，有的忘记了正在烧水，水烧干后，烧着了外壳或其他易燃物品引发火情……

（3）使用电器操作不当。如电灯泡靠近可燃物，长时间烘烤起火；使用电热器无人监管而烤燃起火；长时间使用电器不检修，电线绝缘老化、漏电短路而起火等。

（4）点蜡烛。个别大学生考试前临时“抱佛脚”，晚上在宿舍点起蜡烛“加夜班”，有的一不小心碰倒蜡烛，或是睡着了而蜡烛未熄，结果蜡烛烧到底，点燃了书籍、床板等可燃物品，引起火灾。

（5）抽烟。一些大学生在抽完烟后不掐灭烟头，随手扔掉。这些烟头要是掉在易燃物品上，很容易引起火情。

（6）焚烧杂物。在宿舍或走廊内焚烧杂物是非常危险的，如果人离开而火未灭，或是火太大无法控制，极易引起火灾。

（7）使用煤油炉、汽油、酒精等易燃易爆物。

2．高校大学生宿舍（公寓）消防安全注意事项

高校大学生宿舍（公寓）是学校的防火重点部位之一，全面做好高校大学生宿舍（公寓）防火工作有极其重要的意义。

（1）公寓楼设置的消防器材不得随便挪作他用。

（2）消防器材放置处，不得堆放其他物品，以保持畅通易取。

（3）严禁使用破损的插头、插座等接线板，不要购买和使用质量低劣的电器产品，一定要选用有国家认证标志的合格电器产品。

（4）防止宿舍中电器长期通电，做到人走灯灭，及时关闭电源。

（5）宿舍内不得自行乱拉电灯和各种电器用具，灯具下方和周围不得有可燃物和易燃品。严禁在电线上搭挂衣物、毛巾等任何物品。

（6）手机充电器放在桌子、地面上，不要放在被褥上，手机在充电时，会产生热量，温度过高或短路时，易引燃可燃物。

（7）不要私接乱拉电源，不要把接电插座放在床上和缠在床头上，防止电量负载过大或短路引燃被褥，防止电线漏电通过铁床导电伤人。

（8）计算机应放在桌子上，不要放在床上，更不要放在衣物等可燃物上，容易影响散热或短路引发火灾。

（9）宿舍内不得存放汽油、酒精等易燃易爆物品，不得焚烧杂物。

（10）严禁使用电饭锅、电热毯、热得快、吹风机等大功率电器。

（11）发现电器、电源开关、插座、线路故障应及时报修。

（12）宿舍内不要堆放各类杂物，不要吸烟，定期进行清扫，保持内外通道通畅。

3．高校大学生宿舍失火怎么办

（1）平时要了解掌握消防安全知识，做到“四会”（会报火警、会扑救初起火灾、会使用灭火器材、会组织疏散逃生）、“四懂”（懂火灾的危险性、懂预防火灾的措施、懂扑救火灾的方法、懂逃生方法）。

（2）火势初起时，立即灭火自救，如受到火势威胁时，要立即撤离火场。

（3）火灾袭来时要迅速逃生，不要贪恋财物。

（4）穿过浓烟逃生时，要尽量使身体贴近地面，低姿快行，要披上浸湿的衣物、被褥或用湿毛巾捂住口鼻。

（5）身上着火，千万不要奔跑，可就地打滚或用厚重衣物压灭火苗。

（6）遇火灾不可乘坐电梯，要向安全出口方向撤离逃生。

（7）室外着火，门已发烫时，千万不要开门，以防大火窜入室内。要用浸湿的被褥、衣物等堵塞门窗，并泼水降温。

（8）若所有逃生线路被大火封锁，要立即退回室内，用打手电筒、挥舞衣物、呼叫等方式向窗外发送求救信号，等待救援。

（9）不要盲目跳楼，可利用疏散楼梯、阳台、排水管等逃生，或把床单、被套撕成条状连成绳索，紧拴在窗框、铁栏杆等固定物上，顺绳滑下，或下到未着火的楼层脱离险境。

4. 高层建筑遭遇失火怎么办

高层建筑是指 10 层或 10 层以上的住宅建筑或高度超过 24 米的民用和公共建筑。由于高层建筑结构复杂、人员密集、可燃物多，发生火灾时，火势猛、蔓延快、烟气扩散迅速、人员疏散困难，易造成大量人员伤亡。

高层建筑遭遇失火时，应根据当时情况，迅速做出决定。

（1）应往上跑还是往下跑？这需要分析不同情况才能得出答案。

①判断火势大小。当火灾初起、火势尚小时，无论起火点及自身在几楼，都应绕开燃烧区域快速向下逃生。因为浓烟向上蔓延速度很快，此时往上跑很有可能吸入大量有毒烟气。

火情严重时，不应鲁莽行动，需要结合具体楼层决定。如果只是楼房某一单元着火，且大火已将向下逃生的楼梯间封堵，可先疏散至楼顶，再从相邻单元楼梯间疏散。

②判断起火楼层与自身的相对位置。若处于起火层以上的楼层，如果不了解火情，不要贸然逃生，原地等待救援；如果所在房间已无法停留，需要紧急转移至其他房间，向上逃生。

若处于起火层，且对火势及消防楼梯位置都清楚了解，则向下逃生；若无法判断火灾情况，则原地等待救援。

若处于起火层以下，则迅速从消防楼梯、防烟楼梯、普通楼梯、观景楼梯等向楼下撤离。

（2）哪些房间适合停留？

①烟雾较轻，且空气充足的房间。

②靠近楼内主要通道，易于转移或被救的房间。

③有窗户且没有防盗网的房间。

④有足够的水，能扑火或降低室内温度的房间。

（3）原地等待救援时应该做什么？

①拨打 119 火警电话，告知被困的具体位置，要设法与外界联系，等待救助。

②移开附近的易燃物品。

③不断用水浇湿门、窗、墙，阻止火势蔓延，延长其被烧穿的时间。

④在窗口大幅度挥舞亮色布条求救。

⑤不要大声呼喊，以防吸入过多有毒的烟气。

高层建筑遭遇失火时，还要牢记以下三点：

①千万不要乘电梯下楼。

②3 楼及以上不要轻易跳楼逃生。超过 3 层以上的楼层，跳楼生还的可能性非常小。

③楼内移动时必须用湿手巾捂住口鼻。

【提示】

根据我国《建筑设计防火规范》规定，凡高度超过 100 米的公共建筑，每隔 10～15 层，都必须设一避难层。避难层设有消防器材，且墙壁采用防火材料，可供逃生人员安全停留。要了解建筑避难层的位置，火灾发生时便可立即前往最近的避难层等候救援。

5. 宿舍或家中起火逃生常用方法

（1）测试门把手的温度。若门把手的温度很高或有浓烟从门缝中往里钻，说明大火或烟雾已封锁房门出口，此时切不可打开房门。应退守房间，关闭房内所有门窗，用毛巾、被子等堵塞门缝，并泼水降温。若门把手的温度正常，门缝没有浓烟进来，说明大火离自己尚有一段距离，此时可开门观察外面通道的情况。

（2）弯腰前行。浓烟从上往下扩散，在近地面 0.9 米左右，浓烟稀薄，呼吸较容易，视野也较清晰。

（3）利用管道逃生。房间外墙壁上有供水管道时，有能力的人，可以利用管道逃生，这种方法一般不适用于妇女、老人和儿童。

（4）利用阳台逃生。相邻单元的阳台相互连通的，可拆破分隔物，进入另一单元逃生。无连通阳台但阳台相距较近时，可将室内床板或门板置于阳台之间，搭桥通过。

（5）利用门窗逃生。将绳索（可用床单、窗帘撕成布条代替）一端系于门、窗、管道或其他牢靠的固定物体上，另一端系于老人、小孩的两肋和腹部，将其沿窗放至地面，其他人可沿绳滑下。

7.5 正确使用消防器材灭火

1. 灭火器保管与使用的注意事项

学校消防安全器材只有在发生火灾等紧急情况时才能使用，不得随意搬动、玩耍。故意破坏消防器材将受到学校校纪的严肃处理，情节严重者将移交公安部门按照《中华人民共和国治安管理处罚条例》处置。

（1）应放置在被保护物品附近，干燥通风和取用方便的地方。

（2）要注意防止受潮和日晒。

（3）灭火器各连接部件不得松动，喷嘴塞盖不能脱落，保证密封性能良好。

（4）灭火器应按规定的时间进行检查。

（5）灭火器使用后必须进行再充装。

2. 火灾的类型

从火源引发来看，火灾可分为室内火灾和野外火灾，也可分为人为火灾和自然火灾。

根据可燃物的类型和燃烧特性，可分为 A、B、C、D、E、F 共六类火灾。

（1）A 类火灾指固体物质引发的火灾，通常具有有机物性质，一般在燃烧时，能产生灼热的余烬，如木材、棉、毛、麻等引发的火灾。

（2）B 类火灾指可熔化的固体或液体引发的火灾，如汽油、原油、沥青、石蜡等引发的火灾。

（3）C 类火灾指气体引发的火灾，如煤气、天然气、甲/乙/丙烷、氢气等引发的火灾。

（4）D 类火灾指金属火灾，如钾、钠、镁、钛、锆、铝等引发的火灾。

（5）E 类火灾指物体带电燃烧的火灾。

（6）F 类火灾指烹饪器具内的烹饪物由于疏忽而引发的火灾，如动植物油脂引发的火灾。

3. 不同类型的火灾怎么选择灭火器具

不同类型的火灾选择不同的灭火器，具体分类如下：

（1）扑救 A 类火灾：可选择水型灭火器、泡沫灭火器、磷酸铵盐干粉灭火器、卤代烷灭火器。

（2）扑救 B 类火灾：可选择泡沫灭火器（化学泡沫灭火器只限于扑灭非极性溶剂）、干粉灭火器、卤代烷 1211 灭火器、二氧化碳灭火器。

（3）扑救 C 类火灾：可选择干粉灭火器、卤代烷灭火器（1211、1301 灭火器）、二氧化碳灭火器等。

（4）扑救 D 类火灾：可选择粉状石墨灭火器、专用干粉灭火器，也可用干沙或铸铁屑末代替。

（5）扑救 E 类火灾：可选择干粉灭火器、卤代烷 1211 和 1301 灭火器、二氧化碳灭火器等。带电火灾包括家用电器、电子元件、电气设备（计算机、复印机、打印机、传真机、发电机、电动机、变压器等）以及电线电缆等燃烧时仍带电的火灾，而顶挂、壁挂的日常照明灯具及起火后可自行切断电源的设备所发生的火灾则不应列入带电火灾范围。

（6）扑救F类火灾：可选择用锅盖扑灭或干粉灭火器。

4. 5种灭火神器

灭火神器1：灭火器

火灾发生的初期，若家中备有灭火器，并能熟练地操作它，就能实现快速有效地灭火。灭火器的安放地点应是干燥通风且随手可拿到的地方，要定期检查，看是否过期或压力不足。

灭火神器2：湿布

如果家中起火，初起火势不大，这时可以用湿毛巾、湿围裙、湿抹布等，直接将火苗盖住，将火“闷死”。

灭火神器3：锅盖

如果家中油锅起火，最简单的方法就是用锅盖直接盖在锅上，用窒息法使其熄灭。

灭火神器4：沙土

在室内初发火灾又没有灭火器，且用水灭火危险性较大的情况下，可用沙土覆盖，隔绝着火物品与空气的接触，断绝氧气。

灭火神器5：逃生绳

逃生无门的情况下，一根绳可以帮助我们从阳台顺利脱险。一般建议3楼或3楼以下的居民在危急时使用，小拇指一般粗的绳子就可以。长度应根据自家的楼房高度情况选择，宁长勿短。逃生虽然匆忙，但一定要绑坚固，且在一些坚硬的地方垫上一些湿的床单、衣物，防止逃生过程中磨断绳索。

5. 火场逃生的自我保护方法——毛巾保护法

面对火灾，人们是否掌握消防知识和自我安全逃生技能至关重要。这里介绍一种较为简便易行的火场逃生的自我保护方法——毛巾保护法。

（1）毛巾可以帮助灭火。当家中液化气瓶口或煤气管道、厨房灶具失控泄漏起火时，可以用湿毛巾盖住起火部位，然后迅速关闭阀门，则气断火灭。当用火不慎造成小面积失火时，可用数块湿毛巾盖住起火部位，这样就可以断绝氧气对火的助燃，从而起到窒息灭火的作用。

（2）毛巾可以帮助自救逃生。假如在火灾发生时，还能夺路逃生的话，可以把湿毛巾叠起来捂住口鼻，这样可以避免热气流对呼吸系统的灼伤。一般说来，毛巾叠8层，除烟率可达到60%。发生火灾时若被困住，要迅速关闭所有能通向火场的出口。然后打开通向外边的门窗，取出毛巾不停地挥动，向过往群众发出呼救信号。

（3）毛巾还可以帮助抢救。当消防人员在火场抢救被困群众时，要用湿毛巾把被救者的脸和头部盖住，以免穿过火区时被救人员烧伤。如被救人员已烧伤，也可以用毛巾将伤部盖住，以免伤口感染。在火灾中抢运被烧的财物时，为避免烫伤，垫上一条湿毛巾就会解决问题。

6. 火灾初期阶段的基本灭火方法

任何一起火灾，都有一个从小到大的发展过程，通常分为三个阶段，即初起阶段、发展阶段和猛烈阶段。火灾的初起阶段，火源面积较小，燃烧强度弱，易于扑救，是灭火的最佳时期。常见的灭火方法有三种。

（1）隔离法。将着火的地方或物体与其周围可燃物隔离或移开。实际运用时，如将靠近火源的可燃、易燃、助燃的物品搬走；把着火的物品移到安全的地方；关闭电源、可燃气体的阀门。

（2）窒息法。阻止空气流入燃烧区，使燃烧物得不到足够的氧气而熄灭。实际运用时，如用石棉毯、湿麻袋、湿毛巾被、黄沙、泡沫等不燃烧或难燃物质覆盖在燃烧物上。

（3）冷却法。将灭火剂直接喷射到燃烧物上，以降低燃烧物的温度。

7. 灭火器的使用常识

大学生发现的火灾一般均在初起阶段，只要发现及时，并立即用灭火器材灭火，均能将火扑灭。因此不要惊慌失措，要勇敢地以最快速、最有效的办法加以扑灭。

常见的灭火器材有泡沫灭火器、二氧化碳灭火器、干粉灭火器、1211 和 1301 等灭火器，各种灭火器有各自不同的特点和使用方法。

（1）泡沫灭火器。适于扑灭一般及油类火灾，但不能用于扑救带电设备的火灾。使用时，将其倒过来稍加摇动，药剂即可喷出。

（2）二氧化碳灭火器。适于扑灭一般及电气设备火灾，但不能扑救金、钾、钠、镁、铝等金属物质的火灾。这种灭火器的开关有两种形式，一种是旋转式的，像拧开水龙头开关一样；另一种是压握式的，使用时要先拔掉插销，用一只手拿好喷射气体的喇叭筒，另一只手压握手把（像自行车刹闸一样）。

（3）干粉灭火器。适于扑救一般及油类、有机溶剂和电气火灾。使用这种灭火器时，要先拔保险插销，然后压握手把即可，有喇叭状喷射筒的要将喷射筒对准燃烧物。

（4）1211 和 1301 灭火器。1211 和 1301 灭火器是高效灭火器，适用于扑灭一般的液体、气体、电气设备、精密仪器、计算机房火灾。它具有绝缘性好、对金属蚀性小、久存不变质且灭火后不留痕迹等优点。使用方法与干粉灭火器的使用方法相同。在使用上述灭火器时，均应注意在确保自身安全的前提下尽可能靠近燃烧点，对准火焰的根部扫射推进，这样才能取得好的灭火效果；同时在灭火时，要尽量使自己处在上风位。

8. 哪些火灾不能用水扑救

在普通人的意识里，只要是着火就应该用水灭火。这种想法是错误的，甚至是危险的。现总结不能用水扑灭的火灾如下。

（1）电气火灾。发生火灾时，首先要切断电源，在无法断电的情况下千万不能用水或泡沫扑救，因为水和泡沫都能导电。应用二氧化碳灭火器、干粉灭火器或者干沙土进行扑救，而且要与电气设备和电线保持 2 米以上的距离。

（2）油锅火灾。油锅起火时，千万不能用水浇。因为水遇到热油会“炸锅”，使油火到处飞溅。扑救方法是，迅速将切好的冷菜沿边倒入锅内，火就自动熄灭了。另一种方法是将锅盖或能遮住油锅的大块湿布遮盖到起火的油锅上，使燃烧的油火接触不到空气缺氧窒息。

（3）汽油火灾。汽油的密度比水小，如果汽油着火时用水扑救，密度大的水往下沉，轻质的汽油往上浮，浮在水面上的汽油仍会继续燃烧，并且汽油会随着水到处蔓延，扩大燃烧面积，危及其他货物和周围建筑物的安全。

遇到汽油着火，应立即用泡沫、二氧化碳灭火器或干粉灭火器等灭火工具灭火，严禁用水扑救。

（4）油漆火灾。油漆起火千万不能用水浇，应用泡沫、干粉灭火器或 1211 灭火器或沙土进行扑救。

（5）化学危险品火灾。学校实验室常存放有一定量的硫酸、硝酸、盐酸、碱金属（钾、钠、锂）及易燃金属铝粉、镁粉等，这些物品遇水后极易发生反应或燃烧，是绝对不能用水扑救的。碳化钾、碳化钠、碳化铝和碳化钙以及氢化钾、氢化镁等遇水能发生化学反应，放出大量热，可能引起着火和爆炸。

（6）碱金属火灾。由于水遇碱金属（如钾、钠、锂）后，发生剧烈化学反应生成大量氢气，并释放出大量的热，容易引起爆炸。此类火灾，要正确选择灭火剂，合理利用本地资源。

（7）碳化物、氢化物火灾。碳化物（如电石）、氢化物遇水会反应生成可燃性气体并释放出大量的热，易使燃烧扩大或发生爆炸。

（8）硫酸、硝酸、盐酸火灾。此类火灾不宜用强大的水流扑救，因为酸遇水冲击会引起飞溅，流出伤人，流出的酸与可燃物质接触后，有引起燃烧的危险。但在必要时，可用喷雾水流扑救。

（9）比水轻或不溶于水的易燃液体火灾。此类火灾原则上是不可以用水扑救的，但原油、重油可以用喷雾水流扑救。

（10）熔化的铁水、钢水火灾。灼热的物体与水接触，有引起爆炸的危险，因为水遇到上千摄氏度的高温，会很快汽化，体积突然膨胀到 5000 倍以上，引起物理性爆炸。同时水蒸气在 1000℃以上时，能分解成氢和氧，也会引起化学性爆炸。

（11）高压电气装置火灾。在没有良好的接地设备或没有切断电源的情况下，一般是不能用水扑救的。一是水有导电性，容易造成电气设备短路烧毁；二是容易发生高压电流沿水柱传到消防器械上，使消防人员因接触电而伤亡。

9. 常见消防器材使用方法

（1）室内消防栓的使用方法。当火灾发生时，要找到离火场最近的消防栓，打开消防栓箱门或砸碎消防箱的玻璃，取出水带，将水带的一端接在消防栓出水口上，另一端接好水枪，拉到起火点附近后方，逆时针打开消防栓阀门，当消防泵控制柜处于自动状态时直接按动消火栓按钮启动消防泵。当消防泵控制柜处于手动状态时，应及时派人到消防泵房手动启动消防泵。

（2）干粉灭火器的使用方法。当火灾发生时，首先要提着灭火器赶到现场，将灭火器晃动几下；其次用力拽掉铅封，拔掉保险销；左手握住喷管，右手提着压把；在距离火焰 2～3 米处，用右手紧握鸭嘴式开关，左手抬起喷管对着火焰左右摆动，进行喷射灭火。

（3）防烟呼吸器的使用方法。当发生火灾时，要立即沿防烟呼吸器包装盒指示标志方向打开盒盖，撕开包装袋取出呼吸装置；沿系在包装盒中的提醒带绳拔掉前后封口板；将呼吸器套入头部，拉紧头带，迅速逃离火场。

（4）往复式缓降器的使用方法。缓降器对于高层消防逃生与救援作用非常重大。使用方法如下：将缓降器固定于窗口、阳台、室内等牢固处；将缠绕索的绳轮抛至地面，拴好安全背带；拉紧滑动绳至合适位置，然后进行依次轮流降落。

重要提示：一定要经过实际训练或者有专业人员指导，方可使用往复式缓降器！

（5）灭火毯的使用方法。发生火灾时可以用灭火毯裹于全身，穿越火场逃生；在遇到初始阶段火灾时，可以用灭火毯铺盖着火点，达到隔氧灭火的目的；如果在野外发生意外，可用灭火毯裹住全身，以保持体温，同时灭火毯本身的银色可反射光线，以便搜救人员营救。

10. 车载灭火器的使用方法

汽车自燃看似很可怕，但只要尝试去自救都有可能控制火情以挽回损失。那么如果汽车发生自燃该如何正确自救呢？那就要掌握汽车内必备的应急工具——车载灭火器的放置、检查及简单使用方面的小技巧，它在紧急时刻往往能挽救生命、减少损失。

（1）车载灭火器的放置。很多人都会把灭火器放在后备箱里，使得很多车辆发生自燃的时候却不能第一时间拿到灭火器进行扑救，丧失了最佳的灭火时间，导致车辆的损失更大。建议在条件许可的情况下买个固定装置，把灭火器装放在驾驶座下面。

（2）车载灭火器的检查。要特别留意它的压力表，当指针在绿色区域时表示能正常使用。当指针在红色区域时，表示罐内气体压力低于正常使用压力，需要重新填装。另外要定时换药充装，出厂期满 5 年应当进行首次换药充装，以后每隔 2 年进行一次换药充装，但总共不超过 3 次，然后应更换新的灭火器。

（3）车辆自燃之后灭火器的使用。发生车辆自燃情况，首先一定要冷静，先拨打 119 报警电话，叙述清楚着火地点及有无人员被困等实际情况，然后在条件允许的情况下把车停在路边进行自救。

如果车辆自燃的起火点是在车身外部，比如轮胎，这时我们直接把灭火器的喷嘴对准起火点的底部喷射。

如果车辆自燃的起火点是在发动机舱内部，此时将发动机舱盖打开一小缝隙（注意防止烫伤），将灭火器的喷嘴从缝隙处喷到发动机舱内，以减小火势。不过有一点需要注意，由于车载灭火器的容量有限，别指望它能完全地把火灭掉，如果超过 3 分钟火势还没有得到控制，就要考虑撤离到安全地方等待消防救援。

【模拟演练】

1. 校园内如何预防火灾

（1）注意用电安全，不违章用电，不乱拉电线（避免电线缠绕在金属床架上或穿行于可燃物中间），不乱接电源，用电设备不能处于长期带电状态。

（2）不使用蜡烛等明火照明用具，灯泡照明不得用可燃物做灯罩，台灯不要靠近枕头和被褥。

（3）不在教室、宿舍以及公共场所吸烟，不乱丢烟头、火种。

（4）不在宿舍存放易燃易爆物品，不擅自使用煤炉、液化炉、酒精炉等灶具。

（5）用电器工作时必须有人看管，做到人走断电、关灯，保障不因用电发生火灾。

（6）正确使用各种充电器，不要超长时间充电。

（7）不使用电炉子、电饭锅、电热杯、电热毯、热得快等违规电器及大功率电器。

（8）不在室内或楼道堆放杂物，不焚烧杂物，不在室内乱扔、乱丢火种。

（9）不使用假、冒、伪、劣及不合格电器，嗅到电线胶皮的煳味，要及时报告，并采取必要的措施。

（10）遇火灾险情，先切断房内电源，及时拨 119 火警电话报警。

2. 实训室防火常识

（1）严禁在实训室内抽烟及未经批准动用明火。

（2）若电线起火，切勿用水或导电的酸碱泡沫灭火器灭火，应切断电源，用沙或二氧化碳灭火器灭火。若火势较大，不要慌张，应用湿布捂住口鼻，弯腰前行，迅速撤离实训室，沿消防通道有序撤离。

3. 怎样拨打火警（119）电话

不管是当事人还是别人，看到出现凶猛的火灾，都有义务拨打火警电话来报警。具体如下：

（1）拨打电话 119。

（2）要沉着镇定。听到对方讲“消防队”时，告知火灾的地点和单位，并尽可能讲清起火的地点（单位名称、门牌号）、燃烧的物质、火势情况和范围。

（3）要注意对方的提问，并把自己的姓名和联系电话告诉对方，以便联系。

（4）当对方讲：“消防车来了”，即可将电话挂断；如果更热心，完全可以引导消防车到达火场。

（5）除了及时报 119 外，还应立即向学校保卫部门报告。

（6）火警是严肃的事，电话 119 是不能随意乱打的；虚假火警的报警者，一经查出，要负相应的法律责任。

4. 火灾事故的应急处置措施

人员密集场所发生火灾时应如何采取措施？

（1）发现初起火灾，应及时报警并利用楼内的消防器材及时扑灭。

（2）要保持头脑清醒，千万不要惊慌失措、盲目乱跑。

（3）火势蔓延时，应用湿毛巾或湿衣服遮掩口鼻，放低身体姿势，浅呼吸、快速、有序地向安全出口撤离。尽量避免大声呼喊，防止有毒烟雾吸入呼吸道。

（4）离开房间后，应关紧房门，将火焰和浓雾控制在一定的空间内。

（5）利用建筑物阳台、避难层、室内布置和缓降器、救生袋、应急逃生绳等逃生，也可将被单、台布结成牢固的绳索，牢系在窗栏上，顺绳滑至安全楼层。

（6）逃生无路时，应靠近窗户或阳台，关紧迎火门窗，向外呼救。

5. 火灾逃生自救常识

（1）火灾袭来时要迅速逃生，不要贪恋财物。

（2）平时要掌握火灾逃生的基本方法，熟悉逃生路线。

（3）受到火势威胁时，要当机立断披上浸湿的衣物、被褥等向安全出口方向冲出去。

（4）穿过浓烟逃生时，要尽量采取低姿势行走或匍匐前行，并用湿毛巾等捂住口鼻。

（5）身上着火，千万不要奔跑，可就地打滚或用厚重衣物压灭火苗。

（6）遇火灾不可乘坐电梯，要向安全出口方向逃生。

（7）室外着火，门已发烫时，千万不要开门，以防大火窜入室内。要用浸湿的被褥、衣物等堵塞门窗，并泼水降温。

（8）若所有逃生线路被大火封锁，要立即返回室内，用打手电筒、挥舞衣物、呼叫等方式向窗外发送求救信号，等待救援。

（9）千万不要盲目跳楼，可利用疏散楼梯、阳台、排水管等逃生，或把床单、被套撕成条状连成绳索，紧拴在窗框、铁栏杆等固定物上，顺绳索滑下，或下到未着火的楼层脱离险境。

6. 火灾烧伤急救演习

烧伤时可采取的急救措施如下：

（1）迅速熄灭伤者身体上的火焰，减轻烧伤。

（2）用冷水冲洗、冷敷或浸泡肢体，降低皮肤温度。

（3）用干净纱布或被单覆盖和包裹烧伤创面，切忌在烧伤处涂各种药水和药膏。

（4）可给烧伤伤员口服自制的糖盐水，切忌给烧伤伤员喝白开水。

（5）搬运烧伤伤员，动作要轻柔、平稳，尽量不要拖拉，以免加重皮肤损伤。

7. 正确使用灭火器的演练

（1）干粉灭火器的正确使用。

①在使用灭火器之前，我们先要看看灭火器的保质期，如果保质期过了要及时更换，以免到真正使用的时候不能够正常地使用。

②在使用灭火器时，要先将瓶体上下颠倒几次，使里面的干粉松动。

③拔掉灭火器上的铅封。

④拔掉灭火器的保险销。

⑤左手握着喷管，右手提着压把，准备开始喷。

⑥喷嘴瞄准火源根部，用力压下手把，阀门开启，左右扫射，将火扑灭。喷的时候要注意，一定要距离火焰 2 米左右对准火焰根部顺风喷，直到把火扑灭为止。

（2）泡沫灭火器的正确使用。

①泡沫灭火器正确的取法。因为泡沫灭火器是通过筒内两种化合物质混合后释放出大量的泡

沫来灭火的，所以泡沫灭火器的取法也有一定的规定，必须防止在使用前筒内的两种物质混合。因此，泡沫灭火器的正确取法是：右手握着压把，左手托着灭火器底部，轻轻地取下灭火器。

②用右手提着灭火器筒上面的提手，迅速到达火灾现场。

③在距离着火点 5 米处，将灭火器放置地上，双腿一前一后蹲下，用右手握住灭火器喷嘴（喷嘴朝着火处），左手执筒底边缘。

④站立起身，把灭火器颠倒过来呈垂直状态，用劲上下晃动几下，把喷嘴朝向燃烧区，然后放开喷嘴，兜围着火焰喷射，直至把火扑灭。

⑤灭火后，把灭火器卧放在地上，喷嘴朝下。

【注意事项】

①泡沫灭火器不可用于扑灭带电设备的火灾，否则将威胁人身安全。

②泡沫灭火器不能扑救水溶性液体（如甲醇、乙醇等）火灾。此类火灾必须使用干粉灭火器。

（3）二氧化碳灭火器的正确使用。

①将灭火器提到或扛到火场。

②在距离燃烧物 5 米左右，放下灭火器并拔出保险销。

③一手握住喇叭筒根部的手柄，另一只手紧握启闭阀的压把。

④使用时不能直接抓住喇叭管外壁或金属连线管，防止手被冻伤。

⑤当可燃液体呈流淌状燃烧时，使用者将二氧化碳灭火剂的喷流由近而远向火焰喷射。

⑥如果可燃液体在容器内燃烧，使用者应将喇叭筒提起，从容器的一侧上部向燃烧的容器中喷射。但不能将二氧化碳射流直接冲击可燃液面，以防止将可燃液体冲出容器而扩大火势，造成灭火困难。

⑦使用二氧化碳灭火器，在室外使用时，应选择在上风方向喷射。在室内窄小空间使用时，灭火后操作者应迅速离开，以防窒息。

二氧化碳灭火器灭火的适用范围：可扑救各种易燃可燃液体、可燃气体火灾，还可扑救仪器仪表、图书档案和低压电器设备等的初起火灾。

（4）1211 灭火器的正确使用。

①应手提灭火器的提把或肩扛灭火器到火场。

②在距燃烧处 5 米左右，放下灭火器，先拔出保险销，一手握住开启把，另一手握在喷射软管前端的喷嘴处。

③如灭火器无喷射软管，可一手握住开启压把，另一手扶住灭火器底部的底圈部分。

④先将喷嘴对准燃烧处，用力握紧开启压把，使灭火器喷射。

⑤当被扑救可燃烧液体呈现流淌状燃烧时，使用者应对准火焰根部由近而远并左右扫射，向前快速推进，直至火焰全部扑灭。

⑥如果可燃液体在容器中燃烧，应对准火焰左右晃动扫射，当火焰被赶出容器时，喷射流跟着火焰扫射，直至把火焰全部扑灭。

【注意事项】1211 灭火器使用时不能颠倒，也不能横卧，否则灭火剂不会喷出。另外在室外使用时，应选择在上风方向喷射；在窄小的室内灭火时，因 1211 灭火剂有一定的毒性，灭火后操作者应迅速撤离，以防对人体造成伤害。

8. 触电急救演练

触电时采取的急救措施：

（1）迅速关闭开关，切断电源。

（2）用绝缘物品挑开或切断触电者身上的电线、灯、插座等带电物品。用有绝缘柄的钳子将输电线切断。用木板、干橡胶等绝缘物插入触电者身下。

（3）保持呼吸道畅通。

（4）立即拨打120急救电话。

（5）若呼吸、心跳停止，应立即进行心肺复苏，并坚持长时间进行。

（6）妥善处理局部电烧伤的伤。

【自主练习】

1．单选题

（1）A类火灾是指（　　）。

A．固体物质火灾　　B．气体火灾　　C．金属火灾　　D．带电火灾

（2）火警电话是119，森林防火报警电话是（　　）。

A．10119　　B．11119　　C．12119　　D．13119

（3）隔离灭火法的要点是（　　）。

A．隔绝空气　　B．移去可燃物　　C．降低着火点　　D．以上都不是

（4）火灾发展至（　　），必须及时撤离，由训练有素的消防队员扑救。

A．初起阶段　　B．蔓延阶段　　C．猛烈燃烧阶段　　D．衰减熄灭阶段

（5）在生活日用品中，（　　）的酒精含量能达到70%～75%，燃点仅为24℃，应特别注意避开火源、热源，不得随意存放。

A．香水　　B．啫喱膏　　C．染发水　　D．花露水

（6）实验室电器发生火灾时，（　　）。

A．切断电源，所有的消防灭火设备都可以采用

B．不能用消防水枪救火

C．只能用二氧化碳灭火器灭火

D．只能用黄沙灭火

（7）现在的小家电都是经过安全论证的，以下说法正确的是（　　）。

A．离开宿舍时充电器一定要拔下

B．离开宿舍时充电器可以不拔下

C．离开宿舍时小功率电器可以不拔下

D．无所谓

（8）灭火时，灭火器喷射（　　）。

A．对准火焰的根部　　B．对准火焰的中部

C．对准火焰的头部　　D．只要往火焰上喷就行

（9）烟头中心温度可达（　　），它超过了棉、麻、毛织物、纸张、家具等可燃物的燃点，若乱扔的烟头接触到这些可燃物，容易引起燃烧，甚至酿成火灾。

A．100～200℃　　B．200～300℃　　C．700～800℃　　D．900～1000℃

（10）在火灾或者日常生活中，如被烧、烫伤最有效的应急方法是（　　）。

A．用冷水浸泡或冰块冷敷等紧急散热措施　　B．立即包扎

C．就近送医院　　D．以上都不是

（11）高层建筑发生火灾时，人员可通过（　　）渠道逃生。

A．疏散楼梯　　B．普通电梯　　C．跳楼　　D．货梯

（12）火灾发生时为什么不能乘电梯？（　　）

A．电梯会因火灾而断电，人会被困在里面，十分危险
B．大家都乘电梯很挤
C．把电梯让给老人和孩子，自己走楼梯
D．电梯留给消防队用，这样他们灭火的速度会加快

（13）用灭火器进行灭火的最佳位置是（　　）。

A．下风位置　　B．离起火点10米以上的位置
C．上风或侧风位置　　D．离起火点10米以下的位置

（14）遇到火灾，你应该迅速向哪个方向逃生？（　　）

A．着火相反的方向　　B．着火相应的方向
C．人员多的方向　　D．安全出口的方向

（15）计算机着火了，应怎么办？（　　）。

A．迅速往计算机上泼水灭火　　B．拔掉电源后用湿棉被盖住计算机
C．拿楼道上的干粉灭火器灭火　　D．马上拨打火警电话，请消防队来灭火

（16）火灾发生时怎么办？（　　）

A．马上开门看一看再决定怎么逃生
B．不急于开门，先摸门是否烫，如果很烫，坚决不可开门
C．坐电梯快跑
D．高姿势逃出

（17）火场中失去自救能力时怎么求救？（　　）

A．呼喊　　B．敲击身边物品
C．等待　　D．想方设法站起来，引起别人的注意

（18）消防车和消火栓的颜色是（　　）。

A．白色　　B．黄色　　C．红色　　D．绿色

（19）发现人员触电，首先应采取的措施是（　　）。

A．拨打110报警电话　　B．呼叫救护人员
C．切断电源或使伤者脱离电源　　D．进行人工呼吸

（20）保证电气检修人员人身安全最有效的措施是（　　）。

A．悬挂标示牌　　B．放置遮栏
C．将检修设备接地并短路　　D．佩戴安全帽

2．多选题

（1）碳酸氢钠干粉灭火器适用于（　　）。

A．可燃液体、气体初起火灾　　B．扑救带电设备的初起火灾
C．固体类物质的初起火灾　　D．扑救金属燃烧引起的火灾

（2）管理消防器材时，应当（　　）。

A．定点摆放　　B．定时清洗　　C．定期巡查　　D．定人管理

（3）实施隔离灭火时，可以（　　）。

A．把火源附近的可燃、易燃、易爆物品搬走
B．把着火的物件移到安全的地方
C．关闭可燃气体、液体管道的阀门
D．设法阻拦流散的易燃、可燃液体

（4）在火灾中逃生时，可以（　　）。

A．结绳自救　　B．匍匐前进　　C．乘坐电梯　　D．盲目跟从

（5）在学生宿舍内，容易引起火患的行为有（　　）。

A．肆意焚烧杂物　　B．私拉乱接电线

C．使用大功率电器　　D．不文明吸烟

（6）宿舍内严禁存放易燃易爆物品，以下哪些属于易燃易爆物品？（　　）

A．大量的打火机　　B．烟花爆竹　　C．甲烷　　D．酒精，汽油

（7）以下哪些行为易引起火灾？（　　）

A．台灯靠近枕头和被褥　　B．躺在床上吸烟

C．在蚊帐内点蜡烛看书　　D．焚烧杂物

（8）灭火的基本方法有（　　）。

A．冷却灭火法　　B．隔离灭火法　　C．窒息灭火法　　D．抑制灭火法

（9）应急处置触电事故时，错误的方法是（　　）。

A．立即拉下电源开关或拔掉电源插头，使触电者迅速脱离电源

B．直接、快速拉着触电者的身体脱离电源

C．若无法及时找到或断开电源时，可用干燥的竹竿、木棒等绝缘物挑开电线

D．赶快用剪刀剪断电源线

（10）当发生电器火灾时，应立即断开电源，可采用何种消防器材进行灭火？（　　）

A．二氧化碳灭火器　　B．1211 灭火器　　C．干粉灭火器　　D．泡沫灭火器

3．判断题

（1）防止烟气危害最简单的方法是用湿毛巾捂嘴逃生。（　　）

（2）从火场出来后，可返回去取贵重物品或钱票。（　　）

（3）高层住宅发生火灾，逃生的最佳方法是乘坐电梯。（　　）

（4）火场上扑救原则是先人后物、先重点后一般、先控制后消灭。（　　）

（5）发现火灾时，单位或个人应该先自救，如果自救无效，火越着越大时，再拨打火警电话119。（　　）

（6）禁止携带易燃易爆危险物品进入公共场所或乘坐交通工具。（　　）

（7）电闸保险盒上的保险丝熔断后，可以用铜丝或铁丝替代。（　　）

（8）“ABC 干粉灭火器”的意思是能灭 A 类、B 类和 C 类火灾。（　　）

（9）火灾逃跑时，遇到浓烟，应直立行走。（　　）

（10）灭火器材设置点附近不能堆放物品，以免影响灭火器的取用。（　　）

（11）大学生宿舍楼安装限电装置，是为了控制学生违章使用大功率电器，预防火灾发生。（　　）

（12）泡沫灭火器能扑救汽油、煤油、柴油和木材等引起的火灾。（　　）

（13）119 电话是免费的，所以不管有没有火警都可以拨打。（　　）

（14）用水直接喷射燃烧物进行灭火，属于冷却法灭火。（　　）

（15）使用电灯时，灯泡不要接触或靠近可燃物。（　　）

（16）在校园内不准随意焚烧树叶、垃圾。（　　）

（17）对个人来说，思想麻痹，存在侥幸心理，导致行为失误和违章操作进而有可能发生火灾。（　　）

（18）火场逃生时，应该弯腰行走或爬行，并用湿毛巾捂住口鼻。（　　）

（19）火灾烟气因为温度比较高，通常会集中在室内空间的上部分。（　　）

（20）电器开关时的打火、熔热发红的铁器和电焊产生的火花都是着火源。（　　）

（21）油锅着火时，正确的灭火方法是沿着锅壁缓慢地倒入冷水，防止飞溅。（　　）

（22）发生火灾时，基本的应变措施是：发出警报，疏散，在安全情况下扑救。（　　）

（23）电加热设备必须有专人负责使用和监督，离开时要切断电源。（　　）

（24）所有的火灾刚开始时都是小火，随着火灾的发展输出的热量越大，火灾蔓延的速度和范围也越大，所以扑灭初起火灾是最容易的。（　　）

主题 8　守护网络安全

随着云计算、大数据、物联网、人工智能为代表的新兴技术的快速发展，网络在给我们带来极大便利的同时，也暗藏许多安全隐患，计算机安全风险全面泛化，复杂程度也在不断加深。在加速企业数字化转型进程的同时，也让计算机安全风险开始遍布在越来越多的场景之中。网络安全问题日趋严峻，各地发生多起重大网络安全事件，既有公民信息遭到泄露的事件，又有多起因为遭遇勒索软件攻击而被迫停工停产的事件。作为当代大学生，必须清醒地认识到网络是一把双刃剑，科学地掌握基本的网络安全知识、合理安全地利用网络是每个大学生的一门重要“必修课”。

【自我测试】

表 8-1 所示的“网络安全意识测试”用于测试同学们的网络安全意识，共 15 道测试题，请同学们仔细阅读表中各项测试内容，然后实事求是地作答。若你的回答为“是”，则在表中的“测试结果”列填入数字“1”；若你的回答为“否”，则在表中“测试结果”列填入数字“0”。

表 8-1　网络安全意识测试

测试内容	测试结果
(1) 你为手机安装了杀毒软件	
(2) 你从不浏览不良网络信息	
(3) 你有备份重要数据的习惯	
(4) 你不随意连接来源不明的免费 Wi-Fi	
(5) 你为自己的计算机安装了安全防护软件，阻挡来自外界的威胁	
(6) 你不轻易点击网页或手机短信中的未知链接	
(7) 你为自己的计算机开启了防火墙功能	
(8) 你在使用来源不明的移动存储介质前查杀病毒和木马	
(9) 你将含有重要信息的文件、文件夹加密保存	
(10) 你会谨慎同意手机 App 获取权限	
(11) 你有定期查杀手机、计算机木马病毒的习惯	
(12) 你能很好地控制自己每天的上网时间，使之不影响自己的学业	
(13) 你会为不同的网络账户设置不同的强密码	
(14) 你会妥善保管身份证号码、银行卡号等个人重要信息	
(15) 你了解不良网络贷款的危害，从不在不良网络借贷平台上借钱	
小计	

在表 8-1 中的“小计”行汇总“测试结果”得分，得分越高说明你的网络安全意识越强。保护网络安全需要防微杜渐，如果自身存在一些不良的上网习惯，要及时纠正，否则终究会给自己带来不必要的麻烦，甚至是严重的伤害。如果测试结果有一些填“否”的选项，你就要认真思考，积极地往好的方向改变。

【案例探析】

【案例8-1】网上交友不慎而被骗

【案例描述】

一女生在网上聊天时认识一个网友，两人见过几次面后，该网友自称是同校大二的学生，家住本市，以各种理由向这位女生借钱，后来，这个网友不知去向。派出所接到报案后立即开展调查，最后将犯罪嫌疑人抓获。经审查，这名22岁男子，编造假名、假身份上网聊天，骗得网友信任后，以各种理由借钱，每次骗完一个网友后，立即改名。他以同样的手段骗了4名女大学生。

【案例启示】

由于大学生自我意识的发展及远离家乡和亲人的现状，又使得与人交往的愿望变得更加强烈，上网聊天、交朋友便成为释放情感的一条渠道。而使用互联网的人中，鱼龙混杂，不像学生上网的动机只是聊天交友那么单纯。据公安机关资料统计，因上网交友不慎，导致被骗的案件呈逐年上升的趋势。因此提醒大学生，提高警惕，如发现被骗，及时报案。

【案例8-2】支付宝账户余额被盗

【案例描述】

某高校的张同学有一次收到淘宝卖家发来的二维码购物消息，扫描该信息后，收到一个无法打开“APK”格式的文件；但当登录支付宝账户后，发现账号已被盗取（余额被转账）。

【案例启示】

二维码已经成为生活中不可缺少的一部分，只要轻轻一扫，就能加好友、装软件、网上购物等，可是随着木马病毒的不断渗透，也成为一些不法分子实施犯罪的工具。

二维码本身并不带木马病毒，它只是一种信息编码，但病毒软件可以通过二维码下载的方式进入手机或其他智能系统。如果用户通过扫描二维码等形式下载了这些病毒软件，在不知不觉中设备将中毒，绑定扣费软件恶意扣费。

消费者在扫码前一定要确认是否出自官方和正规的载体，不要见“码”就刷，应当在手机或其他智能设备上安装防病毒安全软件等，以便于实时监控各种运行程序。

【学习领会】

8.1 计算机安全基础

随着计算机信息系统功能的日益完善和速度的不断提高，系统组成越来越复杂，系统规模越来越大，特别是互联网的迅速发展，存取控制、逻辑连接数量不断增加，软件规模空前膨胀，任何隐含的缺陷、失误都能造成巨大损失。必须不断提高计算机安全意识和安全保障能力。

1．计算机信息系统安全的基本范畴

《中华人民共和国计算机信息系统安全保护条例》第二条规定：本条例所称的计算机信息系统，是指由计算机及其相关的和配套的设备、设施（含网络）构成的，按照一定的应用目标和规则对信息进行采集、加工、存储、传输、检索等处理的人机系统。第三条规定：计算机信息系统的安全保护，应当保障计算机及其相关的和配套的设备、设施（含网络）的安全，运行环境的安全，保障信息的安全，保障计算机功能的正常发挥，以维护计算机信息系统的安全运行。

本主题涉及的计算机信息系统安全、计算机安全、计算机网络安全和计算机信息安全的基本概念及其基本范畴说明如下：

计算机信息系统安全工作的目的就是在法律、法规、政策的支持与指导下，通过采用合适的安全技术与安全管理措施，维护计算机信息系统安全。计算机信息系统安全主要涉及计算机单机安全、计算机信息安全和计算机网络安全三个方面。

（1）计算机单机安全（以下简称为计算机安全）是计算机信息系统安全的重要环节。主要是指管理和保护计算机信息系统的硬件部分，包括计算机本身的硬件和各种接口，各种相应的外部设备，计算机网络通信设备、线路和信道等，以保证在计算机单机环境下，硬件系统和软件系统不受意外或恶意的破坏和损坏，得到物理上的保护。

（2）计算机信息安全（以下简称为信息安全）是指信息在传输、处理和存储的过程中，没有被非法或恶意的窃取、篡改和破坏。

（3）计算机网络安全（以下简称为网络安全）是指在计算机网络系统环境下的安全问题，主要涵盖两个方面，一是信息系统自身即内部网络的安全问题，二是信息系统与外部网络连接情况下的安全问题。网络安全的概念则比较宽泛，是指网络系统的硬件、软件及其系统中的数据受到保护，不因偶然或恶意的原因受到破坏、更改或泄露，系统连续、可靠、正常地运行，保障网络服务不中断，网络安全是我们国家安全所包括的一项基本内容。

2. 计算机安全的概念

国际标准化组织（International Organization for Standardization，ISO）将“计算机安全”定义为“为数据处理系统建立和采取的技术和管理的安全保护，保护计算机硬件、软件、数据不因偶然和恶意的攻击而遭到破坏、更改和泄露”。此概念偏重于静态信息保护，因此通常视为“信息保护”的概念范畴。也有人将“计算机安全”定义为“计算机的硬件、软件和数据受到保护，不因偶然和恶意的原因而遭到破坏、更改和泄露，系统连续正常运行”。该定义着重于动态信息描述，而且提出了用户访问系统时的可用性要求，因此通常定义为“信息保障”的概念范畴。

由于网络技术的发展和进步，当今世界上很少有人使用未接入网络、不与其他计算机相连接的计算机了。如何对连接在同一网络中的多台计算机以及它们之间的连接设备进行保护，属于“网络安全”的定义范围。

3. 计算机信息安全的概念

从历史角度来看，信息安全早于网络安全。随着信息化的深入，信息安全和网络安全内涵不断丰富。信息安全随着网络的发展提出了新的目标和要求，网络安全技术在此过程中也得到不断创新和发展。

随着个人计算机和互联网的普及，越来越多的公司依赖于使用互联网经营其业务，行政机构和政府借助计算机存储重要的信息和数据，个人利用计算机与各式各样的终端设备享受互联网的快捷和便利。但是，大量敏感的信息（大到维系公共安全的重要行政信息和军事信息，小到个人隐私）不可避免地在互联网上传递和存储。大量的资金通过网络进行转账，通过网上银行进行支付。对于怀有恶意的计算机罪犯来说，这些都是他们所垂涎的目标。如果对这些信息没有适当的保护以满足其安全性的要求，那么个人、公司或各种组织将会面临巨大的经济风险和信任风险。

从技术角度看，计算机信息安全是一个涉及计算机科学、网络技术、通信技术、密码技术、信息安全技术、应用数学、数论、信息论等多种学科的边缘性综合学科。

狭义上讲，信息安全就是网络系统上的信息安全，是指网络系统的硬件、软件和系统中的数据受到保护，不因偶然的或者恶意的攻击而遭到破坏、更改、泄露，系统连续、可靠、正常地运行，网络服务不中断。

广义上讲，信息安全是指信息在生产、传输、处理和储存过程中不被泄漏或破坏，防止信息资源被故意地或偶然地非授权泄露、更改、破坏或使信息被非法阅读。应确保信息的完整性、保密性、真实性、可用性和不可否认性，并保证信息系统的可靠性和可控性，避免攻击者利用系统的安全漏洞进行窃听、冒充、诈骗等有损于合法用户的行为。

4. 计算机网络安全的概念

计算机网络安全不仅包括网络信息的存储安全，还涉及信息的产生、传输和使用过程中的安全，指通过采取各种技术的和管理的安全措施，确保网络数据的可用性、完整性和保密性，其目的是确保经过网络厂商和交换的数据不会发生增加、修改、丢失和泄漏等。

从狭义来说，网络安全是指网络系统的硬件、软件及其系统中的数据受到保护，不因偶然的或者恶意的原因而遭受到破坏、更改、泄露，系统连续可靠正常地运行，网络服务不中断。计算机网络安全从其本质上来讲就是网络上的信息安全，可以将计算机网络安全理解为“通过采用各种技术和管理措施，使网络系统正常运行，从而确保网络数据的可用性、完整性和保密性”。

从广义来说，凡是涉及网络上信息的保密性、完整性、可用性、真实性和可控性的相关技术和理论都是计算机网络安全的研究领域。所以广义的计算机网络安全还包括信息设备的物理安全性，如场地环境保护、防火措施、静电防护、防水防潮措施、电源保护、空调设备、计算机辐射等。

计算机网络安全与信息安全有很多相似之处，两者都对信息（数据）的生产、传输、存储和使用等过程有相同的基本要求，如可用性、保密性、完整性和不可否认性等。但两者又有区别，不论是狭义的计算机网络安全，还是广义的计算机网络安全都是信息安全的子集。

8.2 应对计算机网络安全的威胁

1. 计算机网络安全威胁的主要形式

计算机网络安全威胁的主要形式有以下几个方面：

（1）对用户身份的仿冒。攻击者盗用合法用户的身份信息，以仿冒的身份与他人进行通信。

（2）对网络上信息的窃取。攻击者在网络的传输链路上，通过物理或逻辑的手段，对数据进行非法的截获与监听，从而得到通信中敏感的信息。

（3）对网络上信息的篡改。攻击者对网络上的信息进行截获并且篡改其内容（增加、截去或改写）。

（4）对发出的信息予以否认。某些用户可能对自己发出的信息进行恶意的否认，例如，否认自己发出的转账信息等。

（5）对信息进行重发。攻击者截获网络上的密文信息后，并不将其破译，而是把这些数据包再次发送，以实现恶意的目的。

（6）传输非法信息流。用户可能允许自己同其他用户进行某些类型的通信，但禁止其他类型的通信。例如，允许电子邮件传输而禁止文件传送。

（7）非法使用网络资源。非法用户登录进入系统使用网络资源，造成资源的消耗，损害合法用户的利益。

2. 影响计算机信息安全的主要因素

影响计算机信息安全的主要因素如下。

（1）个人操作因素。计算机的使用由人完成，因此在使用的过程中信息安全受到多种人为因素的影响，在实际生活中影响信息数据安全的人为因素具有多种形式，最常见的就是黑客、计算机病毒入侵等，黑客通过一定手段进入个人或者企业计算机的内部，进而窃取个人或者企业的信息数据，对个人或者企业往往造成较大影响。由于黑客的入侵难以准确掌握其规律，因此在实际应用中对这种因素的防范具有一定的困难。

（2）非人为因素。计算机本身在使用过程中也会出现各种故障或者受到一定的感染，最常见的就是计算机硬件损坏、操作系统失效或者相关器材的更换等，在这个过程中也会造成计算机信息资料的外泄，例如，在维修计算机的过程中维修人员可以检查计算机硬盘内的信息资料。此外，当计算机的正常运转受到影响，如电磁波就会导致计算机运行不利，有时候就会造成信息的泄露。

3. 计算机信息系统安全的常用防护策略

（1）安装杀毒软件。对于一般用户而言，首先要做的就是为计算机安装一套杀毒软件，并定期升级所安装的杀毒软件，打开杀毒软件的实时监控程序。

（2）安装个人防火墙。安装个人防火墙（Fire Wall），并根据需求对防火墙进行详细配置，以抵御黑客的袭击，最大限度地阻止网络中的黑客来访问用户的计算机，防止他们更改、复制、毁坏用户的重要信息。

（3）分类设置密码并使密码设置尽可能复杂。在不同的场合使用不同的密码，例如，网上银行、电子邮件、聊天室以及一些网站的会员等应尽可能使用不同的密码，以免因一个密码泄露导致所有资料外泄。对于重要的密码（如网上银行的密码）一定要单独设置，并且不要与其他密码相同。

设置密码时要尽量避免使用有意义的英文单词、姓名缩写以及生日、电话号码等容易泄露的字符作为密码，最好采用字符、数字和特殊符号混合的密码。建议定期修改自己的密码，这样可以确保即使原密码泄露，也能将损失降到最低。

（4）不下载不明软件及程序。应选择官方网站下载软件，将下载的软件及程序集中放在非引导分区的指定文件夹中，在使用前最好用杀毒软件查杀病毒。

不要打开来历不明的电子邮件及其附件，以免遭受病毒邮件的侵害，这些病毒邮件通常都会以带有噱头的标题来吸引用户打开其附件，如果下载或运行了它的附件，就会受到感染。同样也不要接收和打开来历陌生人通过QQ、微信等发过来的文件。

（5）防范流氓软件。对将要在计算机上安装的共享软件进行甄别选择，在安装共享软件时，应该仔细阅读各个步骤出现的协议条款，特别留意那些有关安装其他软件行为的语句。

（6）仅在必要时共享。一般情况下不要设置文件夹共享，必要情况共享文件时应该设置密码，且在不需要共享时立即关闭共享。共享时访问类型一般设为只读，不要将整个分区设定为共享。

（7）定期备份。数据备份的重要性毋庸讳言，无论防范措施做得多么严密，也无法完全防止数据丢失。如果遭到致命的攻击，操作系统和应用软件可以重装，而重要的数据就只能靠日常的备份了。所以，无论采取了多么严密的防范措施，也不要忘了随时备份重要数据，做到有备无患。

8.3 计算机病毒及其防治

随着计算机在社会生活各个领域的广泛使用，计算机病毒攻击与防范技术也在不断拓展。据报道，世界各国遭受计算机病毒感染和攻击的事件数以亿计，严重干扰了正常的人类社会生活，给计算机系统和网络带来了巨大的潜在威胁和破坏。可以预见，随着计算机、网络运用的不断普及、深入，防范计算机病毒将越来越受到各国的高度重视。

1. 计算机病毒的传播途径

计算机病毒的传播主要通过文件复制、文件传送、文件执行等方式进行。计算机病毒传播的主要途径有以下几种：

（1）通过移动存储设备进行病毒传播，包括U盘、移动硬盘、光盘等都可以是传播病毒的路径，用户之间在互相复制文件的同时也造成了病毒的扩散。因为它们经常被移动和使用，所以它们更容易得到计算机病毒的青睐，成为计算机病毒的携带者。

（2）通过计算机网络进行传播。网页、电子邮件、聊天工具、BBS、下载软件等都可以是计算机病毒的传播途径，例如，下载了携带病毒的软件，打开了不安全的链接和电子邮件等。勒索病毒WannaCry是通过网络传播的，“熊猫烧香”病毒既可以通过被绑定病毒的软件进行传播，也可以通过移动存储设备进行传播，充分说明了病毒的传播途径不唯一。计算机病毒附着在正常文件中，然后通过网络进入一个又一个系统，其传播速度呈几何级数增长，是目前病毒传播的首要途径。

（3）通过点对点通信系统和无线通道传播。它可以从正常的文件、无毒的文件中进入，目前，这种方式并不是病毒传播的主流途径，但是在未来一定会被黑客大肆利用。

（4）利用计算机信息系统和应用软件的漏洞传播。近年来，越来越多的计算机病毒利用应用系统和软件应用的漏洞进行传播，因此这种途径也被划分在计算机病毒基本传播方式中。

2. 计算机病毒的危害

计算机病毒的危害可以分为对计算机网络系统的危害和对计算机信息系统的危害两方面。

（1）计算机病毒对计算机网络系统的危害。

①病毒程序通过“自我复制”传染正在运行其他程序的网络系统，并与正常运行的程序争夺系统的资源，使系统瘫痪。

②病毒程序不但侵害使用的计算机信息系统，而且通过网络侵害与之联网的其他计算机信息系统。

③破坏网络系统，主要包括非法使用网络资源、破坏电子邮件、发送垃圾信息、占用网络带宽等。

④病毒程序可导致计算机控制的空中交通指挥系统失灵，使卫星、导弹失控，使银行金融系统瘫痪，使自动生产线控制紊乱等。

⑤病毒程序可在发作时冲毁系统存储器中的大量数据，致使计算机及其用户的数据丢失，蒙受巨大损失。

（2）计算机病毒对计算机信息系统的危害。

①破坏硬盘中存储的程序或数据，主要包括在磁盘上标记虚假的坏簇、更改或重新写入磁盘的卷标号、删除硬盘上可执行文件或覆盖文件等。

②对整个磁盘进行特定的格式化，破坏全盘的数据。

③破坏磁盘的系统数据区，使磁盘上的信息丢失，主要攻击的是硬盘主引导扇区、BOOT扇区、文件分配表和文件目录等区域。对CMOS区进行写入动作，破坏CMOS中的数据，损坏硬盘。

④对可执行文件反复传染复制，造成磁盘存储空间减少，并影响系统运行效率。

⑤影响内存常驻程序的正常执行，主要是大量占用计算机内存、禁止分配内存、修改内存容量和消耗内存等，病毒在运行时额外占用大量和消耗大量的内存资源，导致系统资源匮乏，进而导致死机。

⑥将非法数据写入内存参数区，造成死机甚至引起系统崩溃。

⑦修改或破坏文件和数据，主要包括重命名、删除、替换内容、颠倒或复制内容、丢失部分程序代码、写入时间空白、分割或假冒文件、丢失文件簇、丢失数据文件、对文件加密等。

⑧干扰操作系统的正常运行，包括自动重启计算机、无故死机、不执行命令、干扰内部命令的执行、打不开文件、虚假报警、占用特殊数据区、强制启动软件和扰乱各种输出/入口等。

⑨干扰系统运行，使计算机运行速度下降，包括使系统延迟程序启动、不执行命令、干扰内部命令的执行、虚假报警、打不开文件、堆栈溢出、占用特殊数据区、时钟倒转、重启动、死机、扰乱串行口和并行口、在时钟中纳入循环计数，迫使计算机系统空转，导致运行速度明显下降等。

⑩干扰键盘、喇叭、显示器、打印机，如响铃、封锁键盘或显示器、换字、抹掉缓存区字符、重复输入字符、输入紊乱等。病毒扰乱显示的方式包括字符跃落、环绕、倒置、显示前一屏、光标下跌、滚屏、抖动、乱写、吃字符等。病毒扰乱打印的方式包括出现假报警、间断性打印、更换字符等。

3. 计算机中毒的主要症状

计算机中毒的主要症状如下：

①计算机经常死机；

②文件打不开；

③经常报告内存不够；

④提示硬盘空间不够；

⑤出现大量来历不明的文件；

⑥经常出现数据丢失；

⑦系统运行速度变慢；

⑧操作系统自动执行操作。

4. 计算机病毒的查杀与防治

计算机一旦感染了病毒，病毒就会进入计算机的存储系统（如内存），并感染其中运行的程序，计算机中的程序将受到损坏，用户信息也会被非法盗取，导致用户自身权益受到损害。计算机病毒可以通过杀毒软件清除与查杀，用户应养成定期查杀计算机病毒的习惯，以保护自己的切身利益。

对计算机病毒的防治，应采取以“防”为主，以“治”为辅的方法，阻止病毒的侵入比病毒侵入后再查杀它重要得多。

（1）安装使用正版安全软件。

①最好选择知名厂商的杀毒软件和防火墙软件，因为知名厂商的产品质量比较好，更新病毒库的速度及时，很快就能查杀最新出现的病毒。

②建议采取如下的安装顺序：操作系统→杀毒软件→其他应用软件，这样可以最大限度地减少病毒感染的概率。

③使用计算机时打开防火墙软件实时监视功能，及时升级病毒库，保证它处于最新的版本，并经常进行病毒的查杀。

（2）增强系统自身的安全性。修改系统安全配置，关闭不必要的默认共享、网络端口，保障系统安全性；对计算机信息系统的各个账号要设置口令，及时删除或禁用过期账号。

（3）及时修补系统漏洞。加强预警，及时安装操作系统漏洞补丁和应用软件补丁，有效提高系统的安全性。

（4）使用正版软件。使用经过授权的正版软件；不反编译、修改、破解未经授权的软件；不下载、试用、传播破解软件。

（5）杜绝外来病毒源。

①使用U盘、光盘、移动硬盘时，要先检测并进行病毒查杀。

②打开可执行文件、Word文档和Excel前，最好仔细检查，尤其是第一次在用户的系统上运

行这些文件时，一定要先检查一下。

③打开所有的邮件附件时都要三思而后行，不论它是来自好友还是陌生人，建议对于那些邮件主题十分奇怪的邮件直接删除，因为根据统计，病毒通常就在那些邮件中。

（6）备份好重要数据。定期备份重要文件，以便遭到病毒严重破坏后能迅速修复。对硬盘引导区、主引导区、分区表、操作系统等做好备份，将重要数据备份到非系统盘。

①对于重要的数据，一定要定期备份；

②对于十分重要的数据，最好在别的计算机上再备份一次；

③特别重要的数据，即使进行多次备份也是值得的。

（7）安全文明上网。

①启动在线监控程序，尽量不要浏览不安全网站；

②不打开来历不明的电子邮件和聊天消息；

③不随意打开不明网页链接，尤其是不良网站的链接，陌生人通过 QQ 给自己传链接时，尽量不要打开；

④不轻信抽奖、免费等网络欺诈信息；

⑤使用网络通信工具时不随意接收陌生人的文件，若已接收可通过取消“隐藏已知文件类型扩展名”的功能来查看文件类型。

（8）谨慎下载软件和资料。

①下载软件时尽量到官方网站或大型软件下载网站；

②需要从互联网等公共网络上下载资料转入内网计算机时，用刻录光盘的方式实现转存。

（9）定期安全检查。使用最新病毒库的杀毒软件进行查杀，定期使用安全检查工具对系统的自启动项、进程等关键部分进行检查。对公共磁盘空间加强权限管理，定期查杀病毒。

8.4 计算机职业道德

1. 计算机从业人员的职业道德准则

计算机职业作为一种不同于其他职业的特殊职业，有着与众不同的职业道德和行为准则，这些职业道德和行为准则是每一个计算机专业人员都要共同遵守的。职业道德不但是从业人员在职业活动中的行为标准和要求，而且还是本行业对社会所承担的道德责任和义务。

任何一个行业的职业道德都有其基础的、具有行业特点的原则，计算机行业也不例外，计算机从业人员的职业道德准则主要有以下两项：

一是计算机专业人员应当以公众利益为目标。这一原则可以解释为以下 8 点：

①对负责的工作承担完全的责任；

②用公众的目标来协调软件工程师、公司、客户和用户之间的利益；

③批准软件，应在确信软件是安全的、符合规格说明的、经过合适测试的、不会降低生活品质、影响隐私权或有害环境的条件之下，一切工作以大众利益为前提；

④当有理由相信有关的软件和文档可以对用户、公众或环境造成任何实际或潜在的危害时，应向当局的有关部门揭露；

⑤通过合作来解决由软件及其安装、维护、支持或文档引起的社会严重关切的各种事项；

⑥在所有有关软件、文档、方法和工具的申述中，特别是与公众相关的，力求实事求是，避免欺骗；

⑦认真考虑诸如体力残疾、资源分配、经济缺陷和其他可能影响使用软件益处的各种因素；

⑧应致力于将自己的专业技能用于公众事业和公共教育的发展。

二是客户和雇主在保持与公众利益一致的原则下，计算机专业人员应注意满足客户和公司的利益。这一原则可以解释为以下 9 点：

①在其胜任的领域提供服务，对其经验和教育方面的不足应持诚实和坦率的态度；

②不明知故犯使用非法或从非合理渠道获得的软件；

③在客户或公司知晓和同意的情况下，只在适当准许的范围内使用客户或公司的资产；

④保证遵循的文档按要求经过授权批准；

⑤只要工作中所接触的机密文件不违背公众利益和法律，对这些文件所记载的信息必须严格保密；

⑥根据其判断，如果一个项目有可能失败，或者费用过高，违反知识产权法规，或者存在问题，应立即确认、做文档记录、收集证据并报告客户或公司；

⑦当知道软件或文档有涉及社会关切的明显问题时，应确认、做文档记录，并报告给公司或客户；

⑧不接受不利于本公司工作的外部工作；

⑨不提倡与公司或客户的利益冲突，除非出于符合更高道德规范的考虑，在后者情况下，应通报公司或另一位涉及这一道德规范的适当的当事人。

除了以上基础要求和原则外，作为一名计算机专业人员还有一些其他的职业道德规范应当遵守，主要包括：

①按照有关法律、法规和有关机关的内部规定建立计算机信息系统；

②以合法用户的身份进入计算机信息系统；

③在工作中尊重各类著作权人的合法权利；

④在收集、发布信息时尊重相关人员的名誉、隐私等合法权益。

2. 计算机网络安全与职业道德的标准

在信息技术日新月异的今天，人们无时无刻不在享受着信息技术带来的便利与利益。然而，随着信息技术的深入发展和广泛应用，计算机网络中已出现许多不容回避的道德与法律的问题。因此，在我们充分利用网络提供的便利的同时，抵御其负面效应，大力进行网络道德建设已刻不容缓。

（1）维护知识产权。《中华人民共和国著作权法》把计算机软件列为享有著作权保护的作品，《计算机软件保护条例》规定计算机软件是个人或者团体的智力产品，同专利、著作一样受法律的保护，任何未经授权的使用、复制都是非法的，按规定受到法律的制裁。

人们在使用计算机软件或数据时，应遵照国家有关法律规定，尊重其作品的版权，这是使用计算机的基本道德规范。建议人们养成良好的道德规范，具体包括：

①使用正版软件，坚决抵制盗版，尊重软件作者知识产权。

②不对软件进行非法复制。

③不能为保护自己的软件资源而制造病毒保护程序。

④不能擅自篡改他人计算机的系统信息资源。

（2）维护计算机安全。计算机安全是指计算机信息系统的安全。计算机信息系统是由计算机及其相关的和配套的设备、设施（包括网络）构成的，为维护计算机系统的安全，防止病毒的入侵，我们应该注意：

①不蓄意破坏和损伤他人的计算机系统设备及资源。

②不制造病毒程序，不使用带病毒的软件，更不要有意传播计算机病毒给其他计算机系统或传播带有病毒的软件。

③积极采取病毒预防措施，在计算机内安装防病毒软件；定期检查计算机系统内的文件是否被病毒感染，如发现病毒，应及时用杀毒软件清除。

④维护计算机的正常运行，保护计算机系统数据的安全。

⑤被授权者对自己享用的资源有保护责任，口令和密码不得泄露给外人。

（3）遵守网络行为规范。计算机网络正在改变着人们的行为方式、思维方式乃至社会结构，它对于信息资源的共享起到了无与伦比的巨大作用，并且蕴藏着无尽的潜能。但是网络的作用不是单一的，在它广泛的积极作用背后，也有使人堕落的陷阱，这些陷阱产生着巨大的反作用。其主要表现在：网络文化的误导，传播暴力、色情内容；网络诱发着不道德和犯罪行为；网络的神秘性“培养”了计算机“黑客”；等等。各个国家都制定了相应的法律法规，以约束人们使用计算机以及在计算机网络上的行为。

例如，我国公安部公布的《计算机信息网络国际联网安全保护管理办法》第五条规定，任何单位和个人不得利用国际互联网制作、复制、查阅和传播下列信息：

①煽动抗拒、破坏宪法和法律、行政法规实施的；

②煽动颠覆国家政权，推翻社会主义制度的；

③煽动分裂国家、破坏国家统一的；

④煽动民族仇恨、民族歧视、破坏民族团结的；

⑤捏造或者歪曲事实，散布谣言，扰乱社会秩序的；

⑥宣言封建迷信、淫秽、色情、赌博、暴力、凶杀、恐怖，教唆犯罪的；

⑦公然侮辱他人或者捏造事实诽谤他人的；

⑧损害国家机关信誉的；

⑨其他违反宪法和法律、行政法规的。

但是，仅仅靠制定一项法律来制约人们的所有行为是不可行的，也是不实用的。相反，社会依靠道德来规定人们普遍认可的行为规范。在使用计算机时应该抱着诚实的态度，规范自己的行为，并要求自身在智力和道德意识方面取得进步。

当代大学生上网时应该遵守以下行为规范：

①要加强思想道德修养，自觉按照社会主义道德的原则和要求规范自己的行为。

②要依法律己，自觉遵守国家各项法律规定，法律禁止的事坚决不做，法律提倡的积极去做。

③要净化网络语言，坚决抵制网络有害信息和低俗之风，健康合理科学上网。

④不在网络上发布不真实的信息，不传送具有威胁性、不友好、有损他人声誉的信息。

⑤不在网络上制作、查阅、复制和散布思想内容反动的、不健康的、有碍社会治安和有伤风化的信息。

⑥不转让用户账号，不将口令随意告诉他人。

⑦不使用软件或硬件的方法窃取他人口令、盗用他人 IP 地址、非法入侵他人计算机系统、阅读他人文件或电子邮件、滥用网络资源。

⑧不制造和传播计算机病毒，不破坏数据、网络资源，不私自修改网络配置。

⑨不利用网络窃取别人的研究成果或受法律保护的资源、侵犯他人正当权益。

⑩不下载无法确定有害或来历不明的资料。

8.5 预防个人信息的泄露

1. 个人信息的合法处理

民法典第一千零三十五条第二款规定：个人信息的处理包括个人信息的收集、存储、使用、加工、传输、提供、公开等。《中华人民共和国网络安全法》第四十一条就个人信息的处理确立了基本原则。民法典总结了这一立法经验，在其第一千零三十五条第一款明确了处理自然人个人信息应遵循的基本原则，即合法原则、正当原则和必要原则。同时，该条还明确，收集和处理自然人的个人信息，应当符合如下四项条件：一是征得该自然人或者其监护人同意，但是法律、行政法规另有规定的除外。二是公开处理信息的规则。例如，在很多购物网站上，都公示其收集消费者信息的规则。三是明示处理信息的目的、方式和范围。例如，学校因招生考试而要求学生提供身份证复印件，就要明示，收集到的身份信息仅用于此次招生考试活动。四是不违反法律、行政法规的规定和双方的约定。

需要注意的是，就个人的敏感信息，其处理应当有更严格的法律规制。所谓敏感信息包括能够揭示个人的种族、政治倾向、宗教和哲学信仰、个人健康、基因信息和生物信息等。

在个人信息保护中，信息处理者的义务非常重要。民法典第一千零三十八条明确了信息处理者的主要义务，包括：

（1）“不得泄露或者篡改其收集、存储的个人信息”的义务。从实践来看，泄露个人信息的事件时有发生，对个人信息造成严重威胁。电信诈骗往往都是因为个人信息被泄露引发的。

（2）“不得向他人非法提供其个人信息”的义务。这就意味着，除非经过信息权利人同意，否则，不得向他人提供个人信息。不过，本条同时明确了，“经过加工无法识别特定个人且不能复原的”个人信息，可以向他人提供。这一规定对于信息的共享和信息产业的发展，具有重要意义。

（3）“确保其收集、存储的个人信息安全”的义务。信息处理者应当采取技术措施和其他必要措施，确保其收集、存储的个人信息安全，防止信息泄露、篡改、丢失。

（4）个人信息泄露、篡改、丢失后的报告义务。这就是说，在发生或者可能发生个人信息泄露、篡改、丢失的，应当及时采取补救措施，依照规定告知信息权利人并向有关主管部门报告。

生活、工作中应当注意做好以下五个方面，以保护个人信息：

①保护身份证号码、银行卡号、密码及其他个人隐私信息，不要随意把这些信息通过邮件、短信或电话告诉别人。

②保护私人计算机和手机安全。例如，通过安装防火墙等方式，阻止入侵者远程访问个人计算机和手机；使用复杂密码，提高黑客破解密码难度。不用计算机时，一定要关机。

③合理清理“信息垃圾”。丢掉含有私人信息的文件前，先清理个人隐私。

④仔细阅读银行对账单、账单及信用卡报告，确认没有可疑交易。

⑤网上购物需要注意：首先，在输入信用卡和个人信息之前确认网站是否安全。如果发现有人利用公民的个人信息损害公民的任何权益，应立刻报警。

2. 侵害他人隐私权的常见行为

以下行为都属于侵害他人隐私权的行为：

（1）以短信、电话、即时通信工具、电子邮件、传单等方式侵扰他人的私人生活安宁。

（2）进入、窥视、拍摄他人的住宅、宾馆房间等私密空间。

（3）拍摄、录制、公开、窥视、窃听他人的私密活动。

（4）拍摄、窥视他人身体的私密部位。

（5）收集、处理他人的私密信息。

（6）以其他方式侵害他人的隐私权。

公民的隐私权受到侵害的，有权要求侵权人停止侵害，采取措施消除影响，恢复名誉，侵权人应向受害人赔礼道歉，受害人还有权要求侵权人赔偿损失。

3．避免在网络上泄露隐私的方法

平时在使用手机和计算机的过程中，稍不注意我们就泄露了自己的隐私信息，我们要采取有力措施，避免在网络上泄露隐私。

（1）登录网站要谨慎。在使用浏览器的过程中，不要打开来历不明的广告链接，很可能含有病毒。在网站中输入账号、密码时，不要开启密码保存功能。

（2）定期清理浏览器数据。很多上网信息是可以被某些工具获取的，浏览器数据可能包含大量隐私信息，如QQ账号、银行账号等，记得定期清理浏览器数据，并设置浏览器保护。

（3）保护好个人密码。支付宝账号、银行账号等私人密码要定期更换，多个账号之间尽量用不同密码，否则很容易被一举破解。密码尽量设置得复杂一些，最好采用数字、字母、符号多重组合。在陌生的场合输入密码时，注意周围是否有摄像头，如果有最好避开或遮挡。

（4）谨慎连接公共Wi-Fi。在连接公共Wi-Fi之前先确认其安全性，如是否为店家或企业安全Wi-Fi，尤其是一些免费Wi-Fi更需注意，更不要在公共Wi-Fi环境中输入个人信息。

（5）下载官方正版软件。不要安装来历不明的软件，下载软件尽量去软件商店或应用官网下载。初次打开软件时，不要把权限全部选择为始终允许，用不到的权限尽量拒绝。

（6）数据清除要彻底。当需要清除手机或U盘中的数据时，直接删除是无法彻底清除的，它们还有被恢复的可能，应将数据完全彻底清除。

（7）文件加密再上传云端。不要太依赖云服务，云端账号一旦泄露，存储在云端的隐私信息也很可能会被获取，如果上传到云端的文件中包含隐私信息，可以在本地加密后再上传。

4．个人信息的主要泄露途径有哪些

在这个网络、通信日益发达的信息时代，我们很多人的个人信息都是透明的，其中有一些甚至是我们自己不经意间泄露出去的！不信，就来看看，你真的会保护好自己的个人信息吗？

泄露途径一：快递单、火车票、银行对账单。

快递包装上的物流单含有网购者的姓名、电话、住址等信息；火车票实行实名制后，车票上便印有购票者的姓名、身份证等信息；纸质对账单上记录了姓名、银行卡号、消费记录等信息，随意丢弃容易造成私人信息泄露。

泄露途径二：聊天互动时。

网友在微博使用昵称，却与朋友评论时直呼其名，无意中泄露了真实信息。类似情形还有，在QQ空间或写日志或发布照片，朋友评论或者转发中，却出现一些如姓名、职务、单位等个人信息。

泄露途径三：各类网购、虚拟社区、社交网络账户。

不论是网络购物还是注册一些论坛、社区、网站，或者在微博、QQ空间发布信息，或多或少都会留下个人信息。如非必要，不要在网络上填写自己的真实信息，可以编写一些固定资料在网上使用，最低限度曝光自己真实身份。

途径四：商家各种促销活动，办理会员卡等。

如商家发送“调查问卷表”，举办购物抽奖活动或者申请免费邮寄资料、会员卡活动，要求填写详细联系方式和家庭住址等。

途径五：招聘网站泄露个人信息简历中的个人信息。

一般情况下，简历中不要过于详细填写本人具体信息，如家庭地址、身份证号码。

途径六：身份证复印件滥用。

银行开户、手机入网甚至办理会员卡、超市兑换积分都需要身份证。提供复印件时，一定要写明“仅供××单位作××使用，他用无效。”此外要关注复印过程，多余复印件要销毁。

5．换手机及手机号前必须要做的几件事

换新手机，卖掉的旧手机中的隐私很容易被别人恢复，曾有人更换手机号后，网络账户中的钱被别人转走。更换新手机号，还有很多事要提前做好，否则会留下安全隐患。

（1）转卖旧手机前需反复格式化删除或刷机。如果智能手机有 SD 存储卡，出售旧手机前一定要拿出来。另外，手机内也存有大量隐私数据，如果简单删除可能很容易被恢复。手机里的数据全部删除后，再拷入些不重要的数据，将内存全部装满后再次进行格式化删除。这样重复几次，可以加大手机最初数据恢复的难度。

（2）银行卡、信用卡等绑定更改。手机号码发生更改后，各种银行卡、信用卡、网银都要及时更改绑定，最好设置短信提醒，以便随时知晓银行卡资金支付明细。

（3）支付宝、财付通、微信、微博、QQ 红包等支付账号的解绑也要及时，若停机以后再更改，会增添更多的麻烦。

（4）QQ、微信、微博等社交账号解绑。社交网络可能涉及很多个人隐私和亲友联系方式，如果被不法分子利用，被诈骗钱财或者威胁到自己和家人的安全就是大事。

（5）邮箱账号绑定更改。邮箱账号如果绑定手机，尤其是用来工作的邮箱，如果被第三人登录，不仅个人信息泄露，公司来往的机密文件也会被不法分子窃取。

（6）携程、去哪儿、途牛等订票网站解绑。越来越多的人开始通过这些网站订票，账号中会存有自己和亲友的身份信息。如果更换手机号，千万记得更换这些订票网站的绑定。

（7）会员卡信息修改。一些超市、商场的积分卡，也会绑定手机号码，更换手机号时也要记得及时修改。

（8）及时销毁 SIM 卡。通信录备份后，很多人将手机卡直接丢弃。要知道很多数据恢复文件，即使用户删除手机卡里面的信息，也可以很快复原回来。变更手机号码后，SIM 卡应及时销毁。

（9）手机号码及时注销。很多人换了新号，旧号直接弃之不管，可能仍会自动扣除每个月的月租费，直到注销为止，甚至可能影响个人信用情况。

6．个人信息遭泄露后，有哪几种维权方式

个人信息遭泄露后，公民可通过以下三种方式维权：

（1）按照全国人大常委会《关于加强网络信息保护的决定》，遭遇信息泄露的个人有权立即要求网络服务提供者删除有关信息或者采取其他必要措施予以制止。

（2）个人还可向公安部门、互联网管理部门、工商部门、中国消费者协会、行业管理部门和相关机构进行投诉举报。国家网信办所属的中国互联网违法和不良信息举报中心将专职接受和处置社会公众对互联网违法和不良信息的举报。中国互联网违法和不良信息举报中心的举报热线为“12377”，网址为“www.12377.cn”。

（3）消费者还可依据《中华人民共和国民法典》《中华人民共和国消费者权益保护法》等，通过法律手段进一步维护自己的合法权益，如要求侵权人赔礼道歉、消除影响、恢复名誉、赔偿损失等。

8.6 自觉抵制不良网络行为

1．大学生在浏览网页时应注意哪些问题

（1）在浏览网页时，尽量选择合法网站。互联网上的各种网站数以亿计，网页的内容五花八门，绝大部分内容是健康的，但许多非法网站为达到其自身的目的，不择手段，利用人们好奇的心理，放置一些不健康甚至是反动的内容。合法网站则在内容的安排和设置上大都是健康的、有

益的。大学生应当注意甄别网站是否合法。

（2）不要浏览色情网站。浏览色情网站，会给自己的身心健康造成伤害。

（3）浏览微博、抖音、知乎等虚拟社区时，有些人喜欢在网上发表言论。有些人喜欢发表一些带有攻击性的言论，或者反动、迷信的内容；有些人是出于好奇；有些人是在网上打抱不平。这些容易造成自己IP地址、个人信息泄露，受到他人的攻击、网络暴力，更主要的是稍不注意会触犯法律。

2．大学生上网聊天交友应注意哪些问题

（1）在使用通信交友软件或上网交友时，尽量使用虚拟的昵称、电子邮箱等方式，尽量避免使用真实的姓名，不轻易告诉对方自己的住址、电话号码等有关个人真实的信息。

（2）不轻易与网友见面，许多大学生与网友沟通一段时间后，感情迅速升温，不但交换真实姓名、电话号码等个人信息，而且还有产生见面的冲动。

（3）与网友见面时，要有自己信任的同学或朋友陪伴，尽量不要一个人赴约，见面的地点尽量选择在人员较多的公共场所，不要选择偏僻、隐蔽的场所，见面时间尽量选择在白天，否则一旦发生危险情况，得不到他人的帮助。

（4）在网络聊天时，不要轻易点击来历不明的网络链接或来接收历不明的文件，这些链接或文件往往会携带病毒、或带有窃取个人信息的危险、或带有攻击性质的黑客软件，会造成系统崩溃或被植入木马程式。

（5）警惕网络的反动宣传。聊天室里汇聚了各类人群，也有一些组织或个人利用聊天室进行反动宣传，这些都应引起大学生的警惕。

3．大学生在进行网络购物时应注意哪些问题

（1）选择合法的、信誉度较高的正规网站交易。网上购物时必须对该网站的信誉度、安全性、付款方式，特别是以信用卡付费的保密性进行考察，在付款前多加注意，防止个人账号、密码遗失或被盗，造成不必要的损失。

（2）一些微博、抖音、小红书等软件里面的销售广告，只能作为参考，特别是进行二手货物交易时，更要谨慎，不可贪图小便宜，尽量选择有法律保障的途径。

（3）避免与未提供足以辨识和确认身份资料（缺少登记名称、负责人名称、地址、电话）的电子商店进行交易，若对该商店感到陌生，可通过电话或询问当地消费团体该电子商店的信誉度等基本资料。

（4）若网上商店所提供的商品与市价相距甚远或明显不合理时，要小心求证，切勿贸然购买，谨防上当受骗。

（5）消费者进行网上交易时，应打印出交易内容与确认号码之订单，或将其存入计算机，妥善保存交易记录。

（6）购买商品之后，不要轻易相信号称来自商家的短信、微信等，正规商家只会通过官方途径联系消费者，一些打着商品问题要求向消费者退货、退款的虚假商家的信息，其根本目的是获取个人支付信息，骗取个人钱财。

4．如何避免遭遇网络陷阱，防止网络欺骗

（1）不要轻易相信网络上中奖之类的信息，某些不法网站或个人利用一些人贪图小便宜的心理，常常通过向网民公布一些诸如微博账号、手机号码等号码中奖，然后要求中奖人邮寄汇费、提供银行卡号或个人资料，以缴纳兑奖所需税款或按兑奖步骤操作等方式，套取个人钱物、个人信息等。

（2）不要轻易相信互联网上来历不明的测试个人情商、智商、交友之类的测试软件，这往往就是一个网络陷阱。这类软件大多要求提供个人真实的资料，或通过提供的网络链接窃取个人信息，甚至会套取个人钱财。

（3）不要轻易将自己的电话号码、手机号码在网上注册，一些网民在注册成功后，不但要缴纳高额的电话费，而且会受到一些来历不明的电话、信息的骚扰，造成个人信息的泄露。

（4）不要轻易相信网上公布的快速致富的窍门，天下没有免费的午餐，天上不会掉馅饼。有许多不法分子利用大学生生活费有限的情况，在网络上公布兼职、刷单等“低成本高回报”的致富方法，一旦相信快速致富之类信息，绝大部分都会赔钱，甚至血本无归、受到诈骗。

【模拟演练】

1．如何绿色、文明、安全上网

（1）慎信他人。不要轻信网上的人讲的话。

（2）慎护隐私。不要轻易发布个人身份信息。

（3）慎收文件。不打开来历不明的邮件。

（4）慎会网友，不要单独去与网友会面。

（5）远离色情。不要浏览色情网站。

（6）远离网吧。通过学校或家庭等途径上网，不要进入网吧、“黑网吧”等场所。发现“黑网吧”或接纳未成年人上网的正规网吧，积极向工商、文体部门举报。

（7）培养文明的网络素养和网络道德。未征得别人同意，不要随意改变计算机的设置或删除别人的文件；在网络上交谈或写电子邮件的时候，保持礼貌与良好的态度。

（8）安排好健康的作息时间，切不可沉迷上网或游戏。

2．计算机用户的基本道德规范

（1）不应该利用计算机去伤害他人。

（2）不应干扰别人的计算机工作。

（3）不应到他人的计算机中窥探别人的文件。

（4）不应用计算机进行偷窃。

（5）不得蓄意破译别人口令。

（6）不应用计算机作伪证。

（7）不应使用或复制不属于自己的且没有付钱的软件。

（8）不应未经许可而使用别人的计算机资源。

（9）不应盗用别人的智力成果。

（10）不能利用电子邮件做广播型的宣传。

（11）不应私自阅读他人的通信文件（如电子邮件）或伪造电子邮件信息。

（12）应该以深思熟虑和慎重的方式来使用计算机。

（13）避免伤害他人。

（14）要诚实可靠。

（15）要公正并且不采取歧视性行为。

（16）尊重包括版权和专利在内的财产权。

（17）尊重知识产权。

（18）尊重他人的隐私。

（19）保守秘密。

（20）保护个人信息。

3．优化账户密码

以下各项是账户密码的具体要求，自查所设置的各类密码与以下各项要求是否相符，然后根据以下要求对各类密码进行优化处理。

（1）如果有初始密码，应尽快修改。

（2）密码长度不少于 8 个字符。

（3）不要使用单一的字符类型，例如，只用小写字母，或只用数字。

（4）用户名与密码不要使用相同字符。

（5）常见的弱口令尽量避免设置为密码。

（6）自己、家人、朋友、亲戚、宠物的名字避免设置为密码。

（7）生日、结婚纪念日、电话号码等个人信息避免设置为密码。

（8）工作中用到的专业术语、职业特征避免设置为密码。

（9）密码字典中不应包含单词，或者在单词中插入其他字符。

（10）所有系统尽可能使用不同的密码。

（11）防止网页自动记住用户名与密码。

（12）上网注册账号时，用户名和密码不要与公司内部用户名和密码相同或有关联。

（13）通过密码管理软件保管好密码的同时，密码管理软件应设置高强度安全措施。

（14）密码应定期更换。

4．防治计算机病毒传播

以下各项是防治计算机病毒传播的主要措施，自查一下哪些在日常学习、生活、工作已经做到了，哪些还需要不断改进，努力做到。

（1）谨慎使用公共和共享的软件，因为这种软件使用人多而杂，它们携带病毒的可能性较大。应尽量不使用外来的移动存储设置，特别是公用计算机上使用过的 U 盘。对外来盘要查杀病毒，确认无病毒后再使用。

（2）提高病毒防范意识，尽量使用正版软件，不使用盗版软件和来历不明的软件，“写保护”所有的系统文件。

（3）密切关注媒体发布的病毒信息，及时打好补丁，更新杀毒软件、操作系统和应用软件中的漏洞。

（4）除非是原始盘，绝不用来历不明的启动盘去引导硬盘。

（5）在计算机中安装正版杀毒软件，定期对引导系统进行查毒、杀毒，对杀毒软件要及时进行升级。使用防火墙软件实时监控病毒，抵抗大部分的病毒入侵。及时升级病毒库，保证它处于最新的版本，并经常进行病毒的查杀。

（6）对重要的数据、资料、分区表要进行备份，创建一张无毒的启动盘，用于重新启动或安装系统。不要把用户数据或程序写到系统盘中。

（7）如果无法防止病毒入侵，至少应尽早发现病毒的入侵，发现病毒越早越好，如果能够在病毒产生危害之前发现和清除它，则可以使系统免受危害；如果能够在病毒广泛传播之前发现它，则可以使修复系统的任务较轻和较容易。总之，病毒在系统中存在的时间越长，产生的危害就越大。

（8）计算机染上病毒后，应尽快予以清除，对付计算机病毒比较快捷和简便的方法就是使用优秀的杀毒软件进行查杀，几乎所有的杀毒软件都能事先备份正常的硬盘引导区，当硬盘被病毒感染时，先清除病毒再将引导区重新复制回硬盘，以保证硬盘能正确引导系统。

5．如何远离网络侵害

（1）工作场所要慎防陌生人进入，离开自己的工位时要注意桌面安全。

（2）遇到陌生号码时要慎回拨。

（3）关注的微信公众号经常会受到一些疑似官方中奖或降价等通知，不要轻易点击其链接或是填写个人信息。

（4）对于收到的官方银行短信要求要升级、改密码并给出网站链接的情况不要轻信。

（5）关于网络红包，如果不是自己认识的人发的尽量不要点开。

（6）在使用手机支付时要注意不要在浏览器中购物、不要用公共 Wi-Fi 支付、不要随意扫描二维码。

（7）在发朋友圈的时候记得不要定位，不要出现自己的个人信息，如果一定要发送，可以进行陌生人不可见的设置。

（8）自己的计算机不要轻易安装插件，对于平常浏览的搜索引擎和软件要注意。

（9）不管是计算机还是手机，在设置密码时一定要用心，这样别人才不容易破解。

（10）拾到别人遗失的 U 盘等存储设备不要轻易插入自己的计算机，防止别人通过存储设备复制计算机中的私密文件。

（11）受到类似让提供个人信息并带有指定网站的邮件、信息等需谨慎，注意钓鱼邮件和钓鱼网站的存在。

6．安全使用 Wi-Fi 的注意事项

目前，很多餐饮娱乐等公共场所已提供免费 Wi-Fi 服务。由于安全措施较差，黑客可通过网络监听、密码攻击、会话劫持、脚本注入和后门植入等方式进行攻击，从而盗取各类账号和密码，公共场所 Wi-Fi 安全问题不容忽视。

（1）关掉共享，不要自动连接 Wi-Fi 网络。在不需要上网时，及时关闭手机 Wi-Fi 信号，或将 Wi-Fi 连接设置改为手动，避免手机自动连接 Wi-Fi 而带来不必要的安全隐患。

（2）使用手机安全软件对 Wi-Fi 进行安全检测或开启 Wi-Fi 安全通道。

（3）尽量不使用陌生 Wi-Fi 网购。在公共 Wi-Fi 下登录最好不要涉及支付、财产相关账号密码，即便当前 Wi-Fi 较为安全。

（4）个人社交账号密码及网银密码等信息要定期更改，防止因其他网站信息泄露而造成支付账户的资金损失。

【自主练习】

1．单选题

（1）下列选项中，不属于信息安全所面临的威胁的是（　　）。

A．黑客的恶意攻击　　B．恶意网站设置的陷阱

C．信息访问需要付出高昂的费用　　D．用户上网时的各种不良行为

（2）（　　）是指信息在传输或存储时不被他人窃取。

A．机密性　　B．完整性　　C．可用性　　D．可控性

（3）下列选项中，属于强密码的是（　　）。

A．123456　　B．Box_187BAO　　C．666666　　D．19981225

（4）网络不良与垃圾信息举报受理中心的受理电话是（　　）。

A．011-21321　　B．010-21321　　C．011-12321　　D．010-12321

(5) 降低了玩家对钱财本能的保护意识，麻痹了玩家对财产损失的感觉，是网络赌博的（　　）特征。

A．虚拟性　　B．便捷性　　C．隐蔽性　　D．娱乐性

(6) 下列对网络资源的说法中正确的是（　　）。

A．不下载来历不明的文件，从可信任网站下载的文件也须先杀毒

B．可下载来历不明的文件，从可信任网站下载的文件无须先杀毒

C．无论是图片、MP3 文本还是软件，任何格式的文件都不可能在其中捆绑木马病毒

D．常用的软件、游戏等资源，不一定要选择在官网或正规下载网站下载。下载后，无须先杀毒再使用

(7) 计算机病毒是指（　　）。

A．编制有错误的计算机程序　　B．设计不完善的计算机程序

C．已被破坏的计算机程序　　D．以危害系统为目的的特殊计算机程序

(8) 病毒产生的原因是（　　）。

A．用户程序错误　　B．计算机硬件故障

C．人为制造　　D．计算机系统软件有错误

(9) 网络病毒感染的途径可以有很多种，但发生得最多却又最容易被人们忽视的是（　　）。

A．软件商演示光盘　　B．系统维护盘　　C．网络传播　　D．用户个人 U 盘

2．多选题

(1) 根据用户具有的生物特征，身份认证可通过（　　）等进行。

A．身份证　　B．声音　　C．指纹　　D．人脸

(2) 防火墙的主要功能包括（　　）。

A．网络安全屏障　　B．强化安全策略　　C．监控审计　　D．防止信息外泄

(3) 应对不良网络贷款，应当（　　）。

A．树立科学消费观，不盲目攀比，生活支出应根据家庭实际情况合理安排

B．提升自控力和自律能力

C．增强防骗意识，保持头脑清醒

D．远离不良的网络贷款

(4) 遭受网络暴力后，应当（　　）。

A．回应质疑　　B．向平台投诉

C．报案寻求帮助　　D．当作没看见，不理会

3．判断题

(1) 为了方便记忆，某同学将他的银行卡密码、网上银行账户密码都设置为自己的出生日期，这种做法是可靠的。（　　）

(2) 除遭到黑客恶意攻击外，个人的不良上网习惯，如登录非法网站，不会对个人信息泄露造成任何危害。（　　）

(3) 为防止密码被轻易破解或泄露，应避免将密码设置为“123456”等弱密码。（　　）

(4) 使用计算机和手机等常用信息设备时，应从官方网站或其他正规渠道下载应用软件。（　　）

(5) 任何个人和组织不得从事非法侵入他人网络、干扰他人网络正常功能、窃取网络数据等危害网络安全的活动。（　　）

主题 9　强化公共安全

近年来，突发公共安全事件频发，给我国经济和民生造成巨大直接损失的同时，也带来了诸如公众心理受到巨大冲击、居民生活被严重打乱等一系列间接影响。因此，学会如何预防、应对突发事件成为每个人必须掌握的基本知识。大学生是国家社会的重要特殊群体，大多异乡求学，他们普遍缺乏应对突发公共安全事件的意识及相关理论普及。因此，针对大学生开展突发公共安全教育显得十分必要和关键。

传染病历来是危害人体健康、威胁生命和影响国家经济建设、影响社会稳定的因素之一。传染病对学校的危害尤为突出，学生是传染病多发集体，一旦传染病在校园内暴发，造成学校停课，影响将极其严重。因此，做好学校传染病的预防工作非常重要。

【自我测试】

表 9-1 所示的“公共安全意识测试”用于测试同学们的公共安全意识，共 15 道测试题，请仔细阅读表 9-1 中各项测试内容，然后实事求是地作答。若你的回答为“是”，则在表 9-1 中“测试结果”列填入数字“1”；若你的回答为“否”，则在表 9-1 中“测试结果”列填入数字“0”。

表 9-1　公共安全意识测试

测 试 内 容	测 试 结 果
（1）你掌握了一定的急救知识	
（2）你能够识别常见的预警信号	
（3）你不会到无安全设施的游泳场所游泳	
（4）你不会在雷雨天气冒险走出室外	
（5）你知道发生泥石流时的正确逃跑方向	
（6）你不会在高温天气外出活动，在室内会多喝水	
（7）你在登山、骑行、垂钓等户外运动中始终保持警惕，不做冒险行为	
（8）你在外出旅游前会做好充分准备，旅途中随时注意人身财产安全	
（9）你平时能经常性保持良好的个人卫生习惯	
（10）你在传染病流行期间会加强个人防护，不到人群密集的场所	
（11）你对各种求救电话和求救信号都非常熟悉	
（12）在人群中走动，遇到台阶或楼梯时，你会尽量抓住扶手，防止摔倒	
（13）平时你都会积极参加体育锻炼，增强体质	
（14）平时你打喷嚏或咳嗽时都会用手帕或纸巾掩住口鼻，避免飞沫污染他人	
（15）平时你从不会与他人共用水杯、毛巾、牙刷等物品	
小计	

在表 9-1 中“小计”行汇总“测试结果”得分，得分小计越高说明你的公共安全意识越强。大学生虽然可能并未遭遇过某些公突发事件，但在大学期间除了学习专业知识技能，也应储备公共安全知识，这对自己以后的职业生涯和人生都十分有益。如果测试结果有一些为“否”的选项，你就要认真思考，积极地往好的方向改变。

【案例探析】

【案例9-1】“12·31”上海外滩踩踏事件

【案例描述】

（1）事件简介。

2014年12月31日23时35分，正值跨年夜活动，因很多游客市民聚集在上海外滩迎接新年，上海市黄浦区外滩陈毅广场东南角通往黄浦江观景平台的人行通道阶梯处底部有人失衡跌倒，继而引发多人摔倒、叠压，致使拥挤踩踏事件发生，造成36人死亡，49人受伤。

（2）事件过程。

2014年12月31日23时30分，警方从监控探头中发现陈毅广场上下江堤的一个通道上，发生人员滞留的情况，立即调集值班警力赶赴现场，民警遭超大规模拥挤人流的阻隔，采取了强行切入的方式，进入所用时间比正常时间多5～8分钟。

22时37分，外滩陈毅广场东南角北侧人行通道阶梯处的单向通行警戒带被冲破以后，现场执勤民警竭力维持秩序，仍有大量市民游客逆行涌上观景平台。

23时23分至33分，上下人流不断对冲后在阶梯中间形成僵持，继而形成“浪涌”。

23时35分，僵持人流向下的压力陡增，造成阶梯底部有人失衡跌倒，继而引发多人摔倒、叠压，致使拥挤踩踏事件发生。有处于高处的民众意识到了危险，挥舞手臂让其他人后退。楼梯上的人和赶到救援的警察开始呼喊让台阶上的人群后退，但声音太小并没有起到多大作用。于是更多的人被层层涌来的人浪压倒，情势开始失控。

23时40分，眼见下面的人处于危险，站在墙头的几个年轻人就开始号召大家一起呼喊，“后退！后退！”楼梯上端的人群察觉到了下面的危险，人流涌动的趋势开始减慢并停止。10分钟后人群有了后退的趋势，然而压在下面的人已经渐渐不支，当人群终于散开时，楼梯上已经有几十人无力地瘫倒在那里，救援人员立即进行呼喊和心肺复苏。

23时50分，越来越多的警察赶到，试图从下端往外拉拽被压得动弹不得的人，但根本拉不动。

23时55分，所有倒地没有受伤的人们都站了起来。现场的哭喊与尖叫声和呼叫救护车的声音混成一团，赶来的医务人员和附近的热心市民对每一个倒地的人进行呼喊和心肺复苏，试图进行抢救。

（3）事件原因。

2015年1月21日，上海市公布“12·31”外滩拥挤踩踏事件调查报告，认定这是一起对群众性活动预防准备不足、现场管理不力、应对处置不当而引发的拥挤踩踏并造成重大伤亡和严重后果的公共安全责任事件。

【案例启示】

大学生经常参加人数众多的群众性集体活动，如体育比赛、演唱会、报告会等，为了避免上海外滩踩踏事故类似悲剧再次发生，活动举办方和参与人员应采取有效措施进行现场管理和处理安全事件。

【案例9-2】汶川大地震中永不言弃的乐刘会

【案例描述】

在汶川大地震中，乐刘会被困75个小时后被营救出来。记者问她是怎样度过这75个小时的，乐刘会回答道：“当听到外面有人时我就使劲地喊救命，外面没声响时我就休息，保持体力。饿了、渴了都忍着，我一直坚持着。我相信你们一定会来救我，我相信我一定能活下去。”乐刘会镇静、自信、永不言弃的精神感染着身边的每个人。她说的话正是地震中所有被埋的人的心里话。

【案例启示】

遇到地震之类的突发险情，首先，一定要保持镇定，无法脱险时不要大声哭喊，应保存体力。其次，要寻找时机积极呼救，听到人声时要呼喊，或用石块敲击铁管、墙壁等发出呼救信号。相信救援人员，按照救援人员的要求行动。

【学习领会】

9.1 预防自然灾害

1. 自然灾害

自然灾害（Natural disasters）是指给人类生存带来危害或损害人类生活环境的自然现象，包括干旱、高温、低温、寒潮、洪涝、山洪、台风、龙卷风、火焰龙卷风、冰雹、风雹、霜冻、暴雨、暴雪、冻雨、酸雨、大雾、大风、结冰、霾、雾霾、地震、海啸、滑坡、泥石流、浮尘、扬沙、沙尘暴、雷电、雷暴、球状闪电、火山喷发等。

2. 常见的自然灾害及其成因

（1）风灾。风灾是常见自然灾害之一，大风的破坏力较强，对人们的生命财产安全构成严重威胁。根据它的破坏程度和风力大小，可分为一般大风、较强大风、特强大风。一般大风是指6～8级大风，主要破坏农作物，对建筑工程设施一般不会造成破坏；第二类是较强大风，相当于9～11级大风，除破坏农作物、林木外，对建筑工程设施可造成不同程度破坏；第三类是特强大风，相当于12级和以上大风，不但对农作物、林木有破坏力，而且对工程设施和船舶、车辆等均可造成严重破坏，并严重威胁人员和其他动物生命安全。如果狂风伴着暴雨，风雨交加，破坏力更强，后果更为严重。

（2）水灾。大大小小的水灾几乎每年都有，并且都造成了不同程度的损失，严重影响了人民群众的生产、生活，对生命财产安全造成极其重大威胁。山沟洪水暴涨，造成大量田地冲毁、庄稼伏地、树木翻根；靠近公路沿线的房屋垮塌，道路被淹没，交通被迫中断，给人们的饮食起居、工作出行带来极大不便。水灾一般分为主动型水灾和被动型水灾。主动型水灾是指天下暴雨后，突然涨水，来势凶猛主动、破坏力强，以迅雷不及掩耳之势，一般会对生命财产安全构成极大威胁甚至造成严重损失；被动型水灾是指固定的塘、堰、湖、河，在人们的可控范围之内，对人类社会造成的灾害，其破坏力和威胁性都相对较小。在被动型水灾中，人是主动的、积极的，通过努力可以及时对其制止、征服；在主动型水灾中，人的主观能动性在短时间内相对会被弱化，征服改造水灾能力会相对变差。

（3）泥石流。常见于暴雨之后，是结构不坚固的山体突然发生的爆发式涌流现象。它的速度快、力量猛，体量也十分巨大，对房屋、庄稼、人员、牲畜等生命财产安全构成极大威胁，是比较厉害的重大灾害之一。

（4）地震。离我们时间比较近、记忆深刻的地震有至少6次：第1次是1976年的唐山大地震，破坏力极强，危害后果严重，人员伤亡巨大；第2次是2008年发生在四川汶川的“5·12”特大地震，给我们的印象特别深刻，瞬间家园被毁，伴随强震而去被残垣断壁无情吞噬的还有许多鲜活的生命；第3次是2010年4月14日青海玉树地震；第4次是2013年的四川芦山“4·20”地震；第5次是2014年11月22日四川康定地震；第6次是2017年8月8日发生在四川九寨沟的

7.0 级地震。这些地震都造成了不同程度的破坏，尤其是前三次危害相当大，人民群众生命财产损失严重，国家投入了大量的人力、物力、财力积极进行抗震救灾、抢险救援和高效的恢复重建。

（5）其他自然灾害。除了上述五种常见自然灾害外，还有雪灾、冰雹等自然灾害，病毒疫情等公共卫生事件也可以纳入自然灾害范畴。其危害性不言而喻，也十分突出，值得人类思索探究和高度重视。

3．如何防范自然灾害

（1）学：学习有关各种灾害知识和减灾知识。

（2）听：经常注意收听国家和地方政府发布的灾害信息，不听信谣传。

（3）备：做好个人、家庭的各种行动准备和物质、技术准备。

（4）察：注意观察周围的自然变异现象。

（5）报：一旦发现某种异常的自然现象，不必惊恐，但要尽快向有关部门报告，请专业部门做出判断。

（6）抗：一旦灾害发生，应发扬大无畏精神，组织大家和个人自卫。

（7）避：灾前做好个人和家庭躲避和抗御灾害的行动安排，选好避灾的安全地方，一旦灾害发生，个人要组织大家进行避灾。

（8）断：在救灾行动中，首先要切断可导致次生灾害的电、火、煤气等灾源。

（9）救：要掌握一定的医疗救护知识，准备一些必备药品，以便在灾害期间医疗系统不能正常工作的情况下，及时自救和救治他人。

9.2 公共场所的应急处理

1．公共场所的应急求助设施

（1）在公共场所，均有红底黄字的“报警开关”标志，箭头指向位置即按钮位置，下推为报警电话。

（2）走廊配有干粉灭火器箱，上面贴有红色“灭火器”标志。

（3）楼层内设有事故照明灯，可见清晰的“紧急出口”标志。

（4）在走廊或者楼梯，有消防栓，附近配有消防带。

（5）城市中心有应急避难场所标志。

切记：处在陌生的环境时，如入住酒店、商场购物、进入娱乐场所时，务必留心疏散通道、灭火设施和紧急出口及楼梯方位等，以便关键时候能尽快逃离现场。

2．公共场所如何预防发生人群拥挤踩踏事件

（1）发觉拥挤的人群向着自己行走的方向移动时，应该马上避到一旁，但不要奔跑，以免摔倒。

（2）如果到达楼层时有可以暂时躲避的宿舍、水房等空间，可以暂避一时。切记不要逆着人流前进，那样非常容易被推倒在地。

（3）若身不由己陷入人群之中，一定要先稳住双脚。切记远离玻璃窗，以免因玻璃破碎而被扎伤。

（4）遭遇拥挤的人流时，一定不要采用体位前倾或者低重心的姿势，即便鞋子被踩掉，也不要贸然弯腰提鞋或系鞋带。

（5）如有可能，抓住坚固牢靠的东西，待人群过去后，迅速而镇静地离开现场。

（6）在拥挤的人群中，要时刻保持警惕，当发现有人情绪不对，或人群开始骚动时，就要做好准备，保护自己和他人。

（7）在拥挤的人群中，千万不能被绊倒，避免自己成为拥挤踩踏事件的诱发因素。

（8）在拥挤的人群中，一定要时时保持警惕，不要被好奇心理所驱使。当面对惊慌失措的人群时，要保持自己情绪稳定，不要被别人感染，惊慌只会使情况更糟，惊慌可以，万万不可失措。

（9）已被裹挟至人群中时，要切记和大多数人的前进方向保持一致，不要试图超过别人，更不能逆行，要听从指挥人员口令。同时发扬团队精神，因为组织纪律性在灾难面前非常重要，专家指出，心理镇静是个人逃生的前提，服从大局是集体逃生的关键。

（10）如果出现拥挤踩踏的现象，应及时联系外援，寻求帮助，赶快拨打 110、120 报警电话或学校救助电话等。

（11）举止文明，人多的时候不拥挤、不起哄、不制造紧张或恐慌气氛。

（12）发现不文明的行为要敢于劝阻和制止。

（13）尽量避免到拥挤的人群中，尽量走在人流的边缘。

（14）应顺着人流走，切不可逆着人流前进，否则，很容易被人流推倒。

（15）在人群中走动，遇到台阶或楼梯时，尽量抓住扶手，防止摔倒。

（16）当发现自己前面有人突然摔倒时，要马上停下脚步，同时大声呼喊，告知后面的人不要向前靠近。

（17）若被推倒，要设法靠近墙壁。面向墙壁，身体蜷成球状，双手在颈后紧扣，以保护身体最脆弱的部位。

9.3 防范暴雨灾害

1. 什么是暴雨

暴雨是指一定时间内强度很大的雨。如果时降雨在 16 毫米以上，或者 12 小时降雨在 30 毫米以上，或者 24 小时降雨在 50 毫米以上，都称暴雨。

当 24 小时降雨量大于或等于 50 毫米且小于 100 毫米时称为暴雨；大于或等于 100 毫米且小于 250 毫米时称为大暴雨；大于或等于 250 毫米时称为特大暴雨。

2. 暴雨预警信号

暴雨预警信号分三级，分别以黄色、橙色、红色表示。

（1）暴雨黄色预警信号。

含义：6 小时降雨量将达 50 毫米以上，或者已达 50 毫米以上且降雨可能持续。

防御指南：

①有关部门根据情况启动防御工作预案；

②市民应及时收好露天晾晒物品；

③低洼、易受淹地区要做好排水防涝工作；

④驾驶人员应注意道路积水和交通阻塞，确保安全。

（2）暴雨橙色预警信号。

含义：3 小时降雨量将达 50 毫米以上，或者已达 50 毫米以上且降雨可能持续。

防御指南：

①暂停在空旷地方的户外作业，尽可能停留在室内或者安全场所避雨；

②相关应急处置部门和抢险单位加强值班，密切监视灾情，切断低洼地带有危险的室外电源，

落实应对措施；

③交通管理部门应对积水地区实行交通引导或管制；

④转移危险地带以及危房居民到安全场所避雨；

⑤其他同暴雨黄色预警信号的防御指南。

（3）暴雨红色预警信号。

含义：3 小时降雨量将达 100 毫米以上，或者已达 100 毫米以上且降雨可能持续。

防御指南：

①人员应留在安全处所，户外人员应立即到安全的地方暂避；

②相关应急处置部门和抢险单位随时准备启动抢险应急方案；

③已有上学学生和上班人员的学校、幼儿园以及其他有关单位应采取专门的保护措施，处于危险地带的单位应停课、停业，立即转移到安全的地方暂避；

④其他同暴雨橙色预警信号的防御指南。

3. 强对流天气的成因与危害

以强对流运动为动力，形成的巨大积雨云所产生的天气，称为强对流天气。

（1）强对流天气的成因。

空气质点的水平运动，称为风。空气质点垂直向上运动称为上升，向下称为下沉。当一团空气温度比周围空气温度高时，这团空气因密度较周围空气小，就要上升，周围的空气就要下沉，这称为空气的对流运动。

当触发因热力原因处于不稳定状况的空气时，空气将产生较强的上升运动。低层潮湿空气在上升过程中必然导致水汽凝结，大量水汽凝结释放的潜热加热空气，使其气温升高，进一步加强了对流运动。当对流运动中空气质点的垂直速度接近 50 厘米/秒（强的超过 1 米/秒）时，称为强对流运动。

强对流天气包括雷电（与地表物体和人发生的放电现象称雷击）、雷暴大风、强雷雨（局地短时降水或持续性暴雨的一部分）、冰雹和龙卷风等。通常情况下，将电闪雷鸣时出现的大风和降雨称为雷雨大风。

（2）强对流天气的危害。强对流天气除雷雨可以增加土壤墒情、增加池塘水库蓄水和炎热时缓和高温天气程度外，基本上是灾害性天气。雷击造成人员伤亡，损坏建筑物和输电、通信设施以及影响航空运输；雷暴大风吹毁建筑物、树木，影响水运安全；冰雹最主要的是砸坏农作物和房屋、设施，短时低温也影响农作物的正常生长和发育；龙卷风具有很强的摧毁力；强雷雨有时还是局地山洪、山地灾害和大范围持续性暴雨的元凶，都影响着人们生命财产的安全。

4. 暴雨时的防护措施

暴雨会造成“山洪暴发”“河水泛滥”“城市积水”等恶劣情形，给我们的出行带来不便甚至威胁到我们的生命安全，那么我们要如何应对呢？

（1）暴雨来临前请找好一个安全的地方，并停留至暴雨结束为止。暴雨中的安全地方是指牢固的建筑物、地势较高的建筑物。

（2）如果路面开始水浸，请不要贸然涉水。

（3）尽量待在安全的建筑物中，保持身体干燥。请不要站在树下、电线杆下，在室外时切勿使用手机。

（4）远离建筑工地的临时围墙以及建在山坡上的围墙，不要站在不牢固的临时建筑物旁边。

9.4　防范雷电灾害

1．雷电是怎么回事

雷电是大气中的一种放电现象。雷雨云在形成过程中，一部分积聚起正电荷，另一部分积聚起负电荷，当这些电荷积聚到一定程度时，就产生放电现象。放电有的发生在云层与云层之间，有的则发生在云层与大地之间，这两种放电现象俗称打雷。打雷造成危害又叫雷击。雷击分为直接雷击与间接雷击。它会破坏建筑物、电气设备，伤害人、畜。打雷放电时间极短，但电流异常强大。放电时产生的强光，就是闪电。闪电时释放出的大量热能，能使局部空气温度瞬间升高 1 万～2 万摄氏度。如此巨大的能量，具有极大的破坏力，可造成电线杆、房屋等被劈裂倒塌以及人、畜伤亡，还会引起火灾及易爆物品的爆炸。雷电全年都会发生，而强雷电多发生于春夏之交和夏季。

雷电的主要特点如下：冲击电流大、时间短、雷电流变化梯度大、冲击电压高：强大的电流产生的交变磁场，其感应电压可高达上亿伏。

2．室内怎么避雷

（1）打雷时，首先要做的就是关好门窗，防止雷电直击室内和球形雷飘进室内。

（2）碰上雷雨天气，在室内远离进户的金属水管和与屋顶相连的下水管等。

（3）雷雨天气时，尽量不要拨打、接听电话，或使用电话上网，应拔掉电源、电话线及电视馈线等可能将雷电引入的金属导线。科学稳妥的办法是在电源线上安装电源避雷器，在电话线上安装电话避雷器，在天、馈线上安装天、馈避雷器并做好接地。保持屋内的干燥，房子漏雨时，应该及时修理好。

（4）进户电源线的绝缘子铁脚应做接地处理，三相插座应连好接地线。

（5）晾晒衣服、被褥等用的铁丝不要拉到窗户、门口，以防铁丝引雷。

（6）不要在凉亭、草棚和房屋中避雨久留，注意避开电线，不要站立灯泡下，最好是断电或不使用电器。

3．室外避雷的注意事项

下雷雨时，往往会伴生雷电，雷电极有可能对人的生命安全造成伤害。因此，我们很有必要掌握一些防范雷电伤害的知识。

（1）雷雨天气时不要停留在高楼平台上，在户外空旷的地方不要进入孤立的棚屋、岗亭等。因为这些房屋没有防范设施。

（2）远离建筑物外露的水管、煤气管等金属物体及电力设备。

（3）不要在大树下躲避雷雨，如万不得已，要与树干保持 3 米距离，下蹲并双腿并拢。

（4）如果在雷电交加时，头、颈、手处有蚂蚁爬走感，头发竖起，说明将发生雷击，应赶紧趴在地上，这样可以减少遭雷击的危险，并拿去身上佩戴的金属饰品和发卡、项链等。

（5）如果在户外遭遇雷雨，来不及离开高大物体时，应马上找些干燥的绝缘物放在地上，并将双脚合拢坐在上面，千万不能将脚放在绝缘物以外的地面上，因为水能导电。

（6）在户外躲避雷雨时，应注意不要用手撑地，同时双手抱膝，胸口紧贴膝盖，尽量低下头，因为头部较之身体其他部位最易遭到雷击。

（7）当在户外看见闪电几秒钟内就听见雷声时，说明正处于近雷暴的危险环境，此时应停止行走，两脚并拢并立即下蹲，不要与人拉在一起，最好使用塑料雨具、雨衣等。

（8）在雷雨天气中，不宜在旷野中打伞；不宜进行户外球类运动，雷暴天气进行高尔夫球、足球等运动是非常危险的；不宜在水面和水边停留；不宜在河边游泳、玩耍。

（9）在雷雨天气中，不宜快速开摩托、快骑自行车和在雨中狂奔，因为身体的跨步越大，电压就越大，也越容易伤人。

（10）如果在户外看到高压线遭雷击断裂，此时应提高警惕，因为高压线断点附近存在跨步电压，身处附近的人此时千万不要跑动，而应双脚并拢，跳离现场。

4. 雷电伤害发生后的处置方法

与遭遇其他突发事件一样，雷电伤害发生后要保持镇定，并注意以下事项。

（1）如果身上的衣服着火，可就地打滚压灭火苗。

（2）查看身体是否有伤，若身上有伤情，可向附近的人求助，及时去医院治疗。

（3）即使自我感觉没事，也应去医院检查，确认内脏、骨骼是否受到损伤。

（4）发现有人被雷击中后，对于轻伤者，应立即将其转移到附近避雨避雷处休息；如果伤者身上的衣服着火，应马上让伤者躺下，使火不致烧伤面部，并往伤者身上泼水，或者用厚衣服、毯子等把伤者裹住，以扑灭火焰。

（5）对于处于假死状态的重伤者，要立即对其进行心肺复苏急救。

（6）如果室内发生雷击火灾，要赶紧切断电源，并迅速拨打119报警电话求救。

【安全小贴士】

人被雷击中的一瞬间，电流会经过人的身体导入大地，所以雷电伤害发生后人的身体是不带电的。不要因为怕触电，不敢去触摸伤者而错过急救的黄金时间。

9.5 防范洪涝灾害

1. 什么是山洪

山洪最常见的是由暴雨引起的，通常指在山区沿河流及溪沟形成的暴涨暴落的洪水及伴随发生的滑坡、崩塌、泥石流。拦洪设施的溃决也可引发山洪。山洪灾害是指山洪暴发而给人们带来的危害，包括人员伤亡、财产损失、基础设施毁坏及环境资源破坏等。山洪灾害分为泥石流灾害、滑坡灾害和溪河洪水灾害。

2. 什么是洪灾

洪灾是指一个流域内因集中大暴雨或长时间降雨，汇入河道的径流量超过其泄洪能力而漫溢两岸或造成堤坝决口导致泛滥的灾害。

洪灾多发于6月至9月，6月中旬至7月中旬的梅雨季节以及7月中旬至9月的台风季节都易暴发洪灾，致使农田受淹，村庄被冲，房屋倒塌，财产受损，甚至造成人员伤亡。

3. 遇到洪水应该如何自救

（1）洪水到来时，来不及转移的人员，要就近迅速向山坡、高地、楼房、避洪台等地转移，或者立即爬上屋顶、楼房高层、大树、高墙等高的地方暂避。

（2）如洪水继续上涨，暂避的地方已难自保，则要充分利用准备好的救生器材逃生，或者迅速找一些门板、桌椅、木床、大块的泡沫塑料等能漂浮的材料扎成筏逃生。

（3）如果已被洪水包围，要设法尽快与当地政府防汛部门取得联系，报告自己的方位和险情，积极寻求救援。

注意：千万不要游泳逃生，不可攀爬带电的电线杆、铁塔，也不要爬到泥坯房的屋顶。

（4）如已被卷入洪水中，一定要尽可能抓住固定的或能漂浮的东西，寻找机会逃生。

（5）发现高压线铁塔倾斜或者电线断头下垂时，一定要迅速远避，防止直接触电或因地面“跨步电压”触电。

（6）洪水过后，要做好各项卫生防疫工作，预防疫病的流行。

9.6 防范地震灾害

1．震前准备措施

在地震来临前做好对策预案，加固建筑物，并做好以下准备措施。

（1）学习地震知识，掌握科学的自防自救方法。震前预防，是指有中、短期地震预报背景的地区，根据临震前所发现的宏观异常，采取简易有效的防震抗震措施的举动。另外，震前的物质准备也是很重要的，主要有高能量食品、水、急救箱等，放在震时紧急躲避处，以争取足够的等待外援的时间。

（2）分配每人震时的应急任务，以防手忙脚乱，耽误宝贵时间。

（3）确定疏散路线和避震地点，要做到畅通无阻。

（4）加固室内器具。

（5）落实防火措施，易燃物品要妥善保管。

（6）学会并掌握基本的医疗救护技能，如人工呼吸、止血、包扎、搬运伤员和护理方法等。

（7）适时进行应急演习，以发现弥补避震措施中的不足之处和正确识别地震谣传。

2．震时应急措施

（1）瞬时抉择，珍惜“12 秒自救机会”。地震发生时，人们能感觉到并受其害的主要有两种地震波，即专业人员常说的P波（纵波）和S波（横波）。每种类型以不同的传播方式和速度运动。P波运动速度最快，传播速度为每秒钟8～9千米，最先到达地面。在震中区，P波使人感到的是上、下颠簸，造成的破坏性不大，是给人们地震发生了的信号。S波的运动速度比P波慢，通常平均每秒钟4～5千米，是继P波后到达地表的破坏性极大的波。它使人感觉到的是前后左右的摇晃以及建筑物等的倒塌，是直接危害人们生命财产安全的波。因此，自我救助主要是在P波到达地面后的数秒钟之内的事。当P波到达时，应立即反应是地震发生了。若能在横波到达并造成破坏之前的十几秒内迅速躲避到安全处，就给人们提供了最后一次自救机会。一般称为“12 秒自救机会”。

另外，地声地光也是大震的预警信号。许多地声出现在震前 10 分钟内，到临震十余秒时声响最大。临震时先听到“呼呼”风声，接着是“轰轰”声，再就是“咚咚”声，之后地面开始震动。地光是地壳内溢出的气体，强化了低空静电场所致。其形状有带状、片状、球状、柱状，颜色以蓝、白、红、黄居多。地面微动可能是临震前震源区断层预滑造成应力波所致。历次大震的幸存者中，很多人就是观察到这些临震异常现象，判断有大震来临，迅速采取措施避险，而躲过了灾难。

（2）了解自己所处环境，果断采取相应措施。要迅速远离易爆和易燃及有毒气体储存的地域，避险时要远离高楼、大烟筒、高压线以及峭壁、陡坡或海边，不要在狭窄的巷道中停留。

3．地震现场急救措施

地震同时出现大批伤员，现场救护往往需在群众帮助下进行。做好现场指挥、伤员的现场分类工作十分重要。

（1）现场指挥。救护人员要掌握现场特点，包括建筑物倒塌程度、可能受伤人数和地点，选择安全救护场地。组成现场救护指挥站，组织救援人员将伤员脱离受伤现场，在选定的安全场地对伤员进行现场救护。

（2）伤员的现场分类。根据伤员受伤各程度、部位、生命体征变化进行分类，有利于按伤员伤情的轻重缓急进行救护和向医院转送。机械性外伤，指人们被倒塌体及其各种设备的直接砸击、挤压下的损伤，一般占地震伤的95%～98%。另外，还有埋压窒息伤、完全性饥饿、烧伤等。

4．震后自救与互救

自救与互救在抗震救灾中有极其重要的意义，无论有无救援力量到达，灾民自救都是不可缺少的救生措施。据部分资料统计，自救与互救的脱险率可达40%～80%。

一次强烈地震经过几十秒钟后结束了，首要的问题是如何自救。在废墟下压埋较轻的人，凭借自己的力量和智慧，根据自己所处的具体情况，寻找可以自救脱险的薄弱部位，尽力自救，完全可以脱险，失去理智地乱喊乱叫是无济于事的。若受重伤或暂时不能脱险者，不要乱喊乱动消耗体力，要设法延缓生命，首先把妨碍呼吸的部位（口鼻胸部附近）松动一下，或扒开一定的小空间，以利呼吸，等待救援。发现有人扒救时，可用喊或敲击物体的方法为扒救人指明埋压的位置。

互救要有组织、讲究方式方法，避免盲目图快而造成不应有的伤亡。首先通过侦听、呼叫、询问及根据建筑结构特点，判断被埋人员的位置，特别是头部方位，再进行开挖施救。

（1）问：就是询问震时一起的亲友、同志和当地熟人，指出伤员的位置，了解当地的街道情况、建筑物分布情况。

（2）听：就是贴耳侦听伤员的呼救声和呻吟声，一边敲打一边听，一边用手电照一边听。

（3）看：就是仔细观察有没有露在外边的肢体血迹、衣服或其他迹象，特别注意门道、屋角、房前、床下等处。

（4）探：就是在废墟空隙，或者排除障碍钻进去寻找伤员。这时要注意有无爬动的痕迹及血迹，以便寻找已经精疲力竭的遇难者。

（5）喊：就是呼喊遇难者姓名，细听有无应答之声。

通过以上五种方法，找到伤员位置，然后再根据情况，采取适当的救援方法，就能很快地将伤员救出，并逐步扩大救援战果。

救出伤员后应首先将其头部暴露，迅速清除口鼻内灰土，进而暴露胸腹部。如有窒息应及时施以人工呼吸；如伤势严重不能自行出来的，不得强拉硬拖，应设法暴露全身，查明伤情，施行包扎固定或急救。在扒救中，可使用铲、铁杆等轻便工具和毛巾、被单、衬衣、木板等方便器材。医护人员脱险后，能在救护工作中起重要的核心和骨干作用。要立即在马路口、废墟旁建成临时包扎点、医疗点，指导自救互救，抢救出来的伤员应尽快包扎，并设法寻找药物、水和适当食物给以急救，然后转移和治疗。

5．预防余震灾害

强烈破坏性地震发生后，短期内很可能还会有较强的余震，使已受到不同程度破坏的建筑物再次坍塌。因此，地震后不能麻痹大意，要积极预防强余震灾害。搭建防震棚，一方面可解决住宿问题，另一方面也是预防余震灾害的有力措施。同时，做好防疫工作。

6．地震中逃生十大法则

虽然目前地震是人类无法避免和控制的，但只要掌握一些技巧，也是可以在灾难中将伤害降到最低的。

（1）为了自己和家人的人身安全，请躲在桌子等坚固家具的下面。

地震发生后晃动时间约为1分钟左右。这时首先应顾及的是自己与家人的人身安全。首先，在重心较低且结实牢固的桌子下面躲避，并紧紧抓牢桌子腿。在没有桌子等可供藏身的场合，无论如何，也要用坐垫等物保护好头部。

（2）摇晃时立即关火，失火时立即灭火。

大地震时，也会有不能依赖消防车来灭火的情形。因此，我们每个人关火、灭火的这种努力，是将地震灾害控制在最低程度的重要因素。

平时就要养成即便是小的地震也关火的习惯。为了不使火灾酿成大祸，早期灭火是极为重要的。

地震的时候，关火的机会有三次。

第一次机会在大的晃动来临之前的小的晃动之时：在感知到小的晃动的瞬间，即刻互相招呼："地震！快关火！"关闭正在使用的取暖炉、煤气炉等。

第二次机会在大的晃动停息的时候：在发生大的晃动时去关火，放在煤气炉、取暖炉上面的水壶等容易滑落下来，那是很危险的。所以应在大的晃动停息后，再一次呼喊："关火！关火！"，并去关火。

第三次机会在着火之后：即便发生失火的情形，在 1～2 分钟之内，火也还是可以扑灭的。为了能够迅速灭火，请将灭火器、消防水桶经常放置在离用火场所较近的地方。

（3）不要慌张地向户外跑。

地震发生后，慌慌张张地向外跑，碎玻璃、屋顶上的砖瓦、广告牌等掉下来砸在身上，是很危险的。此外，水泥预制板墙、自动售货机等也有倒塌的危险，不要靠近这些物体。

（4）将门打开，确保出口通畅。

钢筋水泥结构的房屋等，由于地震的晃动，会出现门窗错位，打不开门的情况，曾经发生有人被封闭在屋子里的事例。请将门打开，确保出口通畅。

平时要事先想好万一被关在屋子里，如何逃脱：准备好梯子、绳索等。

（5）户外的场合，要保护好头部，避开危险之处。

当大地剧烈摇晃、站立不稳的时候，人们都会有扶靠、抓住什么的心理。身边的门柱、墙壁大多会成为扶靠的对象。但是，这些看上去挺结实牢固的东西，实际上却是危险的，务必不要靠近水泥预制板墙、门柱等躲避。在繁华街、楼区，最危险的是玻璃窗、广告牌等物掉落下来砸伤人。要注意用手或手提包等物保护好头部。此外，还应该注意自动售货机翻倒伤人。在楼区时，根据情况，进入建筑物中躲避比较安全。

（6）在百货公司、地下街时依工作人员的指示行动。

在百货公司、地下街等人员较多的地方，最可怕的是发生混乱。请依照商店职员、警卫人员的指示来行动。以压低身体的姿势避难，并做到绝对不吸烟。

在发生地震时，不能使用电梯。万一在搭乘电梯时遇到地震，将操作盘上各楼层的按钮全部按下，一旦停下，迅速离开电梯，确认安全后避难。高层大厦以及近来的建筑物的电梯，都装有管制运行的装置，地震发生时，会自动地停在最近的楼层。万一被关在电梯中的话，请通过电梯中的专用电话与管理室联系、求助。

（7）汽车靠路边停车，管制区域禁止行驶。

发生大地震时，汽车会像轮胎泄了气似的，无法把握方向盘，难以驾驶。必须充分注意，避开十字路口将车子靠路边停下。为了不妨碍避难疏散的人和紧急车辆的通行，要让出道路的中间部分。

城市中心地区的绝大部分道路将会全面禁止通行，充分注意汽车收音机的广播，附近有警察的话，要依照其指示行事。

（8）务必注意山崩、断崖落石或海啸。

在山边、陡峭的倾斜地段，有发生山崩、断崖落石的危险，应迅速到安全的场所避难。

在海岸边，有遭遇海啸的危险。感知地震或发出海啸警报的话，请注意收音机、电视机等的信息，迅速到安全的场所避难。

（9）避难时要徒步，携带物品应在最少限度。

因地震造成的火灾蔓延燃烧，出现危及人身安全等情形时，应采取避难的措施。避难的方法，原则上以市民防灾组织、街道等为单位，在负责人及警察等带领下采取徒步避难的方式，携带的物品应在最少限度。绝对不能利用汽车、自行车避难。

（10）不要听信谣言，不要轻举妄动。

在发生大地震时，人们心理上易产生动摇。为防止混乱，每个人依据正确的信息，冷静地采取行动，极为重要。

从携带的收音机中，把握正确的信息。相信从政府、警察、消防等防灾机构直接得到的信息，决不轻信不负责任的流言蜚语，不要轻举妄动。

9.7 防范泥石流灾害

1. 什么是泥石流

泥石流是山区沟谷或斜坡上由暴雨、冰雪消融等引发的含有大量泥沙、石块、巨石的特殊洪流。泥石流常与山洪相伴，其来势凶猛，在很短时间里，大量泥石横冲直撞，冲出沟外，并在沟口堆积起来。

泥石流的破坏性很强，冲毁道路，堵塞河道，甚至淤埋村庄、城镇，给生命财产和经济建设带来极大危害。

在泥石流多发地区建新房，切记一定要选择安全地带。当地居民要随时注意灾害预警预报，选好躲避路线，避免到时措手不及。

2. 泥石流发生的前兆特征

泥石流将发生时，通常会有以下前兆特征。

（1）主河流水位上涨和正常流水突然中断，泥石流沟谷下游洪水突然断流或水量突然减少。

（2）泥石流沟谷上游突然传来异常轰鸣声。

（3）泥石流沟谷上游出现了异常气味。

（4）泥石流沟谷出现滑坡堵沟。

（5）泥石流支沟出现小型泥石流。

（6）动物出现鸡犬不宁、老鼠搬家等异常现象。

（7）区内突降特大暴雨等。

3. 预防泥石流

（1）面临崩塌、滑坡、泥石流等地质灾害时，人员应立即撤离，不要贪恋任何财物。

（2）已经形成崩塌时，邻近的人员要立即向滑坡、危岩体两侧迅速跑，严禁沿滑坡、危岩体流动的上下方向逃离，如果确实不能逃离，要迅速找一陡坎，背靠陡坎蹲下，千万不能躲在地势低洼处。

（3）在大、暴雨期间，从事室外各项活动时，严禁在滑坡体上、滑坡体后壁、侧壁附近及滑坡体前缘地带停留。

（4）在室外从事各项活动时，严禁在陡崖陡坡下及附近停留。

（5）在泥石流易发区出现大、暴雨时，要选择安全地带停留，无论沟谷是否发生过泥石流，都要严禁在沟内、沟口地带停留。

4. 遇到泥石流如何避险

（1）在沟谷内逗留或活动时，一旦遭遇大雨、暴雨，要迅速转移到安全的高地，不要在低洼的谷底或陡峻的山坡下躲避、停留。

（2）留心周围环境，特别警惕远处传来的土石崩落、洪水咆哮等异常声响，这很可能是即将发生泥石流的征兆。

（3）发现泥石流袭来时，要马上向沟岸两侧高处跑，千万不要顺沟方向往上游或下游跑。

（4）暴雨停止后，不要急于返回沟内住地，应等待一段时间。

9.8 防范其他自然灾害

1. 什么是海啸

海啸是由海底地震、火山爆发、海底滑坡或气象变化产生的破坏性海浪，波速每小时 700～800 千米。海啸预警的物理基础在于地震波传播速度比海啸的传播速度快，对于"远洋海啸"比较有效。

2. 预防海啸

（1）如果听到有关附近地震的报告，要做好防海啸的准备，注意收看收听电视和广播新闻。

（2）如果发现潮汐突然反常涨落，海平面显著下降或者有巨浪袭来，都应以最快速度撤离岸边。

（3）海啸前，海水异常退去时往往会把鱼虾等许多海生动物留在浅滩，场面蔚为壮观。此时千万不要前去捡鱼或看热闹，应当迅速离开海岸，向内陆高处转移。

（4）发生海啸时，航行在海上的船只不可以回港或靠岸，应该马上驶向深海区，深海区相对于海岸更为安全。

3. 什么是台风

我们平时常说的台风，是一种热带气旋。所谓热带气旋，是指发生在热带或副热带洋面上急速旋转的低压涡旋，常伴有狂风、暴雨和风暴潮。

4. 遇台风时的防范措施

（1）气象台根据台风可能产生的影响，在预报时采用"消息"、"警报"和"紧急警报"三种形式向社会发布；同时，按台风可能造成的影响程度，从轻到重向社会发布蓝、黄、橙、红四色台风预警信号。公众应密切关注媒体有关台风的报道，及时采取预防措施。

（2）台风来临前，应准备好手电筒、收音机、食物、饮用水及常用药品等，以备急需。

（3）关好门窗，检查门窗是否坚固；取下悬挂的东西；检查电路、炉火、煤气等设施是否安全。

（4）将养在室外的动植物及其他物品移至室内，特别是要将楼顶的杂物搬进来；室外易被吹动的东西要加固。

（5）不要去台风经过的地区旅游，更不要在台风影响期间到海滩游泳或驾船出海。

（6）住在低洼地区和危房中的人员要及时转移到安全住所。

（7）及时清理排水管道，保持排水畅通。

（8）有关部门要做好户外广告牌的加固；建筑工地要做好临时用房的加固，并整理、堆放好建筑器材和工具；园林部门要加固城区的行道树。

（9）遇到危险时，请拨打当地政府的防灾电话求救。

5. 防范高温

炎热的夏季气温升高，当气温超过37℃时，人体的散热主要通过汗液蒸发，当周围环境温度高于人体的正常体温，通风较差、湿度较高时就很容易发生中暑。一起看看以下防高温小妙招吧！

（1）开放空调，及时调节室内温度，适宜温度应调节在26℃左右。

（2）保证补充充足的水分，可适当准备绿豆汤消暑解渴。

（3）减少户外活动时间，多进室内活动等。

（4）注意多休息，适当延长午睡时间，保证充足的睡眠。

（5）针对高温天气及时调整食谱花样，饮食应以清淡为主，养成良好的卫生习惯，预防肠道疾病的发生。

9.9 预防常见疾病

1. 什么是传染病

传染病是由病毒、细菌、支原体、螺旋体、真菌等感染人体后产生的有传染性的疾病。

传染病是常见病、多发病，过去、现在乃至在今后相当长的一个时期内都是严重危害人类健康的疾病。历史证明，近一个世纪以来，人类在医学上最突出的贡献是传染病得到了有效控制。但近年来细菌性痢疾、钩端螺旋体病、狂犬病、流行性乙型脑炎、立克次体病等仍屡有发生，很多未注意到或未见到的病毒、细菌、真菌、原虫等所致感染呈现日益增多的趋势；生态平衡破坏、环境污染、人口流动以及开发森林、海洋、太空等人为因素引起病原体扩散和出现众多的未知病原体感染。传染病防治仍然是当前预防疾病和健康教育的重要内容之一。

2. 传染病的基本特征

（1）具有特异的病原体。传染病的种类很多，每种传染病都有特异病原体。病原体分为病毒、衣原体、立克次体、支原体、细菌、螺旋体、真菌、原虫和蠕虫等。例如，引起流行性感冒的病原体是流感病毒，引起细菌性痢疾的病原体是痢疾杆菌。

（2）具有传染性。染病患者或健康带菌者排出的病原体，经过一定的传播途径进入健康人体内，引起相同的疾病，称为传染性。各种传染病都具有传染性。传染性的强弱与病原体的毒性、数量、传播途径及人体的免疫力有关。

（3）具有流行性。在一定的条件下，传染病可在人群中蔓延，引起不同程度的流行。根据流行过程的强度和广度，可分为散发、暴发、流行、大流行。散发是指某种传染病在一个单位或某地区的人群中散在发生，并维持在常年一般发病率水平。若一个单位或某地区的某种传染病的发病率显著超过该病的发病率水平，称为流行。若在一定的时间内某种传染病在一个地区迅速蔓延，甚至涉及全国，超出国界、洲界，称为大流行。短时间内的某单位或某个地区，出现大量同类病人，其传染源及传染途径相同，则称为暴发流行。

（4）具有季节性。某些传染病的传播受气候条件或媒介昆虫的生活习惯影响，因而表现在一定季节内发病率升高，如呼吸道传染病多在冬春季发病，肠道传染病多在夏秋季发病。

（5）具有地方性。某些传染病由于中间宿主、地理条件及入群生活习惯等原因，只在某一定地区发生和存在，称为地方性。如血吸虫病就具有明显的地方性。

（6）具有感染后的免疫性。免疫性是指人体在患过某种传染病之后，能产生在一定时间内不再感染此种传染病的能力。不同传染病的免疫程度各不相同，有的传染病感染后产生终身免疫力，如麻疹、脊髓灰质炎等感染后可保持终身免疫；有的传染病感染后产生的免疫力只维持几个月或数年，如细菌性痢疾、流行性感冒等。

3. 传染病传播过程中的三个基本环节

传染病在人群中发生、传播、蔓延及终止的过程形成了传染病的流行过程。传染病的流行过程必须具备三个条件，而且是相互联系、同时存在的，这三个条件被称为流行过程的三个基本环节。只有当三个基本环节同时存在时，才会出现传染病的传播蔓延。缺少任何一个环节，新的传染不会出现，传染病在人群中不能流行。

（1）传染源。传染源是指体内有了病原体生长、繁殖并能使新生病原体排出体外的人或动物。

传染源通常包括以下三类：

①病人。病人是重要的传染源，不同疾病的病人，其传染性的大小不同，传染期的长短各不一致。

②病原携带者。病原携带者指外表无症状，但能排出病原体的人。

病原携带者可分为四类：

a. 潜伏期携带者：指在传染病潜伏期排出病原体者。

b. 恢复期携带者：指临床症状消失后仍能排出病原体者。

c. 慢性携带者：病后携带病原体超过三个月以上者。

d. 健康携带者：指携带病原体而无临床症状者。

病原携带者由于没有临床症状，难于发现，仍然在人群中活动，使病原体得以扩散，在传染病的传播中担任着一个主要角色。

③病动物传染源。人类可以患许多动物的疾病，如布氏杆菌病、鼠疫、狂犬病等。动物感染这类疾病后，能将病原体传染给人。

（2）传播途径。传播途径是病原体自受感染机体排出后，借助某些传播因素再侵入另一易感机体所经历的全过程。每种传染病由一定的传播因素所传播。如肠道传染病由水、食物等传播病原体，呼吸道传染由空气传播病原体。

①经空气、飞沫传播。病原体借病人呼吸、谈话、咳嗽、喷嚏时排出体外散布到空气中，易感者通过呼吸将病原体吸入体内。呼吸道传染病如流行性感冒、麻疹、肺结核等，都是通过空气、飞沫传播的。

②经水传播。水源受到病原体污染，未经消毒饮用后造成传染病的流行，如霍乱、伤寒、痢疾等肠道传染病都可以经水传播。有些传染病通过与疫水接触而传播，如钩端螺旋体病、血吸虫病等。

③经食物传播。被病原体污染的食物或有病动物的肉、乳、蛋、毛蚶等都携带病原体，当人们食用这些食品时没有进行适当的消毒，即造成肠道传染病的流行。

④接触传播。

a. 直接接触传播。直接接触传播是指在没有外界因素的参与下，传染源直接与易感者接触的一个途径，如性接触传播性病和艾滋病，狗咬人传播狂犬病。

b. 间接接触传播。间接接触传播是指接触被传染源的排泄物或分泌物污染的生活用品和生产工具所造成的传播。尤其是手在传播中起到重要的作用。许多肠道传染病，人畜共患的疾病、性病、表皮传染病等，都可由这种途径传染。在大学生中，手、钱、饭票、浴池、面盆、毛巾、餐具等在传播疾病中起着重要作用。另外，使用污染的消毒不严的医疗器械，特别是注射器，是传播乙型病毒性肝炎、艾滋病等的一个途径。

⑤经血液、血制品和胎盘传播。输注带病毒的血液、血制品可传播乙型病毒性肝炎、丙型病毒性肝炎及艾滋病等。另外，妊娠期间患有肝炎、艾滋病等，病原体可经胎盘及血液传给胎儿，形成母婴传播，又称垂直传播。

⑥土壤传播。经土壤传播的疾病很多，有些传染病的病原体必须在土壤中发育到一定阶段才具有感染性，如破伤风杆菌、炭疽杆菌、钩虫卵等都需在土壤中发育到芽孢期或蚴虫期，再通过人的伤口或皮肤而感染，引起破伤风、炭疽及钩虫病。

⑦虫媒传播。媒介昆虫作为传播因素的作用分为叮咬传播和机械性携带传播。叮咬传播指的是某些传染病的病原体需在特定的媒介昆虫体内生长、发育、经叮咬吸血而传播，如蚊子传播疟疾、流行性乙型脑炎等，虱传播斑疹伤寒。机械性携带传播，如苍蝇可携带病原体污染食物，传播肠道传染病。

（3）易感人群。人群作为一个整体对某种病原体容易感染的程度称为人群易感性。若人群对某种传染病的病原体具有较高的易感性，当他们受到某种病原体的侵袭时便易感染或发病。人群的易感性与人群中每个个体的特异性免疫力有着密切的关系。因此，提高人群中特异性免疫力，降低人群易感性，是防止传染病传播的重要环节。

4．传染病的预防措施

传染病在人群中传播和流行是由传染源、传播途径、易感人群三个基本环节相互联系而造成的。如果控制或消除其中任何一个，新的传染就不可能形成，流行也就终止。因此，预防传染病的发生，就要采取综合措施切断三个基本环节的相互联系。

（1）管理传染源。管理传染源是防治传染病的关键措施。对传染病人必须做到早发现、早诊断、早报告、早隔离、早治疗。促使病人早日恢复健康，起到控制和消灭传染源的作用。根据《中华人民共和国传染病防治法》规定，传染病分为甲、乙、丙三类共35种。

①甲类：鼠疫、霍乱。

②乙类：病毒性肝炎、细菌性和阿米巴性痢疾、伤寒和副伤寒、艾滋病、淋病、梅毒、脊髓灰质炎、麻疹、百日咳、白喉、流行性脑脊髓膜炎、猩红热、流行性出血热、狂犬病、钩端螺旋体病、布氏杆菌病、炭疽、流行性和地方性斑疹伤寒、流行性乙型脑炎、黑热病、疟疾、登革热。

③丙类：肺结核、血吸虫病、丝虫病、包虫病（又称棘球蚴病）、麻风病、流行性感冒、流行性腮腺炎、风疹、新生儿破伤风、急性出血性结膜炎，除霍乱、痢疾、伤寒和副伤寒以外的感染性腹泻。

甲类传染病为强制管理传染病，乙类传染病为严格管理传染病，发现这两类传染病或疑似病人应尽早向有关部门报告。丙类传染病为监测管理传染病。

（2）切断传播途径。

①大力开展爱国卫生运动，搞好室内和环境卫生，消灭“四害”。

②进行健康教育，普及卫生知识，纠正不健康行为，养成良好的公共卫生道德和生活习惯，做到食前便后、工作结束、外出归来洗手。

③加强饮水和饮食卫生管理，认真执行食品卫生法，不吃变质和不洁的食品，不到不洁饮食摊点进餐，不喝生水，严防病从口入。

④教室、宿舍及公共场所要保持空气流通，采用湿式打扫，防止尘土飞扬。在呼吸道传染病流行期间，应采取空气消毒，尽量少到公共场所活动，必要时采取戴口罩等简便易行的有效措施。

（3）保护易感人群。

①积极参加体育锻炼，增强体质，提高机体的抵抗力。

②遵守生活作息制度，注意劳逸结合，保证睡眠时间，防止过度疲劳、受凉受潮，以免机体

抵抗力下降。

③注意营养卫生和饮食卫生，保证合理营养素的供给，保证身体健康。

④按卫生部门的要求，有计划进行预防接种，增强机体的特异抵抗力。

⑤在传染病流行期间，尽量避免与病人接触，进行预防性服药或人工被动免疫注射。

5．春季常见呼吸道传染病

春季是各种流感、麻疹、水痘、风疹、流脑、流行性腮腺炎、结核病、手足口病等常见传染病的高发季节，不同的呼吸道传染病有不同的临床表现。

（1）流感。一般表现为发病急，有发热、乏力、头痛及全身酸痛等明显的全身中毒症状，咳嗽、流涕等呼吸道症状轻。

（2）麻疹。症状有发热、咳嗽、流涕、眼结膜充血，口腔黏膜有麻疹黏膜斑，皮肤出现斑丘疹。

（3）水痘。全身症状轻微，皮肤黏膜分批出现迅速发展的斑疹、丘疹、疱疹与痂皮。

（4）风疹。临床特点为低热、皮疹和耳后、枕部淋巴结肿大，全身症状轻。

（5）流脑。主要表现为突发高烧、剧烈头痛、频繁呕吐、皮肤黏膜瘀斑、烦躁不安，可出现颈项强直、神志障碍及抽搐等。

（6）流行性腮腺炎。以腮腺急性肿胀、疼痛并伴有发热和全身不适为特征。

（7）肺结核。一种慢性传染病，主要表现发热、盗汗、全身不适及咳嗽、咳痰、咯血、胸痛、呼吸困难等。

6．春季常见呼吸道传染病的防治对策

（1）接种疫苗。在传染病流行季节，可通过接种疫苗达到有效的预防效果，如流感、麻疹等。

（2）在人群聚集场所打喷嚏或咳嗽时应用手绢或纸巾掩盖口鼻，不要随地吐痰，不要随意丢弃吐痰或揩鼻涕使用过的手纸。双手接触呼吸道分泌物后（如打喷嚏后）应立即洗手或擦净。

（3）避免与他人共用水杯、毛巾、牙刷等物品。

（4）注意环境卫生和室内通风，如周围有呼吸道传染病症状病人时，应增加通风换气的次数，开窗时要避免穿堂风，注意保暖。

（5）多喝水，多吃蔬菜水果，增加机体免疫能力。

（6）尽量避免到人多拥挤的公共场所。

（7）加强体育锻炼，保持均衡饮食，注意劳逸结合，提高自身抗病能力。

（8）如果有发烧、咳嗽等症状，应及时到医院检查治疗。当发生传染病时，应主动与健康人隔离，尽量不要去公共场所，防止传染他人。

【模拟演练】

1．拥挤踩踏事故的应急处置措施

在空间有限且人群相对集中的场所，如体育场馆、狭窄的街道、楼梯等，遇有突发情况，就容易发生踩踏事件。遇到拥挤踩踏事件应如何面对？

（1）安全出口要畅通无阻。

（2）在拥挤踩踏事件发生时，要保持冷静，提高警惕，尽量不要受周围环境影响。

（3）组织在场人员有序疏散，在指挥过程中，应尽量及时联系外援求助。

（4）在维持秩序中，如发现慌乱人群向自己方向涌来，应快速躲到一旁，或蹲在附近的墙角下，或抓住身边的牢固物体，如栏杆或柱子，等人群过去后再离开。

（5）在陷入混乱的人群时，远离玻璃窗，以免玻璃掉下砸伤或摔倒在玻璃上而受伤。在人群拥挤中前进时，要用一只手紧握另一手腕，手肘撑开，平放于胸前，微微向前弯腰，形成一定空间，以保持呼吸道通畅。同时，一定要双脚站稳，切记不得主动用力向前推，以免失去重心，出现多米诺骨牌效应，导致踩踏。

（6）一旦被人挤倒在地，设法使身体蜷缩成球状，双手紧扣置于颈后，保护好头、颈、胸、腹部。

2. 预防暴雨雷电

（1）野外。

①在空旷的户外遇到雷电时，不要打伞、不要使用手机、不宜在大树下躲避。

②暴雨时要避免渡河，应在原地找到制高点，等待救援。

③强降雨来临时，警惕山体滑坡或者泥石流、洪水等灾害的发生。

④一旦发现泥石流或滑坡已形成，要往冲来的反方向逃生；要是无法往反方向，就要选择往路的两边逃生，不能走路中间，然后再选择制高点。

⑤一旦发生洪水而来不及转移，可以爬上大树或利用木排等漂浮工具，等待援救。

（2）室外。

①强雷电发生时，不要打电话、打伞。

②尽量寻找布设了防雷措施的建筑物躲避。

③远离大树、广告牌、围墙。

④留意水流淹没的下水道，马路两边的下水井及窨井。

⑤不要存侥幸心理，去蹚比较深的水流，否则容易被水卷走。

3. 个人如何防范雷电

（1）应该留在室内，并关好门窗；在室外工作的人应躲入建筑物内。

（2）不宜使用无防雷措施或防雷措施不足的电视、音响等电器，不宜使用水龙头。

（3）切勿接触天线、水管、铁丝网、金属门窗、建筑物外墙，远离电线等带电设备或其他类似金属装置。

（4）减少使用电话。

（5）切勿游泳或从事其他水上运动，不宜进行室外球类运动，离开水面以及其他空旷场地，寻找地方躲避。

（6）切勿站立于山顶、楼顶上或其他接近导电性高的物体。

（7）切勿处理开口容器盛载的易燃物品。

（8）在旷野无法躲入有防雷设施的建筑物内时，应远离树木和桅杆。

（9）在空旷场地不宜打伞，不宜把羽毛球、高尔夫球棍等扛在肩上。

（10）不宜开摩托车、骑自行车。

4. 如何抢救被雷击伤的人员

受雷击而烧伤或严重休克的人，他的身体是不带电的，抢救时不要有顾虑。应该迅速扑灭他身上的火，实施紧急抢救。

若伤者失去知觉，但有呼吸和心跳，则有可能自行恢复。应该让他舒展平卧，安静休息后再送医院治疗。

若伤者已经停止呼吸和心跳，应迅速果断地交替进行口对口人工呼吸和胸外心脏按压，并及时送往医院抢救。

5．遭遇突发山洪怎么办

（1）一定要保持冷静，迅速判断周边环境，尽快向山上或较高地方转移；如一时躲避不了，应选择一个相对安全的地方避洪。

（2）山洪暴发时，不要沿着行洪道方向跑，而要向两侧快速躲避。

（3）山洪暴发时，千万不要轻易涉水过河。

（4）被山洪困在山中，应及时与当地政府防汛部门取得联系，寻求救援。

6．地震时实训室如何逃生

（1）打开房门，便于地震后逃生，也方便接受救援。

（2）当震感强烈时，应双手捂头，就近蹲在实训桌下或梁柱间隔小的区域下。

（3）关闭电源开关和燃气阀门，避免因地震导致的次生灾害，从而减小救援难度。

（4）不要乘坐电梯逃生，也不要跳楼逃生，等待强震过后再迅速有序撤离。

（5）保护自身安全。熟悉逃生路线，掌握逃生技能。

（6）严格做好个人防护，特殊场所和特种设备须严格执行相应安全防护规范。

7．泥石流危机救助

（1）行人发现泥石流后，立即离开岩土滑行道，向两边稳定区逃离，或马上与泥石流成垂直方向向两边的山坡上爬。切记不可沿着岩土体向上方或下方奔跑。

（2）驾车者应迅速离开有斜坡的路段。

8．预防台风

我国台风预警从低到高分为蓝、黄、橙、红四档，每档都有相应的预防措施。只要按照预警的要求，闭门不出并且做好准备，就是安全的。

（1）避开台风高发区和高发期，出行选择火车。

（2）台风来临前，准备食品物品，搬移易坠落物品，加固易倒设备，做好物品防淹防浸，做好转移准备。关闭门窗、水、电、气，不出门，了解实时信息。

（3）台风过去后，避开危险物品，妥善自救。

9．预防流感的措施

流感给人们的生活带来了严重的影响，为了避免流感的发生，大家在生活中就应该积极地做好流感的预防工作，流感患者也应该积极地治疗，尽快恢复健康。

（1）保持良好的个人及环境卫生。

（2）注意勤洗手，使用肥皂或洗手液并用流动水洗手，不用污浊的毛巾擦手。双手接触呼吸道分泌物后（如打喷嚏后）应立即洗手。

（3）打喷嚏或咳嗽时应用手帕或纸巾掩住口鼻，避免飞沫污染他人。流感患者在家或外出时佩戴口罩，以免传染他人。

（4）均衡饮食、适量运动、充足休息，避免过度疲劳。

（5）每天开窗通风数次，冬天要避免穿堂风，保持室内空气新鲜。

（6）在流感高发期，尽量不到人多拥挤、空气污浊的场所；不得已必须去时，最好戴口罩。

（7）在流感流行季节前接种流感疫苗，也可减少感染的机会或减轻流感症状。

10．如何远离病毒感染

（1）勤洗手。使用肥皂或洗手液并用流动水洗手，用一次性纸巾或干净毛巾擦手。双手接触呼吸道分泌物后（如打喷嚏后）应立即洗手。

（2）保持良好的呼吸道卫生习惯。咳嗽或打喷嚏时，用纸巾、毛巾等遮住口鼻，咳嗽或打喷嚏后洗手，避免用手触摸眼睛、鼻或口。

（3）增强体质、免疫力。增强体质和免疫力，均衡饮食、适量运动、作息规律，避免过度疲劳。

（4）保持环境清洁和通风。每天开窗通风次数不少于 3 次，每次 20～30 分钟。户外空气质量较差时，通风换气频次和时间应适当减少。

（5）尽量减少到人群密集场所活动并且关注症状。尽量减少到人群密集场所活动，避免接触呼吸道感染患者。

（6）呼吸道感染症状加重及早就医。出现呼吸道感染症状，如咳嗽、流涕、发热等，应居家隔离休息，持续发热不退或症状加重时及早就医。

11. 怎么洗手才正确

洗手是预防传染病最简便有效的措施之一，保持手的清洁卫生可以有效降低感染病毒和其他病原体的风险。

用流动水将双手淋湿，取适量洗手液（肥皂）均匀涂抹双手，然后按照以下“七步洗手法”（口诀：内外夹弓大立腕）正确洗手。

（1）“内”：两手手指并拢、手掌相对相互揉搓，至少 20 秒。

（2）“外”：用左手搓洗右手手背和指缝，然后用右手搓洗左手的手背和指缝。

（3）“夹”：两手掌心相对，双手交叉搓洗指头缝。

（4）“弓”：将一手的手指弯曲半握拳，把指背放在另一手的掌心旋转揉搓，双手交换搓洗。

（5）“大”：一手握住另一手的大拇指旋转揉搓，双手交换搓洗。

（6）“立”：将一手的五个手指指尖合拢，放在另一手的掌心旋转揉搓，双手交换搓洗。

（7）“腕”：揉搓手腕和手臂，双手交换搓洗。

完成以上 7 步后，用流动清水冲洗干净双手，捧起一些水，冲淋水龙头后，再关闭水龙头，用清洁毛巾或纸巾擦干双手，也可用吹干机吹干。

“七步洗手法”可以有效清洁双手，减少疾病的接触传播。

12. 医用口罩的使用方法

（1）口罩颜色深的是正面，正面应该朝外，而且医用口罩上还有鼻夹金属条。

（2）正对脸部的应该是医用口罩的反面，也就是颜色比较浅的一面，除此之外，要注意带有金属条的部分应该在口罩的上方，不要戴反了。

（3）分清楚口罩的正面、反面、上端、下端后，将手洗干净，将两端的绳子挂在耳朵上。

（4）最后用手压紧鼻梁两侧的金属条，使口罩上端紧贴鼻梁，然后向下拉伸口罩，使口罩不留有褶皱，覆盖住鼻子和嘴巴。

13. 预防流感病毒应该备哪些药

预防流感病毒，可适当购买连花清瘟颗粒、清感颗粒等；如出现发烧、咳嗽、咽痛、鼻塞、流涕等症状，可适当服用泰诺、康泰克等复方感冒药；如症状已严重影响休息和睡眠，可服用布洛芬、对乙酰氨基酚等非处方退烧药或解热镇痛药。相同类型的药物无须重复购买，选择一种即可。

患有基础疾病的患者，在选择非处方感冒药、解热镇痛药时须十分慎重，建议咨询医生；有肝肾功能异常或胃肠道疾病的人群要谨慎用药，建议咨询医生。

【自主练习】

1. 单选题

（1）预警信号级别一般分 4 个等级，由高到低依次用红色、橙色、黄色和（　　）表示。

A. 绿色　　B. 紫色　　C. 蓝色　　D. 青色

（2）燃放 3 堆火焰，将火堆摆成三角形，这样的求救信号是（　　）。

A. 火光信号　　B. 浓烟信号　　C. 旗语信号　　D. 信息信号

（3）被困在火场时，下列求救方法错误的是（　　）。

A. 在窗口、阳台或屋顶处向外大声呼救

B. 白天可挥动鲜艳布条发出求救信号，晚上可挥动手电筒

C. 大声哭泣

D. 找离水源近的地方

（4）公安消防队救火（　　）。

A. 不收取任何费用　　B. 只收救火成本费

C. 收取所有费用　　D. 以上选项都不正确

（5）进入室内救助煤气中毒者时，应当（　　）。

A. 迅速闯入室内，打开窗户

B. 先深吸一口气，用湿毛巾等捂住鼻子进入室内

C. 进入室内后点火寻找中毒者

D. 以上选项都不正确

（6）高温场所为防止中暑，应多饮什么饮料最好？（　　）

A. 矿泉水　　B. 汽水　　C. 淡盐水　　D. 茶叶水

2. 多选题

（1）发生泥石流时，错误的逃生方法是（　　）。

A. 站在原地不动　　B. 向着泥石流的顺方向跑

C. 向着泥石流的逆方向跑　　D. 向着泥石流发生的两侧高地跑

（2）泥石流形成的必要条件包括（　　）。

A. 陡峻的地形　　B. 茂密的植被

C. 丰富的松散固体物质　　D. 充沛的水源

（3）地震发生后的避灾自救要点是（　　）。

A. 保持呼吸畅通　　B. 稳固和扩大生存空间

C. 寻找和开辟逃生通道　　D. 设法维持生命

（4）预防传染病的要点有（　　）。

A. 养成良好的卫生习惯　　B. 加强体育锻炼

C. 保持环境卫生　　D. 按规定进行预防接种

（5）以下选项哪些是正确预防流感的措施？（　　）

A. 在家或外出时佩戴口罩

B. 每天开窗通风数次，保持室内空气新鲜

C. 尽量不到人多拥挤、空气污浊的场所

D. 双手接触呼吸道分泌物后应立即洗手

3．判断题

（1）发生一切紧急情况都可拨打 110 报警电话。（　　）

（2）未切断电源之前，施救者一定不能用自己的手直接接触碰触电者。（　　）

（3）当雷电发生时，在室内可以用太阳能热水器淋浴。（　　）

（4）当地震发生时，无论如何都要不顾一切地跑向室外。（　　）

（5）大风天气中不应在高大建筑物、广告牌或大树的下方停留。（　　）

（6）实施心肺复苏前，要确定病人已经失去意识。（　　）

（7）呼吸道传染病，是指病原微生物通过呼吸道侵入人体，并随呼吸道分泌物向外传播，侵入另一易感机体的传染性疾病。（　　）

主题 10　落实社会实践安全

大学生社会实践活动以“安全第一”为原则，所有实践活动的开展，必须以保证参与同学的人身和财产安全为前提。安全工作是社会实践在筹备和实践过程中的头等大事，任何活动不得违反这一原则。所有参加活动的人都要严格遵守活动纪律，不单独随便行动，遵守严格作息时间，按时休息，服从负责人统一安排。参加社会实践的所有成员必须认真学习安全知识手册，在实践中始终把安全问题放在实践的首位。

【自我测试】

表 10-1 所示“社会实践安全意识测试”用于测试同学们的社会实践安全意识，共 15 道测试题，请仔细阅读表 10-1 中各项测试内容，然后实事求是地作答。若你的回答为“是”，则在表 10-1 中“测试结果”列填入数字“1”；若你的回答为“否”，则在表 10-1 中“测试结果”列填入数字“0”。

表 10-1　社会实践安全意识测试

测 试 内 容	测 试 结 果
（1）你在找兼职工作时会加强安全防范意识	
（2）你会对预交押金的兼职工作说不	
（3）你在实习中严格遵守劳动纪律	
（4）你知道并能识别常见的求职陷阱	
（5）你有较强的就业权益自我保护意识	
（6）你了解一些劳动合同相关的法律知识	
（7）你会层层过滤就业信息，确保就业信息的真实性、准确性和安全性	
（8）工作场所的一些电闸、开关、按钮等，你从不随意触摸、拨弄	
（9）求职期间，你会选择安全、卫生、具有营业许可证的正规宾馆、旅店住宿	
（10）参加社会实践时，你会尽量不在案件多发地区和多发时间开展实践活动	
（11）校外实习期间，在公共场合你会注意自身的言行举止得体，尽量避免与人争执	
（12）校外实习期间，你会自觉遵守企业各项规章制度，严格按操作规程操作	
（13）在企业参观时，你会自觉遵守企业的规定，不会单独随处任意走动	
（14）在外实习期间，你会注意个人饮食卫生，尽可能在实习单位食堂就餐	
（15）外出实习，你会与实习单位签署约定双方权利义务的实习协议	
小计	

在表 10-1 中“小计”行汇总“测试结果”得分，得分小计越高说明你在勤工助学、校外实习、求职就业等社会实践中的安全意识越强。大学生终将走出校园，增强社会实践安全意识是保护自己合法权益不受侵害的根本方法。如果测试结果有一些为“否”的选项，你就要认真思考，积极地往好的方向改变。

【案例探析】

【案例 10-1】违反劳动纪律造成安全事故

【案例描述】

某高校肖同学到电表配件公司实习。某日下午，因车间的赵师傅不在岗，有一台机床处于空闲状态，肖同学想多学些技术，就违反公司的劳动纪律，擅自操作空闲的机床。操作时，因电表配件没有放正，肖同学贸然用手扶正配件，导致其左手被机床轧成粉碎性骨折，使其左手丧失部分劳动能力。

【案例启示】

本起生产安全事故是肖同学操作时违反劳动纪律所导致的，他因安全意识淡薄而付出了惨痛的代价。可见，遵守劳动纪律是生产实习安全的基本原则。

【案例 10-2】凡事要多留一个心眼儿

【案例描述】

某天，大学生程同学收到一家餐饮公司的电子邮件，被通知去面试。程同学觉得很奇怪，自己并未向该公司投递过简历，怎么会收到面试通知呢？他心想，不会是骗子吧？为了安全起见，程同学决定先上网查一下该公司的相关信息。

不看不知道，程同学发现这家让他面试的公司居然是一家“皮包公司”。程同学通过上网搜索发现，该公司用同一个电话、地址注册了 4 家公司，涉及餐饮、医疗、保险等不同领域。该公司给求职者的待遇异常优厚，而招聘信息中对求职者学历的要求竟然是中专以上即可。这种以低学历招聘求职者却支付高工资的现象，令程同学十分怀疑。

【案例启示】

大学生在求职时，一定要留一个心眼儿。凡事要从实际出发，对一些太离谱、不切实际的现象一定要认真辨别，不要相信低要求、高待遇的招聘信息。本案例中所提到的公司以如此低的标准进行招聘，其承诺的高工资往往不会兑现。

【学习领会】

10.1 落实社会实践安全

1. 大学生社会实践的注意事项

大学生参加社会实践要注意以下安全事项。

（1）确保招工信息来源可靠。不要轻信街头或者校园的小广告。如果是通过中介公司介绍工作，要核实中介公司的营业执照和经营范围；如果自己判断不清楚，及时向家长、老师询问或向有关部门（公安、工商等）咨询。

（2）不轻易交纳任何押金。当用工单位以管理为名，收取一定数额的押金或保证金时，要谨慎，以防交钱后，被单位以各种名由扣留，不予返还。如果确实要交，应将费用的性质、返还时间等方面明确写入劳动协议，以免被随意克扣。

（3）防止陷入传销陷阱。本来是以销售人员的名义上岗工作，公司却让应聘者如法炮制去哄骗别人。有些同学在高回扣的诱惑之下，甚至不惜欺骗自己的同学、亲戚、老师和朋友，结果是骑虎难下，最终只得白搭上一笔钱，使自己的身心受到巨大伤害。

（4）不抵押任何证件。当用工单位要求以学生本人的有关证件作抵押时，一定要拒绝，谨防证件流失到不法分子手中，成为非法活动的工具，证件的复印件也要谨慎使用。

（5）不到娱乐场所工作。娱乐场所鱼龙混杂，良莠不齐，为保障人身安全，尽量不要到酒吧、KTV 之类的娱乐场所工作。

（6）与家长、老师、同学保持通信联系。让家长和老师、同学知道自己所在的地方、所从事的工作等，避免因通信不畅、信息不通造成安全隐患。

（7）大学生普遍阅历较少、社会经验不足，应多向家长、老师请教，多听朋友意见，三思而后行；工作地点尽量选择在离家较近或有亲友在的地方。

2．大学生在勤工俭学劳动中的注意事项

大学生勤工俭学劳动应注意以下事项：

（1）要详细了解你要去的家庭、单位的情况，白天去看看是很有必要的。比如，做家教，需了解家庭成员的基本情况、家庭气氛和家教对象等；再如，做兼职，要了解单位的性质，工作的内容、要求等，不要稀里糊涂就答应了。

（2）要谈清楚勤工俭学的内容、时间要求和质量要求，以及吃、住、行应由哪方负担等问题，不要被对方的大话和好话欺骗了。

（3）了解情况后应签订劳动合同，明确双方的权益和义务，以便产生矛盾时有章可循或为仲裁机关提供证明材料。

（4）在勤工俭学中坚决不干违法乱纪、违背社会道德的事，如传销等。

（5）超强度的体力劳动和长时间的服务工作一般不要去干。

3．大学生社会实践的交通安全

（1）注意事项。

①在乘坐长途汽车时，要选择到长途汽车站内乘坐具有营运资格的汽车，不要在路边乘坐“黑车”；在乘坐市内交通工具时，要选择乘坐地铁、公共汽车和具有营运资格的出租车，尽量避免在晚上单独乘坐网约车。

②遵守交通法律法规，红灯时不能穿越马路；设有人行道的路段应在人行道内行走；不得在道路上嬉戏或进行其他有碍交通秩序活动，在通过路口时应走人行横道，无人行横道时，应确认安全后再行通过。骑自行车应在道路右侧靠边慢行，禁止骑车冲坡、带人。

（2）应急措施。

①在发生交通事故后，要第一时间拨打 112 紧急求救热线，如遇人员受伤，要第一时间拨打 120 医疗救护电话，将伤者及时送往就近医院进行救治。同时，要第一时间向带队指导教师、辅导员汇报交通事故情况，在指导教师、辅导员的指引下开展交通事故的善后处置。

②要保护好交通事故现场，对事故现场要做好拍照或摄像等采证工作，特别是遭遇交通事故逃逸时，要以最快的速度记下车型、车号，保留对方在现场的遗留物品，为以后的事故处理工作留下依据。

4．大学生社会实践的财产安全

（1）注意事项。

①要加强钱物，特别是手机、笔记本电脑、数码相机等贵重物品的保管，尽量避免携带大量现金，贵重背包做到包不离身，且置于胸前。上下交通工具、更换住宿地点时要注意清点物品，避免遗失；乘坐列车时要记住车厢、座位及铺位号，乘坐汽车等交通工具时注意记录车号，便于出现问题时查找和联系。

②不贪图便宜，在街上捡到东西要交警察处理，以防被敲诈、陷害，注意识别犯罪团伙假装游客、乞丐或警察行骗或抢劫。注意防范诈骗案件，不向陌生人泄露身份证号码和家庭联系方式，请家人不要轻易相信陌生人传达的消息，如有任何消息应及时和学校有关部门联系，切勿向陌生人或者陌生账号转账汇款。

（2）应急措施。

①提高财产安全意识，做到财不外露。如果发生个人财物被盗的情况，要第一时间报警，由

警方处理。如遭遇抢劫要保持镇定，设法逃脱，使自己人身免受伤害，并记住犯罪分子的相貌，第一时间报警并协助警方破案，同时向指导教师和辅导员汇报。

②在遭遇诈骗之后，要第一时间报警，并向指导教师和辅导员汇报，积极配合警方做好调查取证工作，并及时提醒家人和身边同学提高安全防护意识，避免再次发生上当受骗的情况。

5．大学生社会实践的住宿安全

（1）注意事项。

①选择安全、卫生、具有营业许可证的正规宾馆、旅店住宿，尽量避免居住无营业许可证的私房，住宿时要将房门反锁，不要轻易给陌生人开门。

②注意防火及用电安全，出门须切断充电器等电器电源，要提前熟悉了解入住酒店或旅馆的消防设施情况、消防逃生通道。

（2）应急措施。

①如遇任何人身危险侵害，要第一时间拨打 110 报警电话，并及时向指导教师、辅导员汇报，积极配合警察做好调查取证工作。

②如遇火情，要迅速关闭电源，用水浸湿毛巾捂住口鼻，从最近的疏散通道和安全出口有序撤离，并及时拨打 119 火警电话，安全撤离后应及时向指导教师、辅导员汇报。

6．大学生社会实践的现场安全

（1）注意事项。

①实践出行前，应向每位同学强调安全问题的必要性，务必使每一位同学了解实践过程中可能遇到的安全事件以及相应的处理方法；实践结束后，必须检查队员人数并确定队员的身体健康和财物安全情况，并做好第二天实践活动的安全准备。

②实践团队应当通过多种方式确保队员之间可以取得联系，参加实践的每个人都应有实践队伍中其他任何人的手机号码，并需将指导教师、辅导员提供的紧急联系方式传达到每一位队员；确立一名安全联络员，每天向辅导员上报安全情况，严禁出现瞒报、缓报情况。

③实践过程中，实践队伍应建立严格的请假、销假制度，禁止队员脱离队伍单独行动；确需单独行动时，必须向团队负责人和指导教师说明事由、前往地点、返回时间，在确保联络畅通的前提下方可进行；尽量减少夜间外出，尤其禁止夜间单独外出，避免让女生单独行动。

④遵守实践单位的安全防护要求，特别在石油、化工、核能、电力、建筑等特殊单位工作区参观访问时，应按照单位的要求，佩戴安全帽、身着防护服、穿好劳保鞋，切实做好安全防护工作。确保每一位队员了解实践所在地政府部门、警方、医疗机构以及实践单位的联系方式及注意事项。

（2）应急措施。

①学生突发病情或者意外伤害，应第一时间拨打 120 医疗救护电话，并根据实际情况，进行心肺复苏等急救措施。事后要及时向指导教师、辅导员和学生家长报告，并积极向实践单位以及实践所在地相关政府部门寻求帮助。

②在学生出现失联情况时，要第一时间向指导教师、辅导员和学生家长报告，在确认指导教师、学生家长等均不知其行踪的情况下，及时拨打 110 报警电话，积极配合警察做好调查取证，在警察的指导下开展寻找工作。

7．大学生社会实践的野外安全

（1）注意事项。

①密切关注实践地点的天气、水文和地质情况，了解实践地的洪涝灾害和地质灾害高危地区，

尽量避免在存在自然灾害隐患的地点活动，出门要预备好雨伞、防滑鞋等日常用具。

②在野外活动时，严禁开展登山、探险活动；严禁实践过程中在河流、湖泊、池塘中游泳；雷雨天气时严禁在高处、树下、避雷设施附近；严禁在野外生火、用火，尤其是森林、草原等高火险地区。

③在信号不好的地方，要提前制定应急预案，并与家人提前沟通，及时向辅导员报备行程信息，设立实践单位的紧急联络方式，确保在突发事件发生时，家长和辅导员能与队员取得联系。

（2）应急措施。如遇暴雨、雷电、狂风、泥石流等恶劣天气，指导教师和团队负责人要立即集合队伍，有序撤离或疏散到安全地带，并在恶劣天气结束前，暂缓开展社会实践活动，积极向当地政府部门寻求帮助，及时向辅导员报告。

8. 大学生社会实践的其他卫生安全

（1）注意事项。

①参与暑期社会实践，应避免在高温、高湿、阳光直射等不利环境下长时间活动，合理饮食，充足饮水，避免过度劳累，保证睡眠时间，尽量减少中暑等情况的发生。

②注意饮食卫生，尽量少食用生冷食品，尽量避免饮用生水，尽量避免食用和饮用野外采集的食物和水源，外出就餐注意选择具有一定卫生条件的场所，注意就餐场所的通风消毒。

（2）应急措施。要提前准备防暑、止泻等常备药品，在学生出现身体不舒服时（除发热等疫情疑似症状外），要安排身体状况良好的队员陪同就近医院接受治疗，紧急情况要拨打 120 医疗救护电话，不得让伤病队员单独停留在住宿地点或者活动地点。

9. 大学生社会实践的治安安全

（1）注意事项。

①注意实践地点的治安状况，减少在案件多发地区和多发时间开展实践活动；禁止酗酒、赌博；不参与、不围观打架斗殴行为，避免和他人发生冲突；避免卷入各种群体性事件，防止被人利用和胁迫。

②女生避免穿着过于暴露的服装，在人烟稀少、夜间尽量避免出行，必须出行时需结伴而行；遇到治安案件和犯罪案件时，要向人多的地方逃生，并大声呼救，及时寻求警方的协助。

③在公共场合注意自身的言行举止得体，尽量避免与人争执。如与社会人员之间发生争吵甚至冲突，现场队员应尽快及时制止，防止事态恶化；如不听劝阻，应迅速联系警方共同处理。

（2）应急措施。若遇到险情（如斗殴、抢劫等），在保证学生、教师安全的前提下及时报警。面对流氓滋扰，应保持冷静，注意团结和发动周围的群众，对滋事者形成压力，迫使其终止违法犯罪行为，并及时拨打 110 报警电话，向指导教师和辅导员报告。

10. 大学生社会实践的意识形态、网络信息、保密安全

（1）注意事项。

①遵守实践所在地的保密要求，自觉保守国家秘密和商业秘密。尽量避免连接公共 Wi-Fi 及扫描二维码，避免点击不明链接和不明网站，以防被窃取个人身份信息、账户信息和文件信息。

②要遵守互联网法律法规，在发布新闻报道时，务必使用正确、规范、严谨的话语，发布新闻报道均应报学校相关部门审核。

（2）应急措施。如出现意识形态、网络信息、保密安全等问题，应第一时间向指导教师、辅导员报告，在学校的指导下科学妥善处置相关问题，在相关问题处置过程中，要遵守保密纪律和规矩，在未经学校许可的情况下，严禁个人在自媒体平台随意发声。

10.2 落实校外实习安全

1. 在企业实习过程中要注意的事项有哪些

（1）进行实习分组或编队时，要注意男女生的搭配，混合编排小组，尽量避免由女教师、女学生单独编组，禁止一个人单独进行外出实习。

（2）每个小组，要指定一个人负责安全工作，并在进厂或进入车间之前明确安全注意事项及具体的规章制度。

（3）在工厂参观时，遵守工厂的规定，不要随处任意走动，不要接近危险区。

（4）不论在任何单位实习，都要服从该单位主管人员的领导，虚心向技术人员、工人师傅学习，未经允许不得对机器设备擅自操作，严格遵守各项规章制度。严格按照操作规程操作，防止损坏仪表仪器及机械设施。遇到危险情况及时报告，防止发生人身伤亡事故。

2. 校外实习的安全注意事项

（1）校外实习遵纪守法的注意事项。在外实习期间要做到不酗酒，以免饮酒过度发生意外；不参与赌博；不因好奇而接触或尝试毒品；不参与封建迷信活动；克制自己的情绪，严禁打架斗殴；遇到突发事件及时报警，确保自身生命安全不受侵害。

（2）校外实习工作时的注意事项。每到一个实习单位，都要听从单位领导的安排，遵守单位安全规章制度，虚心向技术人员、带班师傅学习。严格按照操作规程进行操作，防止造成意外人身伤亡事故或损坏机器设备。

刚到新单位应先熟悉环境，谨慎处理不熟悉同事的邀约。注意公司营运情形，是否仅为空壳公司或别有意图。

（3）校外实习食品卫生的注意事项。在外实习要注意个人饮食卫生，尽可能在家或实习单位食堂就餐，不要食用不干净、过期变质或来源不明的食物，以防食物中毒；注意各种疾病，特别是季节性疾病传播的自我防御和自我保护。

（4）校外实习防抢防盗的注意事项。妥善保管好自己的银行卡和各种证件；晚上不单独外出，如有急事需外出则要结伴而行；不轻信陌生人，不与网友会面；若遇情急情况要第一时间报警。

（5）校外实习交通安全的注意事项。自觉遵守交通规则，不酒后或无证驾驶机动车；不要乘坐“黑车”，要到正规的营运部门购买车、船、机票，不要图小便宜而上当受骗。同时注意乘车安全，保管好自己的钱包和贵重物品，防止被扒窃；路途中与人交谈时，不要将有关个人的任何信息，尤其是姓名、身份证、家庭住址、电话号码、QQ 账号、银行卡号及密码等告知陌生人。

（6）校外实习期间在学校居住的注意事项。严格遵守学校宿舍管理制度，搞好宿舍内务卫生，按时作息，注意宿舍财物安全，合理用电，严防火灾、盗窃事件的发生，做到“人走电停”，严禁使用大功率电器，严禁在宿舍做饭，严禁私自留宿外人，等等。

（7）校外实习防骗的注意事项。社会上有很多违法犯罪分子利用结交或推销之骗术，引诱大学生上当，在实习往返途中和实习期间尽量不与陌生人交往，不向陌生人透露自己的情况和信息，不贪小便宜，不轻信他人。

（8）校外实习警惕卷入任何形式的传销活动。传销是国家明令禁止的非法行为，千万不要偏信能使你一夜暴富的神话，以免误入歧途。“天上不会凭空掉馅饼”，若有，也可能是个陷阱，任何人的成功都是经过千辛万苦、勤奋努力得来的。

（9）校外实习其他的注意事项。

①注意与实习单位签署约定双方权利和义务的实习协议。

②在实习期间不仅要与家长保持信息畅通，还要每天按规定签到，与班主任或指导教师加强

联系，做到每星期主动向班主任汇报实习情况一次，可通过微信、电话、短信、电子邮件、QQ 等方式进行联系与沟通。

3. 实习期间保护用具的合理使用

一定要使用操作安全规则上所规定的保护用具，保护用具有以下几种。

（1）面具、口罩：防止气体或飞沫吸入。

（2）眼镜：遮光、防止飞沫附着。

（3）手套：防止直接接触。

（4）绝缘垫、绝缘手套：防止感应电。

（5）耳罩：防护噪声。

（6）安全带：预防高处跌落。

（7）安全帽：预防砸伤。

4. 校外实习安全生产行为规范

（1）服从安全、环保管理。

①要求必须做的事（遵守事项），坚决要做。

②规定不能做的事（禁止事项）坚决不做。

③制度没有修订前（原有制度）必须执行。

④安全专业管理人员的意见（没有制度）必须服从。

（2）提高素养，做好整理、整顿、清扫、清洁。

①忙而不乱，多而不脏。

②完成现场作业，随时清理现场。

③自己负责的物料（品）有义务自己整理。

④自己产生的垃圾，有责任自己清理，并分类放入垃圾池。

（3）只能在指定场所吸烟，不乱丢烟蒂。严禁在易燃易爆场所吸烟。

（4）严格按要求穿戴和使用劳保用品。

①工作服旧而不破，衣扣、衣袖、护腕要扣牢。

②进入生产现场要穿戴安全帽、安全鞋、防尘口罩、防护眼镜、手套、耳塞等防护用具，安全帽带应系牢。

③登高要挂安全带。

④不穿拖鞋、短袖进入生产现场。

⑤部门负责人、班组长有义务指导实习学生的安全操作。

⑥对于不懂的操作和认为不安全的操作事项，必须找相关人员问清楚并做好安全防范才允许工作；做到不蛮干、不冒险干、不抱侥幸心理；看清标识，不盲目施工。

（5）遵守交通规则、不开（骑、乘）无牌、无证车辆；开（骑）车注意观察，行车注意避让行人。不乱停乱放、不超速行驶、不酒后驾驶、不疲劳驾驶、不无证驾驶。

（6）驾驶人上路行驶前，应对车辆的安全技术性能进行认真检查，不要驾驶安全设施不全等具有安全隐患的车辆。

（7）驾驶摩托车、电动车必须戴好安全帽。

（8）不进入与自己无关的场所，不摆弄与自己无关的设备；手上有水，不要操作电气设备。

（9）电气操作人员作业时必须戴绝缘手套、穿绝缘鞋；检修、维修机械设备时必须先停机、停电。

（10）严禁戴手套操作旋转的机械设备。按对应的作业标准从事对应的工作。

（11）工作前预知危险，采取防范措施；发现隐患，及时报告。

（12）在厂区走动请走正规通道，不翻越栏杆，不擅闯警（禁）区，不要双手插于口袋中。

（13）作业中相互监督、互相提醒、团结合作。

10.3 落实求职安全

1. 大学生求职前的安全防范措施

大学生求职前应提高警惕，切实增强自我防范意识，以保证求职过程安全顺利。

（1）谨慎过滤求职信息，凡具有以下特点的招聘信息，不要贸然应聘。

①无明确公司的名称、地址、电话及联络人，仅留手机或邮箱者。

②招聘的职位没有资格、条件的限制，或条件过于宽松。

③超乎寻常的高薪或高福利，譬如待遇优厚、工作轻松、纯内勤、免经验、可借贷等。

④当你电话咨询该公司的业务性质、服务项目及工作内容时，该公司不予以明确答复或语焉不详者。

⑤很频繁地刊登广告，或广告内容前后不一致者。

⑥危险性高的工作。

（2）应聘前，先想方设法查询该公司的基本情况，了解公司性质及主要业务，了解岗位要求的条件及工作内容。必要时可向当地人才服务机构咨询、核实，也可以直接与该单位的上级主管部门或工商管理部门联系核实。

（3）当贸然接到单位的面试通知时，首先要弄清消息的真伪。可向用人单位询问，对方是通过何种途径了解你的情况的。一定要设法先向该单位（而不是给你发手机短信或约你见面的人）查询最近是否有过招聘计划，同时，要拨打 114 号码查询客服电话，该单位是否注册过公开办公联系电话。对于拿不准的问题一定要向家长或辅导员汇报，落实无误后，方可去面试。

（4）多年不联系的同学或同乡突然联系你，并给你介绍高薪工作时要高度警惕，这是传销分子最常用的伎俩。

2. 大学生求职过程中的安全防范措施

（1）面谈时，注意识别就业陷阱。

①注意观察面试细节，观察面试的过程是否草率。

②面谈时，身份证、毕业证书及印章等证件，不宜给对方；不可轻易出示银行账户号码及密码，以免不法之徒有机可乘。

③需要花钱才能录取成为公司员工或职位的，或者是购买产品才能领到底薪者，就是有问题的公司。不要购买直销的产品，如化妆品、珠宝、保险等，这极有可能是类似非法传销等非法组织设置的陷阱。

④进行面试的过程中，如果遇到用人单位要你交保证金或其他培训费用（如报名费、训练费、材料费等）时，一定要慎重，千万不要为了保住工作而盲目交费。要时刻牢记：不支出、不购买、不贸然签字。如果对方声称非交不可，自己又不能确定，请与家长或辅导员联系后再做决定。

⑤要求提供亲友名单、身份证号码（复印件），均可能有诈骗之患，要注意避免。

⑥拒绝不合理的邀约及要求。

（2）进入招聘单位时要细心观察。

①观察该单位是否部门清楚，运行规范有序。

②要留意该单位是否有刻意隐瞒工作性质及业务性质现象。

③是否天天都是应聘者川流不息，好似该单位的主要业务就是接待应聘人员。

④注意看该单位的摆设，是否像是天天都有人在办公，还是办公桌上空空如也，尘土大量堆积。

（3）处处留心，确保人身安全。

①如果你需要到外地求职，必须向学校履行请假手续。在外地求职期间，要定时向辅导员汇报自己的情况。遇到特殊情况，及时向当地公安机关或拨打110报警电话，同时与辅导员联系。

②对于面试地点偏僻、隐秘或是转换面试地点的状况，或是要求夜间面试者，皆应加倍小心。用人单位约你到宾馆或其他非公开、非正式场合见面，绝对不能贸然前往。

③在面试时不要随便喝对方提供的饮料或吃对方提供的食品。

④主试官说话轻浮、暧昧不清、眼神不正常等，都是危险的前兆。有不安全、不对劲的感觉或不正常的状况，以某种借口迅速离开该单位为宜。

⑤假如你到了某单位后，该单位声称为了你的安全或其他工作需要，要求你将手机、钱物上交保存，一定要当心，这就有可能是陷阱，要虚以推托应付，设法周旋，再寻机脱身。如果事态严重，一定要寻机报警。

⑥面试最好有同学陪同前往，如果无法结伴而行，最好是让辅导员或同学知道面试的时间与地点。

⑦女生不要到危险地点应聘，如封闭大厦长廊、易于阻隔视线的死角等不利于求助之地；也不要在高危险时间内应聘面试，晚上九点后和早上八点前是相对不安全的时间。

⑧需有应急的心理准备，一旦遇到突发事件，不要慌张，要沉着冷静，做好应对工作。要注意留心面试场地的外观与对外通道，一旦有非正常事情发生，确保能够迅速撤离。

3. 大学生求职后（签约中）的安全防范措施

（1）面试通过后，在签约前上网或通过其他途径查看该单位招聘简章上刊登的项目与面试现场所见是否相符。

（2）问问自己，面试的职务内容是否与自己找工作时的初衷相符，并且所获得的待遇是否合乎期待值。

（3）谨慎签约，与用人企业签约前，要深入了解单位基本情况，特别是对入职后劳动合同中相关内容要提前了解清楚，包括劳动合同期限、工作内容、劳动保护和劳动条件、劳动报酬、社会保险和福利、劳动纪律、劳动合同终止的条件、违反劳动合同的责任等。

（4）签约时如有其他约定，在协议书的相关栏目注明，必须看清相关内容是否侵犯了个人权益。

（5）不要接受不道德或违法的工作。

（6）若已受骗，应尽速向当地公安机关报案或拨打110报警电话，并打电话给父母、辅导员。同时整理好自己应聘过程的有关资料（包括就业信息获得渠道、受骗过程、行骗单位的有关材料等），以备维权。

4. 大学生求职旅途中的安全防范措施

（1）在你外出之前，必须想好你“怎样到达目的地，怎样安全回来”。

（2）告诉你的同伴或朋友，“我要去哪里，和谁去，什么时候回来”，不要随意改变计划，如果改变，一定要及时告知。

（3）要熟记有关的重要电话号码，现金、重要证件要放在最安全的兜里。外出尽可能少带现金，刷卡或从取款机取钱要注意你身后的人。

（4）乘坐公共汽车、火车、地铁时，要注意人身和财产安全，夜间乘车更要注意。

（5）乘坐出租车时，要选择正规出租车，合法的出租车顶部都配有出租车的标志，车内有许可运营的标志，如果没有这些标志，不要乘坐。女性最好坐在后座，如果有可能，最好与朋友结伴乘车。

（6）需要住宿时，要选择正规酒店，并将入住酒店信息告知同学或家人。

5. 大学生求职旅途中的注意事项

（1）出行要给人自信的印象，不要让人感觉你是陌生人。

（2）要穿便捷、舒适的衣服和鞋子。

（3）要眼观六路，耳听八方，如果发现有人形迹可疑，要立即设法避开。

（4）尽量远离看上去奇怪和偏僻的地方，尽量避免天黑夜出。

（5）在车站、码头、路口等处要远离停着的但还没有熄火的车辆，以防飞车夺包。

10.4 落实就业安全

1. 毕业生求职安全注意事项

（1）招聘信息的安全。获得就业信息是成功求职的第一步，同学们应仔细鉴别招聘信息及招聘公司的合法性，应尽量通过正规途径（如学校毕业生就业指导中心，当地的人事局、公办人才市场）获取信息，尽量选择信誉佳的公司应聘，对于那些并不熟悉或没听说过的小公司，应聘前先上网或打电话求证是否有此公司，如果可能的话，可以联系在该地工作的学长询问相关情况以确保信息安全。

（2）求职面试时的安全。因双向选择的需要，大多招聘单位都要求与毕业生进行面试，大家应注意事先明确具体的面试时间和地点，接到面试通知时，要问清对方的办公地址和固定联系电话，若招聘单位只有手机单一联系方式，要高度警惕，谨防上当受骗，切忌到不明确或存在安全隐患的地方进行面试。正规的单位一般都有固定的办公场所，若招聘单位面试地点选择宾馆等临时租借来的地方，要仔细鉴别真伪。同时事先要清楚告诉家人或同学面试的时间和地点，保持手机等联系方式的畅通。初次面试尽量不饮用饮料，注意面试场地的外观与对外通道，注意观察面试者的言行举止。如需交证件，只能交影印本而不应给原件。

（3）加强个人信息的保密安全。不要将个人的所有联系方式都提供给招聘单位，一般提供手机号码和电子邮件即可，至于固定电话，可以提供学院负责就业工作老师的办公电话，最好不要提供宿舍或者家庭电话；接到陌生人的电话，不要轻信其花言巧语，应拨打 114 号码查询客服电话进行核实，或者与老师、同学一起分析商量；对于各种渠道特别是互联网上的招聘信息，一定要慎重核实，不要轻易填写过于翔实的个人信息；不要采取“天女散花”的求职方式，对自己不信任的、不规范的公司不要随便投递简历。

（4）注意个别收费的合理性。政府有关劳动人事部门规定：用人单位招聘时，不得收取求职者任何形式的报名费、培训费、押金等费用。若招聘单位巧立名目，收取求职者各种形式的报名费、培训费、押金等费用，这些都是违法行为，求职者应提高警惕，坚决拒绝交纳各种费用。根据相关法律规定，招聘单位录用人时与劳动者订立的是劳动合同，不是产品推销协议，毕业生要提高警惕，不要去签订以推广、促销为名的民事协议，更不要头脑发热盲目签字，随意交钱。一旦上当受骗，求职者可向当地劳动保障监察部门或部门报警，寻求法律保护。

（5）警惕卷入任何形式的活动。传销是国家明令禁止的非法行为，千万不要偏信能使你一夜暴富的神话，以免误入歧途。

2. 大学生就业安全防范策略

就业市场波涛汹涌，大学生既要敢于激流勇进，又要谨防险滩暗礁。大学生只有在日常的学习生活中积累安全知识，在选择求职信息、投放个人资料、面试、试用等各个环节提高警惕，小心应对，才能够顺利就业，和谐创业。

（1）招聘信息要仔细核查。现在人才市场各类用人信息鱼目混珠，如能在第一环节鉴别真假，识别虚假信息，就能最有效保证就业人身安全，避免上当受骗引起的资料费、交通费和其他各项损失。

①上网或通过其他途径查看，该单位（特别是企业单位、公司）登载的营业项目、报上刊登的项目、面试现场所见三者是否相符。

②浏览有关部门的网站，或与亲友交谈，看看该公司是否被列入黑名单之中。

③打 114 号码查询客服电话。一般正规的、有一定规模的、有几年历史的单位在 114 号码查询客服电话中都能查到相关业务电话、办公地址等，对只联系个人移动电话而不留固定办公电话的单位要高度警惕。

④浏览相关企业的网站，核对招聘信息。

⑤承诺待遇高，发展机会多但招聘条件对学历、经验要求反而低的企业慎入；经常在各类就业市场中出现的企业慎入。究其原因，一种情况可能是和人才中介联手欺骗毕业生的“招聘专业户”，另一种情况可能是这个企业很不规范，没有形成良好的企业文化，没有提供行业基本的福利薪酬，造成员工流动性特别大。

⑥尽量不收集非门户网站、非就业专业网站、没有工商行政机关备案标记网站的招聘信息，不收集非主流媒体的平面广告、收门票费的小型个体劳动力市场提供的信息。

（2）填写资料留有余地。

①不要填写过于详尽的资料。

②只交证件影印本，不交证件证书原件。将空白部分打叉。在复印件上最好注明“仅供应聘使用”。

③个人的联系方式一般提供手机号码和电子邮件，固定电话最好提供负责就业工作教师或辅导员的办公电话，切记不要提供家庭详细住址、电话。

④记录好何时何地向哪家公司投放了简历，何人接收，并记录好投放方式，如招聘会现场递交、电子邮件、信件邮寄等。

不要担忧这些举措似乎显得对用人单位不够信任，恰恰相反，经理或者部门领导会从中发现你办事谨慎、成熟的潜质。

（3）面试环节三思而后行。

①前往面试的第一天或职前训练的前几天，先求证该公司是否真实存在，然后了解公司经营状况、规模、信誉度、员工使用及应聘岗位工作性质等。

②面试地点偏僻、隐秘或是转换面试地点的状况，或是要求夜间面试者，皆应加倍小心。对于用人单位约你面试的地点，如果不是学校就业指导中心发布的信息，而是从其他渠道获得的信息，用人单位约你到宾馆或其他非公开、非正式场合见面，绝对不能贸然前往。

③毕业生单独外出面试时，要告诉同学或辅导员，让同学知道自己的去向及安排。如不能按时回来，应事先电话告知。

④当面试当天或初进该单位的数天内，求职者即需要交费时，就要特别注意，并可向劳动保障部门投诉，也可到工商部门进行咨询查实。

⑤面试当场不要急于给对方明确的承诺，应告知对方考虑后再回复。可回校征求老师、家长的意见再做决定。

（4）试用合同审慎落笔。毕业生要熟悉《中华人民共和国劳动法》，切实保障自己基本的工作权利、休息权利及其他权利。目前，用人单位应该为员工购买基本养老保险、基本医疗保险、工伤保险、失业保险、生育保险，缴纳住房公积金。对于特殊行业，用人单位应该提供必要的劳动安全保护工具，定期进行体检，确保员工身体健康。只有体现以上内容的合同，大学生才可以签订。特别是特殊行业的劳动保护，大学生一定要认真对待，要知道工作机会有很多，健康的身体很难失而复得。

3. 大学生常见的就业安全问题

（1）信息安全问题。

①虚假招聘信息。一些用人单位或者中介公司所发布的招聘信息可能没有通过审核，其中充斥着大量的虚假招聘信息，这使得甄别能力较差的大学生往往在付出了大量的精力、财力后，未能获得相应的工作。

②个人信息泄露。大学生在求职过程中往往盲目听从用人单位或者“黑心中介”的要求，向其提供自己的姓名、联系方式、家庭住址等个人信息；此外，有些用人单位还要求大学生提供身份证件、毕业证书等文件资料，大学生如若不加以谨慎辨别，同样容易造成这部分信息的泄露。

（2）财产安全问题。

①收费陷阱。这是就业过程中最常见的安全问题，大学生在求职过程中有时会遇到“黑心单位”，这种单位以交押金、保证金等费用为由，要求求职者先交一定数额的金钱，而后却以各种理由拒不退还或者人去楼空。

②中介陷阱。一些“黑心中介”通常会抓住应届大学毕业生迫切寻找工作单位的心理，利用一些虚构的招聘单位信息骗取大学生交中介费，而后再随意组织一场所谓的“招聘面试”并以各种理由将大学生拒之门外。

③培训陷阱。大学生在求职过程中往往会碰到一些培训机构，这类机构通常会对大学生许以“保证就业”和“高薪职位”等承诺，但在收取了高昂的培训费后，为大学生提供的培训却十分简单，对于大学生的求职没有丝毫的帮助；更有甚者，这些培训机构与用人单位沆瀣一气，大学生在培训过后需参加指定的用人单位的考核，但这些考核多刁钻古怪，大学生求职者基本通过不了，培训费自然打了水漂。

（3）法律安全问题。

①合同陷阱。这类问题合同一般有以下几种表现。

a. 口头合同。一些用人单位利用求职者涉世未深、经验不足的特点，只给予求职者口头上的承诺，事后不予承认。

b. 格式合同。这类合同看似正规，实则语义含糊不清，当发生纠纷时往往不利于求职者。

c. 单方合同。这类合同是指合同内容只是规定求职者的义务，对于用人单位的义务只字不提。

②试用期陷阱。用人单位故意将试用期与实习期的概念混淆，试图获取廉价的劳动力或者在试用期结束后莫名其妙地将求职者辞退。

（4）人身安全问题。

①误入传销组织。这类问题主要是指大学生由于对传销和直销的概念的理解存在误区，轻信“黑心单位”的虚假承诺以及难以抵挡巨大利益诱惑等原因，误入传销组织难以脱身。

②女大学生安全。不法之徒多将侵害对象选定为女大学生，因为这类群体就业相对更难、易于诱骗并且防范意识较差。女大学生在求职过程中稍不留神就容易遭受财产和人身上的双重伤害。

③心理安全。就业压力的加大，导致现在的应届毕业大学生心理上容易出现问题，相当一部分大学生存在心理障碍，表现为焦虑、恐惧和冷漠等，如果不及时排解，很容易发生人身安全问题。

④上岗生产安全。刚到岗位的大学毕业生由于缺乏生产经验，生产技能不熟练，加之用人单位在生产安全防范上的疏忽，很容易造成生产安全事故。

⑤踩踏事件。这一问题主要发生在大型招聘会上，由于大学毕业生人数众多，并且心理上都颇为急切，难免会发生拥挤的现象。这种情况下如果不能及时得到疏散，很容易发生大规模踩踏事件。

4. 大学生就业时签订劳动合同时应注意哪些事项

从业人员在上岗前和用人单位依法签订劳动合同，建立明确的劳动关系，确定双方的权利和义务。在签订劳动合同时应注意两方面的问题：第一，在合同中要载明保障从业人员劳动安全、防止职业危害的事项；第二，在合同中要载明依法为从业人员办理工伤社会保险的事项。

遇有以下合同不要签。

①“生死合同”。在危险性较高的行业，用人单位往往在合同中写上一些逃避责任的条款，典型的如“发生伤亡事故，单位概不负责”。

②“暗箱合同”。这类合同隐瞒工作过程中的职业危害，或者采取欺骗手段剥夺从业人员的合法权利。

③“霸王合同”。有的用人单位与从业人员签订劳动合同者，只强调自身的利益，无视从业人员依法享有的权益，不容许从业人员提出意见，甚至规定“本合同条款由用人单位解释”等。

④“卖身合同”。这类合同要求从业人员无条件听从用人单位安排，用人单位可以任意安排加班加点，强迫劳动，使从业人员完全失去人身自由。

⑤“双面合同”。一些用人单位在与从业人员签订合同时准备了两份合同，一份合同用来应付有关部门的检查，另一份用来约束从业人员。

在找到合适的工作单位，双方达成就业意向后，毕业生还需要签订《全国普通高等学校毕业生就业协议书》（以下简称就业协议书）。就业协议书的签订在形式上宣告了就业工作花开有果，尘埃落定。但近来，就业协议引发的纠纷屡有发生。有的毕业生正式到单位报到后，单位擅自降低劳动报酬，变更原来双方约定的工作岗位，更有甚者，以“试用期”（或见习期）为由不签订劳动合同，使得毕业生长期处于“试用期”，做最累的工作拿最低的报酬，利益受到侵害。所以，在签订就业协议之前，同样要反复斟酌，多方面考察，方可落笔。签了就业协议后同样要签《劳动合同》。

5. 大学生就业时遭遇伤害要敢于维权

大学生在就业时遭遇各类伤害时要敢于维权，善于维权。这不但能够保护自己的合法权益，而且能协助有关部门有效及时地惩处一些不法分子，净化人力资源环境，为自己今后寻求工作和其他人寻求工作提供一个比较安全的人力资源市场。

（1）认真学习有关保障劳动者权益的法律法规，学会保全证据。和用人单位签订的《劳动合同》及其他协议都是重要证据，不用担心其中一些显失公平的条款因为员工签字就得不到《中华人民共和国劳动法》保护的问题，恰恰相反，对这些不合法的条款仲裁机构不予支持。如果没有签合同，只要存在事实劳动关系，工资单、员工卡、工作证、押金条、考勤记录、工作量记录等都是有效证据，在日常生活中要注意保留，这样申请劳动仲裁时才能维权。

（2）在遇到劳动侵权现象时，主要有两种途径维权：第一，向当地劳动保障监察机构进行投诉，由其进行查处；第二，向当地劳动争议仲裁委员会提出申诉。这两个程序的好处在于，按照《中华人民共和国劳动争议调解仲裁法》的规定，劳动者申诉不用缴仲裁费；劳动者不直接跟用人单位发生冲突，避免了用人单位的报复；行政执法时间较短，效率较快。如果劳动监察部门不去查处，还可以申请法院仲裁，或找政府部门、信访部门投诉。

（3）注意时效性。如劳动争议申请仲裁的时效期间为一年，仲裁时效期间从当事人知道或者应当知道其权利被侵害之日起计算。因工受伤的职工申请工伤认定是有明确时效规定的，即应当在 1 年内申请，如果超过 1 年将被视为放弃工伤认定的权利。

（4）发现传销行为，应当向传销行为地的工商行政管理机关和公安机关举报。举报传销时，应当尽可能了解掌握传销活动的详细线索，包括上课的具体地点、时间，传销头目、骨干和参与人员的住宿地点，传销活动的公司名称，其具体运作的方式及书证、物证等，以便执法机关更加及时、准确、有效地打击传销行为。

（5）对涉嫌诈骗的企业或中介也可以向公安部门报案。

【模拟演练】

1. 在社会实践劳动过程中预防不良环境伤害的常识有哪些

（1）不在起重吊车、掘土机、推土机等附近活动。

（2）不在高压线下活动。

（3）不在易燃、易塌、易坠物体下劳动。

（4）远离泥潭、沼泽、裂缝、悬崖、水井、坑穴。

（5）认识各种安全标志，如交通、防火、防毒、施工、危险地段等相关标志。

2. 大学生社会实践外出或在公共场所自我防范要注意什么

（1）应当熟记自己在外出地的住宿地址、电话号码等，以便在急需联系时取得联系。外出要将自己的行程和大致返回的时间明确告诉家长。

（2）不接受陌生人的钱财、礼物、玩具、食品，与陌生人交谈要提高警惕。

（3）不独自往返偏僻的街巷、黑暗的地下通道，不独自一人去偏远的地方游玩。

（4）不搭乘陌生人的便车。

（5）外出的衣着以朴素、方便为宜，尽量避免随身携带贵重饰物，不炫耀自己家庭的富有。携带的钱物要妥善保存好，不委托陌生人代为照看自己携带的行李物品。

（6）不接受陌生人的邀请同行或做客。

（7）外出要按时回家，如有特殊情况不能按时返回，应设法告知家长。

3. 大学生社会实践如何避免社交中的冲突

（1）在与外人交往过程中，时刻注意行为礼貌，时刻严格规范自己的言语、行为，避免言语不当造成的冲突。

（2）理智化解交往过程中产生的误会，避免误会恶性发展。

（3）要充分了解社会实践地的生活习惯，尊重实践地群众的生活习惯。

（4）在少数民族聚居区实践的同学，一定要充分了解该民族的民族习惯，在交往中时刻尊重少数民族习惯。

（5）在交往过程中，如不慎影响到他人正常生活或侵犯他人生活习惯，应以真诚的态度向他人道歉，防止矛盾恶化。

4．校外实习如何保证人身安全

（1）在实习工作中要遵守企业安全生产制度，作业应当按要求做好必要的安全措施，按操作规程、规范操作，杜绝安全事故发生。

（2）尽量减少外出，特殊情况如需外出，需要向带队老师请假，至少三人结伴而行，便于相互照应。

（3）减少和陌生人讲话，不要轻信他人，外出时，碰见主动让你博得同情的人要提高警惕，防止上当受骗。

（4）严禁酗酒、拉帮结派、打架斗殴。

（5）安全用电，严防火灾。

（6）严禁进出不健康的娱乐场所，不得参加不健康的活动。

（7）定期与父母、学校保持联系，保证通信畅通无阻，以免家人、学校担心。

5．求职防骗“四警惕”

（1）警惕黑中介。

黑中介是指非法机构以介绍工作为名，向求职者变相收费。

防范提示：求职者要核实中介机构营业执照的经营范围是否包括职业介绍业务，是否具备人力资源服务许可证。

（2）警惕非法传销。

非法传销是指组织者通过发展人员，要求其缴费或以购买商品等方式，取得加入或发展他人的资格，牟取非法利益的行为。

防范提示：求职者要了解有关禁止传销的法规，掌握识别传销的基本知识；自觉抵制诱惑，树立勤劳致富、拒绝传销的防范意识。

（3）警惕培训贷。

培训贷是指某些培训机构以高薪就业为诱饵，向求职人员承诺培训后包就业，但须支付培训费。

防范提示：求职者要增强辨别和防范意识，参加培训前要看培训机构是否具备培训资质、经营范围是否包含培训内容、承诺薪资是否与社会同等岗位条件薪资水平大体一致。同时，要注意保留有关材料，一旦发现被骗，立即向有关部门报案。

（4）警惕乱收费。

乱收费是指用人单位或中介机构以用工为名收取报名费、体检费、培训费、押金、岗位稳定金、资料审核费等费用。

防范提示：谨记找工作并不需要费用，将先交报名费、培训费等作为条件的面试要谨慎对待。入职体检通常是要求求职者自行到二甲以上医院进行，正规单位不会代收体检费。

6．签约就业“四注意”

（1）谨慎“签约”，慎重“违约”。

（2）特别留意“违约责任”的规定。

（3）重点留意违约金额。

（4）注意保护个人信息安全。

【自主练习】

1. 单选题

（1）严格遵守安全管理制度和安全卫生规程是遵守（　　）的要求。

A. 履约纪律　　B. 考勤纪律　　C. 安全卫生纪律　　D. 日常行为纪律

（2）用人单位自用工之日起，超过一个月不满一年未与劳动者订立书面劳动合同的，应当向劳动者每月支付（　　）的工资。

A. 二倍　　B. 三倍　　C. 四倍　　D. 五倍

（3）同一用人单位与同一劳动者只能约定（　　）试用期。

A. 一次　　B. 二次　　C. 三次　　D. 四次

（4）机械设备操作中经常出现的危险有（　　）。

A. 机械伤害、触电、中毒　　B. 机械伤害、触电、噪声、振动

C. 触电、火灾、爆炸、物体打击　　D. 机械伤害、火灾、爆炸、辐射

（5）用灭火器进行灭火的最佳位置是（　　）。

A. 下风位置　　B. 上风或侧风位置

C. 离起火点 10 米以上的位置　　D. 离起火点 10 米以下的位置

（6）安全生产管理，必须坚持（　　）的方针。

A. 安全生产，重在预防　　B. 安全生产，违法必究

C. 安全第一，预防为主，综合治理　　D. 预防为主，防消结合

2. 多选题

（1）实习协议应包含（　　）等内容。

A. 实习期内工作时间的约定　　B. 实习期内实习报酬的约定

C. 实习期内实习生发生伤亡的处理　　D. 实习期内发生纠纷的处理

（2）大学生一定要保持高度的警惕，在求职过程中应当（　　）。

A. 留意该单位是否隐瞒了工作性质及业务性质

B. 为了保住工作，完全按照用人单位的要求交纳保证金

C. 及时拒绝不合理的邀约及要求

D. 避免提供亲友名单

（3）订立劳动合同要遵循的原则包括（　　）。

A. 合法　　B. 平等　　C. 自愿　　D. 协商一致

3. 判断题

（1）国家严令禁止传销。（　　）

（2）建立劳动关系时，应当订立书面劳动合同。（　　）

（3）《中华人民共和国劳动合同法》禁止用人单位在招聘或录用过程中，向求职者收取招聘费、培训费、押金或服装费。（　　）

附录A　自主练习参考答案

主题1　维护国家安全

1. 单选题

(1) D　(2) A　(3) B　(4) D　(5) B　(6) A　(7) C

2. 多选题

(1) ABCD　(2) AC　(3) ABC　(4) ABCD　(5) ABCD

3. 判断题

(1) ×　(2) ×　(3) √　(4) √　(5) √

主题2　打造安全校园

1. 单选题

(1) A　(2) B　(3) D

2. 多选题

(1) BCD　(2) ABC　(3) ABCD

3. 判断题

(1) ×　(2) √　(3) √　(4) ×　(5) √　(6) ×

主题3　注重饮食安全

1. 单选题

(1) B　(2) C　(3) A　(4) D　(5) C　(6) C　(7) B　(8) D　(9) A
(10) C

2. 多选题

(1) ABC　(2) BCD　(3) ABD　(4) ABD　(5) ABD　(6) ABCD

3. 判断题

(1) √　(2) √　(3) ×　(4) √　(5) ×　(6) √　(7) ×　(8) √　(9) √

主题4　保证人身安全

1. 单选题

(1) A　(2) D　(3) B　(4) C　(5) D

2. 多选题

(1) BC　(2) ACD　(3) ABCD

3. 判断题

(1) √ (2) × (3) √ (4) × (5) ×

主题5 注意财产安全

1. 单选题

(1) C (2) A (3) A (4) C (5) A

2. 多选题

(1) ABC (2) ABCD (3) ABCD (4) ABCD (5) ABCD

3. 判断题

(1) √ (2) √ (3) √ (4) × (5) × (6) ×

主题6 保障交通安全

1. 单选题

(1) C (2) B (3) C (4) B (5) D (6) D (7) D

2. 多选题

(1) AB (2) ABCD (3) BCD (4) AB (5) CD (6) ACD (7) ABC
(8) ABC

3. 判断题

(1) √ (2) √ (3) × (4) × (5) √ (6) × (7) × (8) ×
(9) √ (10) × (11) √ (12) √ (13) × (14) √ (15) √ (16) √
(17) √ (18) √ (19) ×

主题7 确保消防安全

1. 单选题

(1) A (2) C (3) B (4) C (5) D (6) A (7) A (8) A (9) C
(10) A (11) A (12) A (13) C (14) D (15) B (16) B (17) B
(18) C (19) C (20) C

2. 多选题

(1) ABC (2) ACD (3) ABCD (4) AB (5) ABCD (6) ABCD
(7) ABCD (8) ABCD (9) BD (10) ABC

3. 判断题

(1) √ (2) × (3) × (4) √ (5) × (6) √ (7) × (8) √
(9) × (10) √ (11) √ (12) √ (13) × (14) √ (15) √ (16) √
(17) √ (18) √ (19) √ (20) √ (21) × (22) √ (23) √ (24) √

主题 8　守护网络安全

1. 单选题

（1）C　（2）A　（3）B　（4）D　（5）A　（6）A　（7）D　（8）C　（9）C

2. 多选题

（1）BCD　（2）ABCD　（3）ABCD　（4）ABC

3. 判断题

（1）×　（2）×　（3）√　（4）√　（5）√

主题 9　强化公共安全

1. 单选题

（1）C　（2）A　（3）C　（4）A　（5）B　（6）C

2. 多选题

（1）ABC　（2）ACD　（3）ABCD　（4）ABCD　（5）ABCD

3. 判断题

（1）√　（2）√　（3）×　（4）×　（5）√　（6）√　（7）√

主题 10　落实社会实践安全

1. 单选题

（1）C　（2）A　（3）A　（4）B　（5）B　（6）C

2. 多选题

（1）ABCD　（2）ACD　（3）ABCD

3. 判断题

（1）√　（2）√　（3）√

参 考 文 献

[1] 邵从清. 安全教育教程（视频指导版）[M]. 北京：人民邮电出版社，2022.

[2] 曲桂东. 大学生安全教育[M]. 北京：教育科学出版社，2014.

[3] 高双喜，曾亚平. 大学生安全教育[M]. 北京：中国铁道出版社，2018.

[4] 杨炜苗. 大学生安全教育导论[M]. 北京：清华大学出版社，2019.

[5] 覃攀，李毅，高其胜. 大学生安全教育[M]. 西安：西安电子科技大学出版社，2021.

[6] 李英霞，李玉侠. 新时代大学生安全教育教程[M]. 北京：中国人民大学出版社，2021.

反侵权盗版声明

举报电话：（010）88254396；（010）88258888

传　　真：（010）88254397

E-mail:　　dbqq@phei.com.cn

通信地址：北京市海淀区万寿路 173 信箱

　　　　　电子工业出版社总编办公室

邮　　编：100036